行动研究视野下的中学地理教学

杨修志◎著

安徽师范大学出版社
ANHUI NORMAL UNIVERSITY PRESS
·芜湖·

图书在版编目（CIP）数据

行动研究视野下的中学地理教学 / 杨修志著. — 芜湖：安徽师范大学出版社，2021.2
ISBN 978-7-5676-4445-8

Ⅰ. ①行… Ⅱ. ①杨… Ⅲ. ①中学地理课—教学研究 Ⅳ. ①G633.552

中国版本图书馆CIP数据核字(2021)第027088号

行动研究视野下的中学地理教学　　杨修志 ◎著
XINGDONG YANJIU SHIYE XIA DE ZHONGXUE DILI JIAOXUE

责任编辑：祝凤霞
责任校对：何章艳
装帧设计：张　玲
责任印制：桑国磊
出版发行：安徽师范大学出版社
芜湖市北京东路1号安徽师范大学赭山校区　　邮政编码：241000
网　　址：http://www.ahnupress.com/
发 行 部：0553-3883578　5910327　5910310(传真)
印　　刷：江苏凤凰数码印务有限公司
版　　次：2021年2月第1版
印　　次：2021年2月第1次印刷
规　　格：700 mm × 1000 mm　1/16
印　　张：16.75
字　　数：264千字
书　　号：ISBN 978-7-5676-4445-8
定　　价：49.80元

追求有品质的课堂

再次接到邀请为本书写点文字，我有机会又一次打开厚厚的书稿，相较于初稿，无论是全书的结构还是每部分的文字都有了很大的改善。在翻阅的过程中有几个词汇迫不及待地跳将出来——“实用”“好用”“真实”，这大致就是我对本书的初步印象。断断续续，十天，再次翻完此书，还有一个词儿——“视域宽广”也在我眼前跳跃着，不肯离去。随着时间的推移，这几个词儿逐渐地化入作者行文之间。

实用，是风格。素朴的语言，自然的笔调，不见引经据典的陈述，最多的是拿来即可用的素材，搬下来就能走进教室的鲜活例子，换个角度就可以参考的思维方式和解读视角。开篇《导入设计》将知识问题化、情境化，采用多预案原则、环环相扣原则、前后呼应原则、简洁性原则、紧扣主题原则和生活化原则为整节课定好基调，到《课堂提问》的适度性原则、简洁化原则、启发性原则、开放性原则等，无不体现出实用的着笔手法与立意。全书干干净净，皆是作者在实际教学过程中使用的资源、素材和技巧。

好用，是写照。照实了说，有用的东西，不能为我所用，或者前提条件众多，就不能称之为好用，这也是很多的理论与策略听起来很美好，做起来却往往走了样，假以时日，老师们还是会回到自己最熟悉的方式上来的根之所在。《合作学习》“合作学习的组织策略”中关于同桌分工等等众多教学细节，老师们读后就可以运用到课堂上，且会非常好用。通览本书中的视角和行文方式，绝没有将读者吊起来落不下脚的地方，有的大都是非常好用的策略和方法。

真实，是生活。关乎教育，直面教学，最难得的是真实，唯有真实最可贵，也是最难入书的，写不好往往就会陷入琐碎的细节让人生厌，读不下去。因为真实的教学是关注细节的，是动态生成的，是逻辑递进的，就像生活一样，平平淡淡才是真。本书中杨老师选用的教学设计片段多达几十处，看完并没有让人觉得冗杂、烦琐，仿佛就是隔壁的同事会用的设计片段，又仿佛与一个人在对话，那么真切、自然。但凡一切有用的东西，必须附着在真实之上，才能有真味，动人心弦，本书即如此。

视域宽广，是眼界。教师专业发展，强调的关键词之一是专业，所谓专业，就是在一定程度上不可替代，有的甚至根本就无法替代。但是教师的专业仿佛不在此列，但凡读过几天书的人，都可以对教育发表自己的看法，这也是我们学校教学面临的一个挑战，作为教师，不仅要在专业上精深，还要在视域方面宽广。"一境到底"式情境选取的是《大唐西域记》，一境激活，真实的史实、有趣的情境、严谨的文风，让印度的情境鲜活而富有内涵，让我们看到了杨老师宽广的视角、独特的审思。物以为我所用谓之妙，本书可谓树立了一个典范。

作者立足于生活，从走进课堂说起，到课堂之外的世界止笔，但是对有品质的课堂的探索并没有停止，这份匠心颇令我敬佩。追求无止境，品质没有"天花板"，在教学品质的追求之路上，祝愿我们的课堂就像作者的名字一样，修身、立志——行稳致远！

是为序。

山东省教育科学研究院　甄鸿启

2020年10月10日

目　录

第一章　教学过程

课堂教学是由导入到结课的动态过程，也是教师创设情境，提出问题，借助合作学习、自主学习、探究学习等方式组织教学，达成教学目标，落实核心素养培养的动态过程。本章选取教学中的典型案例，结合相关理论，就教学过程中的导入设计、情境创设、课堂提问、合作学习、地理核心素养培养、结课设计进行研究。

第一节　导入设计

导入是指教师在上课伊始，遵循导课的原则要求，运用多种手段，以激发学生学习兴趣、集中学生注意力、启发学生思维、明确学习目的要求、引入新课学习的一种教学行为方式[1]。心理学研究表明，一节课（40～45分钟）的前10分钟，学生的注意力不断增强，中间10～25分钟相对稳定，25分钟后学生的注意力开始分散[2]。为使学生上课伊始便集中精力进入学习状态，良好的导入就显得非常重要。

一、导入的原则

良好的导入能够吸引学生注意，激发学生兴趣，为整节课定好基调，并建立起与所学内容之间的联系。为达到好的导入效果，我们需要把握以下原则：多预案原则、环环相扣原则、前后呼应原则、简洁性原则、紧扣主题原则、生活化原则。

（一）多预案原则

多预案原则是指在备课过程中，教师提前预设导入时可能出现的情况，并准备好多个应对方案，以便在上课时游刃有余，达到预期目的。如果预案准备不足，可能会出现导入突兀、场面尴尬的状况。现以《因地制宜科技兴农》的导入为例予以说明。

师：我来自青岛，说句家乡话，请大家仔细听：吃蛤蜊（方言读lā）喝啤酒。听懂了吗？

听懂的学生回应老师。

师：同学们，你们能否用家乡话说一说家乡的特产？

学生开始议论，十秒钟后，一个学生站起来说了一种特产。

师：还有吗？

学生开始交头接耳。

师：济宁有什么特产？

学生沉默。

师：我知道咱们济宁有一种四鼻孔鲤鱼，而且只有济宁的微山湖里有。（三秒钟后）我还知道咱们济宁有芦花鸡，有鲁西南黄牛。你们知道其他的吗？

几个学生分别回答大葱、大蒜、苹果等特产。

师：咱们济宁有这么多的特产，如果让你来规划农业生产工作，那么你需要用到哪些材料呢？

学生依次答出济宁市地形图、气候方面的地图等。

师：下面我会给大家提供三幅地图，请大家因地制宜布局农业生产。

在参加异地讲课的活动中，教师会采用参赛地区的一些乡土地理素材导入，试图在最短时间内消除陌生感，拉近与学生的距离，营造相互信任、和谐愉悦的课堂氛围。例如，本节课教师试图以用家乡话介绍家乡特产的导入方式调动课堂氛围，但由于绝大多数学生对家乡特产并不了解，导入环节陷入尴尬。笔者认为教师可以提前准备以下几个预案：如果学生答不上来，教师可以笑着说：看来我们济宁值得骄傲的东西太多了，大家一下子不知道该说哪一样了。假如学生能说出一点，教师可以说：大家真是太谦虚了，那就让我们一起来感受一下家乡特产带来的自豪感吧。假如学生能说出不少，教师可以这样说：从刚才的踊跃回答中，老师感受到了大家的自豪感。虽然老师初到济宁，但对济宁的农业早有耳闻。接着，教师对济宁的特产娓娓道来，并以下文导入课题:济宁的农业之所以欣欣向荣,是因为我们勤劳能干的济宁人在发展农业时遵循了一个原则——因地制宜。什么是因地制宜呢?让我们进入今天的学习。这样既能化解尴尬,又能通过欣欣向荣的农业,引出本节课的主题——因地制宜,较好地体现了导入的多预案原则。

(二)环环相扣原则

环环相扣原则是指导入时语言要精练,逻辑要层层递进,保证各环节之间无缝对接,从而达到较好的导入效果。现以《"鱼米之乡"——长江三角洲地区》的导入为例予以说明。

教师播放长江三角洲的视频后作如下引导:欣赏过视频后,同学们觉得江南美不美?

生:美!

我们一直用"上有天堂,下有苏杭"来形容长江三角洲的美丽与富饶。请大家看这个字:蘇("苏"的繁体字)。你们能看到什么?想到什么?

生1:鱼米之乡。

师:你怎么想到的呢?

生2:有一个"鱼"和一个"禾","禾"表示禾苗。

生3:有一个草字头,表示水草丰茂。

师:长江三角洲自古以来就是我们的鱼米之乡,富庶之地,下面就让我们走进《"鱼米之乡"——长江三角洲地区》。

上述导入可以分成两个部分,一是播放长江三角洲的视频,二是关于鱼米之乡的师生对话。美中不足的是两者之间缺少一定的衔接,显得有些突兀。如果教师在说完"我们一直用'上有天堂,下有苏杭'来形容长江三角洲的美丽与富饶"后,加上"最能体现这一点的莫过一个'蘇'字"这句话,然后再进行设问,即可实现导入的环环相扣。

(三)前后呼应原则

前后呼应原则是指教师通过设疑的方式导入,在学完相关知识后,再回头对导入时提出的疑问予以呼应,做到前面有问,后面有答。现以《因地制宜发展农业》的导入为例予以说明。

师:在互动求证类节目《是真的吗》中有个问题:“在新疆沙漠地带能种植水稻,是真的吗?”同学们怎么看?

生:我觉得不是真的。

师:为什么?

生:因为水稻是种植在季风区的,新疆是在非季风区,降水不够。

师:按照我们的理解,新疆和内蒙古的沙漠地带不能种植水稻,那水稻应该种植在什么地方呢?

生:应该种植在季风区,也就是降水丰沛的地区。

师:这其中蕴含着我们农业生产中的一个原则,同学们知道是什么原则吗?

生:因地制宜。

在学完因地制宜发展农业的自然条件和社会条件后,教师可以用下面的话把学生引导到科技兴农上:我们中国耕地面积比较少,尤其是后备耕地资源不足,沙漠戈壁难以利用。对于这些难以利用的地方,我们能不能利用人类的智慧把它们利用起来呢?

教师利用图片呈现吐鲁番市鄯善县稻田与沙漠之间的巨大反差,然后回顾前面的提问:对于《是真的吗》节目中的问题,同学们现在有答案了吗?在沙漠里种植水稻已经变成了现实,同学们知道是通过什么力量实现的吗?

生:科技。

师:对,这就是科技兴农的力量,我们不仅要科技兴农,还要科技强农。

教师通过设问“能否在沙漠中种植水稻”导入因地制宜,在学习了因地制宜的相关知识后再度提及,既回顾了前面的问题,又为后面的科技兴农作铺垫,收到了良好的教学效果。

(四)简洁性原则

简洁性原则是指导入时间不能过长,一般不超过3分钟。这就要求教师的导入语要简明扼要,切忌烦琐复杂、冗长拖沓。现以《中东》的导入为例予以说明。

师:随着生活水平的提高,越来越多的人希望到外面走一走、看一看,但是我们去哪儿好呢,很多地方都非常漂亮,也很有特点。老师有一个城市的宣传

片，同学们先观看，然后说一说想不想去这个城市，这个城市有哪些吸引你们的地方。（该部分内容用时48秒）

（教师播放视频，用时3分钟。）

师：我刚才看到同学们脸上的表情非常丰富，现在来说一说吧，有哪些同学想去这个地方？（很多学生举手）

师：哪位同学说一说这个城市有哪些吸引你的地方？

生：这个城市的夜景很美。

师：嗯，夜景很美。还有吗？

生：经济很发达。

师：嗯，经济很发达。还有吗？

生：交通也很方便……

师：不同的同学看到这段视频感想不一样，说明吸引我们的地方也不一样。这个城市叫什么名字？请大家一起回答。

生：迪拜。

师：那么你们知道迪拜在哪里吗？迪拜在这个地方（呈现中东在世界中的位置示意图）。这就是我们这节课要学习的地区——中东。

该案例的导入语言不够简洁，播放视频时间较长。教师创设了一个想去旅游的情境，但是在课中却没有用到这个情境，以致所做铺垫成了无谓之举。从简洁性角度出发，教师应该将视频剪辑到一分钟左右，并于新课伊始播放，让学生思考后一次性说出有哪些吸引人的地方，这样比较妥当。

（五）紧扣主题原则

紧扣主题原则是指教师的导入、情境创设要紧紧围绕课题和教学目标展开，而不能打擦边球。现以《人类的聚居地——聚落》的导入为例予以说明。

师：很高兴和大家一起来一次快乐之旅。我们上的是地理课，我给地理课下的定义是这样的：判天地之美，析万物之理的学科。按常理，我们到了一个陌生的环境，要做一下自我介绍。老师先做一下自我介绍，我姓××，我来自××，我是一个人（停顿），可是，我又不是一个人（停顿）。

听不懂了是不是？因为我来到了大家当中。（呈现聚落图片）当所有人聚在一起并且落脚定居下来之后，这个地方叫什么呢？

生：居住地。

师：课件中这两个红颜色的字，请大家一起读一下。

生：聚落。

紧扣主题的导入，胜过绕来绕去的引导。教师的“我是一个人，可是，我又不是一个人”已经让学生如坠云雾，而以“所有人聚在一起并且落脚居住下来的地方叫聚落”来解释聚落的概念更显牵强，以致导入偏离主题。笔者认为教师在自我介绍之后准确描述聚落的概念较为妥当。

（六）生活化原则

生活化原则是指从生活情境出发，选择与本节课内容相关的视频、图片、文字等材料，拉近学生与生活的距离，感受生活与地理的关系。现以《气温的变化》的导入为例予以说明。

师：从开学到现在已经两个多月了，大家感觉这段时间气温有什么变化？

生：气温降低了。

师：随着气温的降低，我们的生活发生了什么变化呢？

生：穿的衣服多了。

师：为了应对气温降低，我们学校采取了一系列措施，你们发现了吗？

生：我们学校开始供暖了。我们早操开始跑步了。

师：由此可以看出，气温的变化与我们的生活息息相关。今天我们就来学习《气温的变化》。

该导入通过让学生思考近期生活中的变化来导入新课，较好地体现了课程标准对学习生活化的地理的要求。这些变化就在身边，学生能想得到，说得出，导入效果较好。

二、导入的方法

当前教育界对于导入的研究较多，但划分标准不一。根据已有文献，笔者将导入方法梳理如下：从认知心理学的角度，可以分为同化性导入、顺应性导入[3]；从创设情境的角度，可以分为生活情境导入、故事情境导入、问题情境导入、实验情境导入、游戏情境导入[4];从所用媒体和素材的角度,可以分为视频导入、图片导入、歌曲导入、地理实物导入;从主题呈现过程的角度,可以分为开门见山式导入、新旧联系式导入、设疑式导入、生成性导入。此外,由于实验、实物、图片、视频等导入方式绝大多数会直观呈现主题内容,笔者将其归为直观性导入。现结合案例,就直观性导入、新旧联系式导入、设疑式导入、生成性导入予以说明。

(一)直观性导入

1.多媒体导入

地理事物具有空间上的广延性,要想直观了解地理现象,感知地理事物的特点,就非常有必要借助多媒体等手段。从认知心理学角度来说,通过多媒体课件呈现有关地理信息的图片、音乐、视频,能够给学生提供直观感知,吸引学生的注意力,达到良好的导入效果。现以《板块的运动》的导入为例予以说明。

师:(播放大陆漂移动画)同学们看到了什么?

生:大陆在移动,大陆漂移。

师:首先提出这一大陆漂移学说的是谁?

生:魏格纳。

师:大陆漂移学说在提出之初饱受质疑,因为魏格纳无法解释是什么在推动着大陆移动。今天我们通过一个小实验来说明这个问题。

教师呈现图1-1并播放实验视频:同学们能推测出是什么在推动着大陆移动吗?

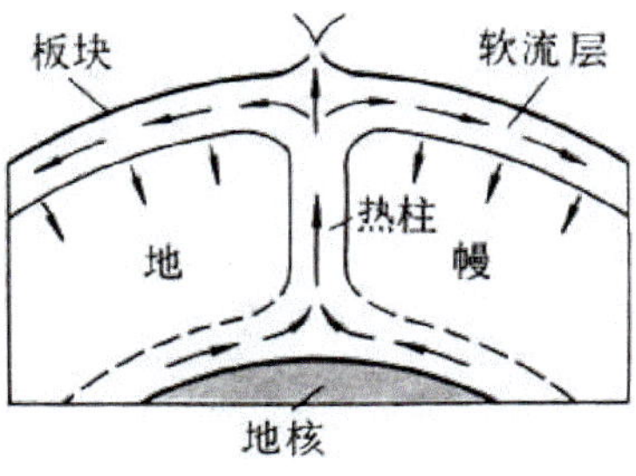

图1-1 板块运动的驱动力

生：岩浆。

师：找到了大陆漂移的动力，板块运动理论应运而生。今天我们来学习《板块的运动》。

该导入通过视频和图片直观呈现大陆漂移，让学生直观了解大陆移动的动力，在走出大陆漂移学说教学困境的同时，引出板块运动理论，顺利进入新课学习。

2.实物导入

地理学科是一门实践性很强的学科，实物进课堂是将实践与理论紧密联系起来的一种方式。苏联1933年颁布的《地理教学大纲》指出了实物教学的优点："在有直观教具的情况下只要用短短一刻钟的时间就能讲完，而且讲得生动易懂，收效很大的东西，如果没有直观教具，可能就需要化（花）费一小时、两小时或更多的时间，结果还使学生极度疲劳，同时不能确切牢固地掌握知识。"[5]现以《海陆的变迁》的导入为例予以说明。

笔者携带两块女儿在爬山时发现的古生物化石，做如下引导：这是我女儿在沂源爬山时找到的两块石头，上面有一些小东西，大家看出来了吗？（笔者拿着化石在教室里走了一圈，学生伸长脖子看）

生：虫子化石。

师：知道是什么虫子吗？

生：……

师：这种虫子叫三叶虫，是距今约5亿年前的寒武纪出现在海洋里的一种远古动物。为什么几亿年前生活在海里的生物会出现在陆地上呢？

生：火山喷发、海陆变迁……

师：有的同学知识面很广，知道沧海桑田，海陆变迁，那么海陆是如何变迁的呢？我们通过今天的学习就会知道答案。

该导入用到了生物化石，为了让学生获得直观感知，教师在教室内走了一圈，成功吸引了学生的注意，把鲜明的现象和观念变成知识最初的源泉。教师通过介绍其由来，设问其为什么由海洋到陆地，激发学生兴趣，引发学生讨论，并将学生的回答最终指向本节课所学内容——海陆的变迁。

(二)新旧联系式导入

地理教材节与节之间、节内标题之间均存在知识或方法上的联系，通过新旧联系式导入有利于回顾前知，为新课作好铺垫。现以《我国铁路干线的分布》的导入为例予以说明。

师：上一节课我们学习了五种交通运输方式，大家还记得是哪五种吗？

生：公路、铁路、水路、航空、管道。

师：(教师出示三种运输方式图片：运河、公路、铁路)这些运输方式中，打对勾的运输方式是什么？

生：铁路。

师：这是我们山东的交通线路图，现在有一个任务，从济宁兖州往日照运输50万吨的煤炭，合适的运输方式是什么？

生：铁路。

师：为什么不选水路呢？

生：日照靠海，但兖州不靠海。

师：图上还有很多公路线路，如果一辆货车最多可运50吨煤炭，那么需要多少辆货车？

生：10000辆。

师：看来铁路是最佳的运输方式了。家住北京的小明要到广州去旅游，请为他选择又快又经济的交通方式。

生：高铁。

师：还是铁路。请同学们看2011年我国五种交通运输方式的客运量与货运量比重对比表(略)，并快速找出铁路客运量与货运量的排名。

生：客运量排第二位，货运量排第三位。

师：可以看出铁路在我国是多么重要啊！今天我们就来深入学习铁路的相关知识。

该导入在讲解新知前，让学生先分析从兖州往日照运输50万吨煤炭用什么运输方式，回顾上节课学习的五种交通运输方式，巩固旧知，然后再通过外出旅游线路选择以及客运量和货运量的排名，说明铁路的重要性，导入新知的学习。

（三）设疑式导入

1.矛盾设疑导入

教学中存在着新旧知识之间的矛盾，概念之间的矛盾，理论与实际之间的矛盾。利用矛盾设疑，往往与学生的认知产生冲突，由此激发学生的求知欲。教师可以利用矛盾情境导入新课，使其成为新知与旧知之间的连接点。现以《印度》第二课时的导入为例予以说明。

师：印度的服务外包产业在世界上首屈一指，来自中国的小王和老李被派去印度学习。在飞机上，他们谈到了一条新闻。一个印度农民因为种水稻突然在全球范围内走红。他种植的水稻亩产达到2986斤，比我国的袁隆平院士创造的亩产2586斤的世界水稻产量最高纪录还多出了400斤，那么这件事情到底是真是假呢？对此，小王和老李发生了争执。小王说有可能是假的，因为印度的水旱灾害很严重，收成不稳定。可是老李却说，有可能是真的，因为针对水旱灾害，印度实施了绿色革命，使粮食产量居于世界前列。那么小王和老李到底谁说得对呢？让我们先来了解印度的水旱灾害和绿色革命。

设疑和矛盾能够激发学生的兴趣。该导入创设两位虚拟人物，通过其对话，引出印度的气候与农业，恰到好处地将印度农民种水稻出名的视频材料一剪为二：第一部分设计“是真是假”的疑问导入新课；第二部分是关于袁隆平院士揭露该印度农民吹牛的片段，于学习气候与农业的知识后播放，揭开谜底。

2.问题启发导入

杜威认为：“教学的艺术，大部分在于使新问题的困难程度大到足以激发思想，小到加上新奇因素自然地带来的疑难，足以使学生得到一些富于启发性的立足点，从此产生有助于解决问题的建设。”[6]导入时提出有启发性的问题，能够达到启发学生思维，激发学生学习动机，引出课题的目的。现以《世界上最大的黄土堆积区——黄土高原》的导入为例进行说明。

在学习黄土高原之前，学生已经学习了《地势与地形》《黄河的治理与开发》，对黄土高原有一定的了解。于是，教师让学生说出自己所了解的黄土高原，学生提到了千沟万壑、地上河、水土流失、植树造林、秦岭、太行山、窑洞、安塞腰鼓等。学生回答时，笔者用图示进行汇总（图1–2）。

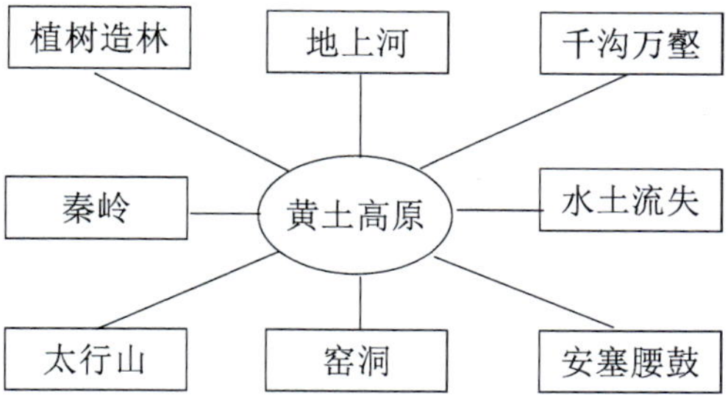

图1–2　黄土高原地理事物或现象

教师设问：能否将这些地理事物进一步归类？于是学生进一步将秦岭、太行山归为黄土高原的地理位置界线，将水土流失、地上河、千沟万壑、植树造林等归为黄土高原的生态环境问题以及治理措施，将安塞腰鼓和窑洞归为当地的特色文化。教师进一步设问：黄土高原是否就是秦岭以北、太行山以西？其他的边界大致在哪？除了窑洞、安塞腰鼓，黄土高原还有哪些特色文化？造成黄土高原水土流失的原因是什么？对水土流失的治理仅仅通过植树造林就能解决吗？今天通过学习《世界上最大的黄土堆积区——黄土高原》，我们来揭晓答案。

该导入利用层层递进的问题启发学生思考，从而顺利导入新课。

（四）生成性导入

导入时教师通过创设现场情境、扮演角色、与学生探讨等方式，与学生互动，借助随机生成的信息，逐步指向课题，顺利导入新课。现以山东省复习课研讨活动中郭日新老师《地图的复习》的导入为例予以说明。

师：潍坊我是第一次来，今天我们先不谈学习，谈点别的。你们这周围有没有公园、旅游景点等？

生：风筝广场、人民公园、植物园……

师：那你告诉大家，人民公园位于我们学校的什么方位？

生：人民公园在广文中学的西面。

师：距离有多远？

生：距离大概两千米。

师：你看描述得多么精确，可是老师还是不知道在哪里。有时候面对一个外地人，你怎么描述也描述不清楚的时候，要是有个什么就好了？

生：地图。

然后教师呈现三种类型的地图：中国地图、山东地图、潍坊市交通旅游图，让学生选择。

教师采用了一种闲聊的方式开场，比较平易近人。虽说先不谈学习，但是所谈内容却又指向所学内容。学生通过一系列的描述后终于明白，原来教师所有的设问与铺垫均是指向今天所复习的内容——地图，这一过程让学生意识到地图的重要性。另外，导入后第一个要点就是利用导入环节的铺垫，让学生选择不同比例尺的地图，效果较好。

第二节 情境创设

李吉林认为，情境教学"是以生动的直观与语言描绘相结合的手段，创设典型的场景，激起儿童热烈的学习情绪，从而促其主动参与教学过程的一种教学模式"[7]。冯卫东认为："情境教学是指在教学的过程中，教师有目的地引入或创设具有一定情绪色彩的、以形象为主体的生动具体的场景，以引起学生一定的态度体验，从而帮助学生理解教学内容，并使学生的认知水平、智力状况、情感态度等得到优化与发展的教学方法。"[8]笔者认为，教学情境是指在课堂教学中，教师根据教学内容和学生的最近发展区，通过提供相关材料，组织相关活动所创设的教学环境。

一、情境的类型

情境的类型较多，下面从素材分类、情境完整性两个维度厘清情境的类型，并结合案例予以说明。

（一）根据素材分类

根据素材不同，可将情境分为生活类情境、体验类情境和直观类情境。生活类情境是指将教学活动置于现实的生活背景之中，从学生的日常生活出发，从而引起其强烈的参与感与对知识的亲切感[9]。体验类情境是指通过亲自操作地理实验或参与地理实践活动，在实践中获得感官信息，思考现象蕴含的地理知识、规律。直观类情境是指通过实物或媒体直观呈现有关地理事物。

生活类情境案例：执教《水资源》时，为让学生探究我国水资源的时空分布不均，教师呈现聊城和广东某小区的水费收费标准，让学生思考为什么聊城的水费收费标准高于广东。接下来教师提到有专家认为中国还应该实行“季节性水价”，引出这样做与我国水资源的时间分布有关。该设计中，教师采用学生较为熟悉的水费创设情境，让学生感受到地理知识就在身边，取得了良好的教学效果。

体验类情境案例：执教《世界上最大的黄土堆积区——黄土高原》时，教师让学生通过做水土流失实验，体验植被覆盖率、土质、降水强度、坡度等因素对水土流失的影响，并据此提出水土流失的治理措施。这种在实验中亲自体验操作的情境创设方式，能使学生获取更多的信息与感性材料，体验的效果更明显，并且能够较好地培养学生的地理实践力。

直观类情境案例：执教《水资源》时，教师给学生呈现两组图片，第一组分别是夏季和冬季的黄果树瀑布，直观体现水资源季节差异大；第二组是水量较大和水量较小时的鄱阳湖，直观体现水资源年际差异大。然后教师依次呈现南北方耕作差异以及西部地区畜牧业的图片，并作如下陈述：如果我们走遍全国，不难发现，南方人在水田里播种，北方人则在旱地里收获，逐水草而居是西北牧民千百年来的生活方式。在此基础上设问“造成景观差异的原因是什么”，从而引出水资源的时空分布。整个情境伴随直观的图片和讲解，使水资源时空分布差异这一抽象的特点变得直观形象。

（二）根据情境完整性分类

根据情境的完整性，可将情境分为阶段式情境和“一境到底”式情境。阶段式情境侧重在不同阶段创设情境，如在导入、承转、合作活动、探究活动、结课环节创设情境。“一境到底”是指为实现教学目标，根据教材及学生认知，引入相关情境，使之从导入贯穿到结课。

阶段式情境：在执教《工业》时，学生学习了工业发展所需的原料、劳动力、市场、交通等主要因素后，教师给出我国纺织厂、钢铁厂在各个省份的数量，学生据此用不同图例在我国省级行政区图基础上绘制工厂的分布地图，然后结合人口分布图、地形图、铁矿分布图、交通图等分析原因。这样通过给出信息，设置活动，既对前面所学知识进行综合运用，又为后面学习工业空间分布打好基础，属于典型的阶段式情境创设。

“一境到底”式情境：在执教《巴西》时，笔者从大航海时代葡萄牙航海家佩德罗抵达巴西导入，引出巴西的地理位置，并进一步介绍巴西的历史——欧洲其他一些君主国家的船只不断地在这块土地上靠岸，砍伐雨林里的红木，并在巴西高原种植可可、玉米等作物，开辟大量牧场。接着，笔者呈现巴西地形图、南美洲气候图，明确亚马孙平原和巴西高原的名称、气候，并分析巴西种植可可、玉米等作物的有利条件。由于生产规模的扩大，特别是后来在南部发现了钻石和黄金，需要大量的劳动力，于是殖民者从非洲奴役了大量的黑人。这段历史对巴西的人种、文化产生了深远的影响。笔者呈现下卡的全家福，并设问：这一家人分别是什么人种？（分析巴西现在的主要人口及人口特点）最后，笔者引导学生了解随着不同人种的混合，带来的是不同文化的融合，从而顺利地进入巴西多元文化的学习。

整节课以巴西的历史为线索，从发现巴西，到开发巴西，再到奴役黑人形成特色人种及多元文化，将地理位置、自然环境及其对农业的影响，以及人种和文化等知识串联起来，不但能够引起学生的情感体验，激活思维，使其积极参与教学活动，还能通过情境创设将知识串联起来，形成一条环环相扣的课堂主线。这条主线不仅使课堂教学顺利进行，也有利于学生理解和记忆知识。

二、情境的创设

因为“一境到底”既要兼顾完整的知识结构，又要在保证情境完整的情况下，实现环节间承转流畅，并结合情境创设有价值的问题，所以在创设过程中存在一定难度。下面结合《印度》一节典型课例予以说明。

(一)“一境到底”式情境创设举例

情境一:新课伊始播放1986年版《西游记》片首曲,设问:西游记讲的是什么故事?玄奘取经的目的地在哪?并作如下陈述:玄奘回国后根据西游见闻写成《大唐西域记》,书中记载了印度的地理位置、地形、气候、农业生产等知识。接下来,让我们通过其中的描述,与今天所学的地理知识进行相互印证。

情境二:玄奘在《大唐西域记》中用“三垂大海”来描述印度的地理位置,如果让我们来描述的话,我们应该如何描述呢?学生根据地图描述印度的经纬度、海陆位置。

情境三:明确了印度的地理位置后,玄奘从长安出发,“逾峻岭,越洞谷,经危途,涉险路”[10]210。一路走来,其中艰险自不待言。玄奘是沿着什么样的路线到达印度的呢?(呈现路线图)他为什么舍近求远呢?印度的地形特点是什么?学生根据地图描述印度北部、中部、南部的地形区。

情境四:玄奘艰辛的旅途,不仅受复杂地形的影响,还受恶劣天气的影响。“随所至止,结庐而舍。唯雨三月,多雨不行。”[10]254他走到哪里就在哪里搭屋而息,雨季的三个月,因为多雨,不能远行。可见,天气和气候对他的行程影响非常大。那么印度主要以哪种气候类型为主?其气候特征是什么?学生据图分析印度气候类型、特征及其带来水旱灾害的原因。

情境五:尽管水旱灾害频繁,但印度人利用自己的智慧,根据因地制宜的原则,合理布局农业生产。你能从下面的文字中找出印度的主要粮食作物吗?呈现《大唐西域记》中的记载:“播植随时,各从劳逸。土宜所出,稻、麦尤多。”[10]106印度的粮食作物有哪些?水稻、小麦生活习性不同,水稻喜温喜湿,小麦喜温喜凉,较耐旱。这两种生活习性不同的农作物,在印度是如何分布的呢?学生据图分析两种粮食作物的分布特点。

(二)“一境到底”式情境创设的程序

明晰“一境到底”式情境创设的程序,有助于提高教师创设“一境到底”式情境的有效性。在创设上述情境时,笔者按照以下程序进行设计:把握教学目标—了解学生认知—开发课程资源—创设学科问题。

1. 把握教学目标

教学目标是情境创设的出发点和归宿。在创设情境时，首先要根据课程标准，把握教材的知识架构，根据学生认知确定教学目标，并在此基础上组织教学资源，创设问题情境。《印度》一节的教学设计结构如图1-3所示：

- 印度
  - 教学目标
    - 阅读地图和课文，说出印度的地理位置、领土组成和首都
    - 阅读印度水稻和小麦分布图、地形图、降水分布图，找出水稻、小麦分布与地形、降水的关系
  - 教学内容
    - 位置和范围
    - 热带季风气候与粮食生产
      - 热带季风气候及特点
      - 粮食生产
      - 季风不稳定对粮食生产的影响
      - 农作物的分布

图1-3 《印度》教学设计结构

本节课在确定教学目标时并未按照课本顺序先讲授人口部分，而是确定以下教学目标：阅读地图和课文，说出印度的地理位置、领土组成和首都；阅读印度水稻和小麦分布图、地形图、降水分布图，找出水稻、小麦分布与地形、降水的关系。之所以这样确定教学目标，源于对学生认知的了解。

2. 了解学生认知

学生的认知是情境创设的前提。学生认知通常指已有的经验，包括已有的知识经验和生活经验。创设情境应该与学生的认知水平相吻合，脱离学生认知水平的情境创设，无法引起学生的共鸣，教学效果差。

从学生已有的知识经验来说，经过前面亚洲、日本和东南亚的学习，学生初步了解到区域地理需要从区域地理位置、自然环境、人文环境三个方面学习。为进一步强化这一学习内容顺序，本节课依然按照这一思路创设情境，并在此基础上确定上述教学目标。在分析地理位置时，由于前面已经学习过位置的描述方式，所以本节课只让学生结合地图进行分析。学习气候时，由于学生对季风的特点并不了解，所以教师先说明季风不稳定的特点，然后在此基础上分析水旱灾害频发的原因。在探究农作物与地形、降水的关系时，考虑到这一内容学习起来有一定难度，采用了小组合作的方式进行突破。此外，从学生已有的生活经验来说，在设计《印度》一课的导入时，考虑到学生虽

然对印度不熟悉，但是对《西游记》较为了解，所以利用《西游记》片首曲导入本节课。

3.开发课程资源

课程资源是创设情境的保障。教师只有拥有丰富的课程资源，在创设情境时，才能有更多选择的余地。获取资源的途径主要有三种，即通过网络媒体、纸质媒体或地理实践来获取。

上述典型情境最大的亮点是挖掘了《西游记》的相关资源。关于《西游记》的影视资源较多，其中，1986年版的《西游记》堪称经典。伴随着动感的音乐，石破天惊，猴王出世的画面，能够一下子唤起学生的记忆，激发学生的兴趣。为更好地延续《西游记》的情境并贯穿始终，我们既可以创设虚拟情境，也可以利用玄奘西游的见闻创设真实情境。为拓宽学生的知识面，笔者通过阅读岳麓书社出版的《大唐西域记》，从中找到了关于印度地理位置、地形、气候、农业的记载，能够满足问题的创设以及各环节之间的过渡，从而选择上述真实情境，舍弃虚拟情境。

4.创设学科问题

创设学科问题是情境创设的落脚点。在根据素材设置问题时，我们要把握三个原则：一是与素材紧密关联，即由情境提出问题；二是紧扣学习目标，即问题的设计要围绕学习目标展开，并且要围绕重难点设计出环环相扣的问题链；三是培养学生的学科素养，即通过问题培养学生区域认知、综合思维、人地观念等素养。

本节课情境与问题设计的对应关系如图1–4所示。

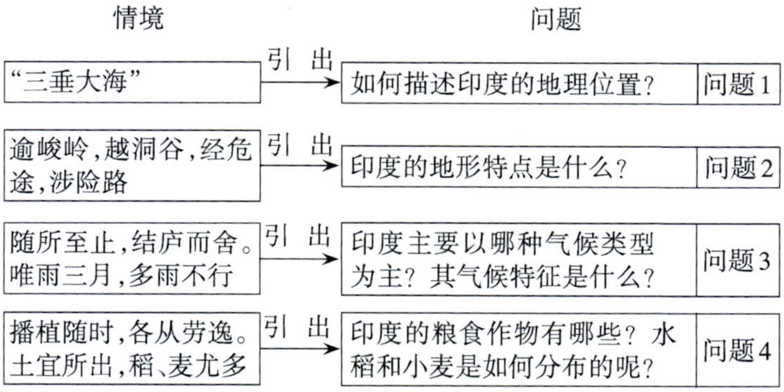

图1–4　《印度》一课情境与问题设计的对应关系

从情境与素材紧密关联的角度来说，上述问题均由情境引出，体现了问题与情境紧密关联。从学习目标的角度来说，四个情境引出四个方面的问题，每个问题均指向学习目标，问题与问题形成问题链，环环相扣，层层递进。从培养学生核心素养的角度来说，问题1、2、3、4均涉及区域位置、特点，重点体现了对区域认知素养的培养。同时，问题4考查农业分布与地形、降水的关系，培养了学生的综合思维，又因为这一内容渗透了印度因地制宜布局农业的内容，所以也渗透了人地观念素养的培养。

三、情境的优化

（一）“一境到底”要有连续性

连续性是指情境作为一条明线贯穿于导入至结课的各个环节，由情境引出问题，由情境实现过渡。连续的情境既有利于学生记忆知识，也有利于通过情境回忆知识。

【案例】（根据《45分钟“环游”印度》[11]改编

情境一：《西游记》里师徒四人去印度取经，今天大家要去今天的印度看一看。要去印度，首先需要知道印度的位置，请大家说出印度的位置。如果我们去印度会经过哪些国家？

情境二：假如徒步去印度旅行，要经过印度的哪些地形区？

情境三：中国有长江、黄河，印度有没有著名的大江大河呢？其发源地和流经的地区有哪些？

情境四：去印度要带哪些衣服和必备的东西？寒假去要带什么？暑假去要带什么？理由是什么？

该情境以旅游为线索串联位置与自然环境的相关知识，美中不足的是环节与环节之间缺乏连续性，特别是地形、河流、气候三部分内容之间缺乏情境“润滑”，割裂感较强。笔者认为，既然是旅游，按照常理，在确定印度位置后，也就知道印度大部分属于热带。教师可在确定寒假或暑假去之后，设问“去印度旅游需要带哪些衣服”，进而学习印度的气候知识。然后教师可以提供一条旅游路线，让学生思考，如果沿着该路线去印度旅游会经过哪些地形区、河流，从而将自然环境“一路打尽”。这样就可以把情境用足用透，实现情境的连续性。

（二）“一境到底”要有合理性

合理性是指教师在描述情境时要做到入情入理，阐述明确恰当。具备合理性的情境更容易让学生接受，代入感更强。

【案例】

这节课我们来学习一个神秘的国度，首先来听一首歌《敢问路在何方》。在《西游记》中，唐僧师徒四人在西天取得真经。但是近两天呢，唐僧突然想到这样一个问题，他们虽然取得真经，但是对印度的其他情况却一无所知，所以这节课，咱们跟随唐僧师徒四人到印度游览一番，续写《西游记后传》。在西行过程中，孙悟空一直扮演着先行者的角色，这次也不例外，先让孙悟空帮我们打探印度的地形。西去印度必须穿越雄伟的喜马拉雅山脉。这条山脉将南亚与亚洲的其他部分隔离开来，使得南亚形成了一个相对独立的区域……接下来，沙僧出场了，沙僧要带我们去参观印度的农业。

教师从虚拟角度创设情境，教学形式和效果上都有值得肯定的地方，但在合理性上却有不足之处。如教师提到“近两天呢，唐僧突然想到这样一个问题，他们虽然取得真经，但是对印度的其他情况却一无所知”。虽然该情境属虚拟情境，但历史上确实存在玄奘西游之事，作为真实人物、真实事件，虚拟情境创设也应以史实为依据。说唐僧对印度一无所知，一定程度上暴露出教师对史实了解甚少。此外，教师让孙悟空和沙僧两位角色依次“出场”，从语言表述上较为突兀，而选角上，爱出风头的“二师兄”未分担到任何角色，平时沉默的沙僧却在本节课中较为活跃，这些都在合理性上有所欠缺。

（三）“一境到底”要有适度性

适度性是指情境的数量要适度，尽量做到少而精，描述情境的语言要简练。如果情境过多，描述冗长，就会因喧宾夺主而违背情境创设的初衷。

【案例】[12]

情境一：师徒四人刚到印度安拉阿巴德的时候，那里气候宜人，可惜好景不长，天气一天比一天热。悟空浑身是毛，当然瘙痒难耐，八戒更是挥汗如雨，叫苦连天。“猴哥，你何不唤出土地老儿，问问这干热天气何时结束？”八戒说。

“土地老儿，快快出来！快快出来！”悟空用金箍棒边捣地边大叫。

“大圣，又有何事？”土地神吓得哆嗦地问。

“土地老儿，这里究竟是何气候？这样的鬼天气何时结束？”悟空问道。

“大圣莫急！大圣莫急！我这里有一幅图，你看看就知道了。”土地神递给悟空一张地图。（学生表演）

问题引领：悟空接过来一看就傻了眼，八戒更是丈二和尚摸不着头脑。同学们赶快帮帮他们吧！

……

情境二（略）通过悟空与土地神对话的方式，引出悟空对印度一年分三季气候的疑惑，后由土地神呈现季风图，学生据此分析原因。情境三（略）通过悟空与当地农民的对话，了解西南季风带来的问题，并让学生分析原因。情境四（略）说的是悟空驯服西南季风，村民千恩万谢，悟空让人们因地制宜发展生产。

总体来说，该案例通过悟空和土地神的对话生动地呈现情境，较好地体现了连续性和逻辑性，但没有把握好适度性，大量的情境占了主导。一节课下来，人物语言过多，情境容量过大，喧宾夺主，导致课堂整体容量偏小，学习内容仅限于印度的气候、气候特征及其影响。据此，教师可以删减细节描写，简化人物之间的对话，控制情境容量。

（四）“一境到底”要有情感性

情感性是指通过情境创设渗透情感教育。赞科夫说过，教学法一旦能触及学生的情绪和意志领域，触及学生的精神需要，这种教学法就能发挥高度有效的作用[13]。

【案例】

结课环节，教师陈述如下：《西游记》这部小说，让很多人觉得玄奘是个倒霉的糊涂虫，容易上当，而且总是要孙悟空来保护。实际上，这对玄奘本人来说很不公平，他是一个有胆识的佛僧，他循着骨堆、马粪走过茫茫沙漠，他在风雪中前行，踏过天寒地冻的雪山。他回到大唐用一年时间著成的《大唐西域记》是一部不朽的历史地理巨著。在这部著作中，玄奘法师极为精确详尽地记述了自己游历一百三十八国的见闻，内容涉及各国的疆域范围、城市大小、名胜古迹、历史传说、风土人情等，甚至一座塔的高度、一所寺院的人数，他都准确无误地翔实记录。1300多年后的考古发掘证明，玄奘法师的记载是可靠的，《大唐西域记》是他留给后人的无价之宝。他哪怕不是世界上最伟大的旅行者，也绝对算得上是中国伟大的旅行者之一。让我们向这位伟大的旅行者致敬！

就《印度》一课来说，在众多基于《西游记》设计的情境中，往往注重知识与技能的传授，忽视了通过玄奘的贡献与探险精神，来培养学生的情感态度与价值观。这一结课环节，通过对玄奘所做历史贡献的真实解读，让前面的情境创设有了感情的注入，使情境有了灵魂。

第三节　课堂提问

课堂提问是指在课堂教学情境中教师根据需要，引导学生定向思维、提出问题或疑问的一种教学行为方式[14]。课堂提问有利于引导学生积极参与教学，推动教学有序进行，最终实现教学目标。

一、提问的原则

教师设计问题时，既要考虑课程目标的要求、学习内容的特点，又要考虑学生的年龄和心理特征，因此需要遵循一定的原则。已有研究中提到的提问原则共有13种，笔者现从适度性原则、简洁化原则、启发性原则、开放性原则角度，通过不同的“镜头”，分析省、市优质课大赛中质量参差不齐的提问进行。

（一）适度性原则

适度性原则即要求所提问题符合学生的认知水平，学生通过一定的思考能够解答出来。问题太难或者太容易都不符合适度性原则。

镜头一：问题太难（《人类的聚居地——聚落》导入）

师：先给大家看一个字（教师通过课件展示“人”字）。这个字大家都认识吧？

生:认识。

师:谁能解释一下它的含义?

生:……

师:这么熟悉的一个字,你来试一下。

生:……

师:很简单,一撇一捺。大家考虑一下,一撇一捺说明什么?说明人与人之间要怎么样?

生:要团结。

师:还要怎么样?

生:要互相帮助。

师:人要集中在一起。人们聚在一起,就会形成聚落。今天我们就一起学习《人类的聚居地——聚落》。

该案例中,教师试图通过新颖的导入,展示丰富多彩的课堂情境。但从学生的反应可以看出,学生不太理解教师的意图,难以按照教师预设的思路回答问题。阐释"人"字的内在含义,对于一个成年人来说,都有一定的难度,何况是初一的学生。此外,从"人"字承转到人相互依靠,再过渡到人聚在一起形成聚落,笔者认为,这样的导入不够顺畅。如果非要用一个字来导入的话,笔者认为"众"字比"人"字更贴切一些。可见,教师在设计问题时,要考虑学生的年龄特点,按照他们的认知规律设计问题。

镜头二:问题太简单(《人类的聚居地——聚落》导入)

师:(展示高山风光图)它给我们的感觉是很高大,它的交通条件怎么样呢?

生:交通不便。

师:(展示热带沙漠风光图)这是一幅什么图?

生:沙漠风光图。

师:沙漠给我们的感觉可能有两个字,大家说说是什么?(教师期待学生回答"干旱")

生:炎热。

教师:还有吗?

生:干旱。

师:(展示长江中下游平原风光图)这幅图给我们的感觉是地形平坦,那么这里的气候怎么样呢?

生:湿润。

师:世界各个地方的自然条件差异大还是小呢?

生:大。

这种导入方式将传统的"满堂灌"变成了"满堂问",课堂气氛看似活跃,但是所提问题思维量较小,并且多带有暗示性,缺乏问题价值和探究价值。笔者认为教师出示这些风光图的意图在于让学生感受不同的地区有不同的环境,从而为讲解人们因地制宜建造聚落作铺垫。从适度性角度出发,笔者认为可将该导入稍作修改,先让学生观看高山风光图、沙漠风光图、平原风光图,然后提出问题:"如果让你选择自己要长期居住的地方,你会作何选择?原因是什么?"这样处理的好处在于使问题难度适中,能更好地调动学生的积极性。学生通过思考能够自然地想到高山地区交通不便,热带沙漠地区炎热干旱等,从而做出合适的选择。

(二)简洁化原则

笔者认为,优质课首先应该是高效的,所提问题也应该是简明扼要的。

镜头一:提问冗长

在学习聚落的类型时,某教师设计了以下几个问题:学生的父母从事什么工作?有哪些不同的职业类型?这些职业类型对聚落有什么影响?……然后阐释这些聚落可以分为城市聚落和乡村聚落,而乡村聚落又分为农村、牧村、渔村、林场等,过程十分复杂。

笔者认为,该教师在设计问题时有两种想法:第一是贴近生活,体现人文关怀,所以设计了有关学生家长工作的问题;第二是体现最近发展区的原则。但是问题在于,教师并没有把握好这两个原则,因为担心学生不理解,所以将知识讲解得非常细,一系列冗长的问题,使学生迷失在问题中而忽略了问题的主线。这种处理方式在一定程度上"伤"了学生,也"伤"了教师自己。

镜头二:提问简洁实用

同样是学习聚落的类型这一部分内容，某教师在导入新课后，让学生利用助学稿，预习课本中聚落的类型。预习结束，教师提问。

师：通过预习，我们知道人类的聚落通常分为哪两大类？

生：乡村聚落和城市聚落。

师：大家看这样四幅图片（展示乡村图片），它们属于哪一类？

生：乡村聚落。

师：能具体说一下每张图属于乡村聚落的哪一种吗？

生：分别是农村、牧村、渔村、林场。

该教师绕过一系列复杂的提问，让学生先自主学习，然后通过简洁的提问，轻松解决聚落的分类问题，反馈效果良好。

由于教师设计的问题不同，所以镜头一和镜头二中学生的学习情况也不一样。镜头一中的学生被老师冗长的问题"拉"着往前走，比较被动；镜头二中的学生借助助学稿自学，在培养了学习能力的同时，又解决了问题，符合新课程标准的要求。

（三）启发性原则

在优质课大赛上，教师大都希望学生能比较准确地回答问题，而不太希望出现一些自己不能预料的波澜。当出现学生回答错误或者卡壳时，有的教师会陷入自问自答的尴尬境地，而有的教师则会通过一系列启发性提问，对学生进行恰到好处的引导，使课堂"起死回生"。

镜头一：自问自答

在学习聚落的形成与环境的关系时，教师出示世界三大文明古国分布图，并让学生分析聚落的形成与环境的关系。

生：地形平坦、土壤肥沃、自然资源丰富。（学生拿着课本照本宣科，没有看黑板上出示的文明古国分布图。）

师：非常好，这里提到了土壤肥沃，从图上能不能看出来呢？

生：能。

师：从哪看出来的呢？

生：……

师：这里是河流的中下游地区，这些地方往往能形成什么呢？……冲积平原，土壤比较肥沃，还有呢？地形怎样？

生：地形平坦。

师：还有什么？资源比较丰富，尤其是什么资源丰富？(水资源比较丰富)这种条件特别适合发展农业生产。图中有一条虚线是什么线？

生：北回归线。

师：这些地区位于北回归线以北，温度怎样？气温条件怎样？如果用两个字来形容，可以用哪两个字？

该案例中，尽管教师一直不断启发，但是学生仍然启而不发，沉默不语。笔者认为，该过程虽然有问题，也有问题链，但是几个问题不是真正从学生出发而设计的，其组成的问题链也是假问题链。从表面上看，使用了问题法，但是从整个过程上来看，还是表现出讲述的特点。事实上，在讲到土壤肥沃这部分时，让学生从图中读出这样的信息确实比较难。与其使用这种不合理的提问，教师还不如直接通过图文的形式或者直接表述的方式解决。

镜头二：调整问题难度，启发学生思考

在学习巴西的自然环境时，教师设问：亚马孙河是世界上流域面积最广、水量最大的河流，为什么？

生：因为它位于世界上面积最大的平原——亚马孙平原。

师：因为位于世界上面积最大的平原，亚马孙河就成为世界上流域面积最广、水量最大的河流吗？

生：属于热带气候，降水充沛。

师：热带沙漠也是热带气候啊，难道这种气候也能形成大河吗？

生：它主要是热带雨林气候。

师：这种气候的特点是什么？

生：高温多雨。

师：所以河流的水量怎么样呢？

生：水量大，有利于形成大河。

师：亚马孙河由于地理位置、气候环境、流域因素，成为世界上流量最大的河流。

案例中，教师给出的问题，学生并没有准确回答，于是教师根据学生的回答，通过一系列纵向的逻辑问题，一环扣一环，逐步引导启发。教师思路清晰，针对性强，不断接近学生的最近发展区，让学生逐步完成了知识的建构与发展，得出了正确的答案。

（四）开放性原则

开放性提问是教师启发学生思考，引导学生思维发展的重要手段之一。在优质课比赛中，教师如果能够把握好问题的开放性，可能就会获得较好的效果；如果问题设置封闭性较强，效果就会大打折扣。

镜头一：发展学生思维

对比法能够较好地区分开不同事物的不同特点。在扬州市高中青年教师地理教学竞赛中，一位老师所授《水循环》一课得到了专家的一致好评。其中最大的亮点在于他打破了以往单纯列举的模式，而是采用了对比列表（表1-1），没有框架的开放性设计视角，给学生提供了发展思维的平台，收到了良好的效果，也将探究学习氛围推向了整堂课的高潮。

表1-1　不同水循环的对比

类型	海陆间循环	海上内循环	陆上内循环
角度1			
角度2			
角度3			
角度4			

镜头二：限制学生思维

在观摩《人类的聚居地——聚落》一节的优质课时，笔者发现在对比城市和乡村聚落的不同时，多数教师会给学生一个提前制作好的表格，让学生直接从人口密度、交通、建筑、对景观的改变大小等方面对比城市和乡村聚落的差异。在实际教学中，笔者最初也是如此设计，但是效果不理想。原因在于这种设计具有一定的封闭性，在一定程度上限制了学生思维的发散。在后期教学中，从开放性角度出发，笔者作了如下调整：让学生自己设置表格栏目内容，思考城市与乡村聚落的不同。学生除了列举出笔者预设的内容外，还想到了城市与乡村在自然环境、教育、经济、就业机会等方面的不同，教学效果非常好。笔者认为，之所以后期的教学收到了良好的效果，原因在于将问题设计由封闭性变为开放性，使学生有更宽的思考空间。

问题启迪思维，思维始于疑问。符合提问原则的问题，能激发学生真正参与课堂的学习热情，给学生提供一个自主学习、独立思考的空间，从根本上变革学生被动接受知识的传统教学模式，从而使学生既掌握了知识，又发展了能力。

二、提问后的教学行为

课堂提问不应止步于教师提出问题，较为完整的提问行为流程如图 1-5 所示。下面着重对提问后的等待与聆听、评价与反馈、提示与追问三个方面进行分析。

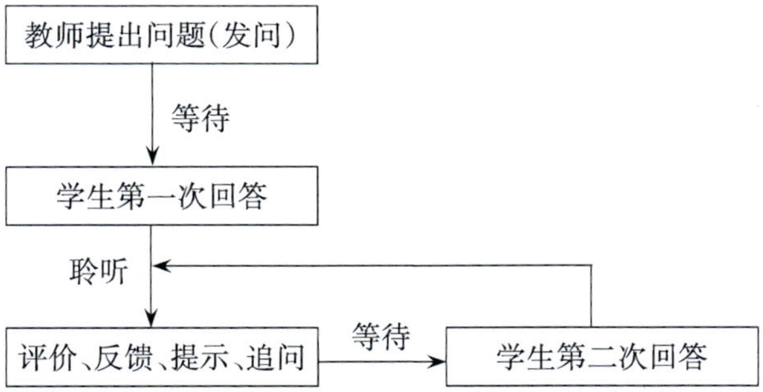

图 1-5　提问行为流程示意

（一）等待与聆听

提问后教师通常会给学生一个等待时间，等待的时间长短与问题的难易程度成正比。对于认知、理解一类的问题，等待时间可以稍短；对于应用、分析、综合等高层次的问题，等待时间就应稍长[15]。

一般来说，在问下一个问题、重复前一个问题，或是叫另一个学生回答问题之前，应该至少等待 3 秒钟。如果是开放性问题，需要全面考虑并对各种可能的回答权衡时，15 秒的等待时间是恰当的[16]。教师在等待时环视全班，可以从学生“快速举手”“欲举还休”“翻书查本”“交头接耳”等行为中得到解决问题的信息。

(二)评价与反馈

评价与反馈是指课堂教学情境中,教师采用言语、非言语等形式对来源于学生的信息做出回应的教学方式[17]。教师的反馈应更多地体现积极反馈和有效反馈,减少消极反馈和无效反馈。下面从回答正确时和回答“不知道”或者回答不理想时的评价与反馈两个方面予以说明。

1. 回答正确时的评价与反馈

在学生答对的时候,教师经常用到的评价语言如下:好,很好,很棒,真不错。时间一长,学生对于这种评价可能不“感冒”。笔者认为,评价应该具体到位,如从掌握知识的广度、理解知识的深度,以及通过什么途径、是否有创造性、参与课堂的状态、科学精神等方面进行评价[18]。

师:这是我们济南一年中两个时点的正午太阳高度下的景观图,请你来判断,哪个是夏至时点的景观图,哪个是冬至时点的景观图?

生:第一幅图是夏至时点的景观图,第二幅图是冬至时点的景观图。

师:你是怎么判断出来的呢?

生:因为夏至的时候,太阳高度比较高,地面受热多,所以温度比较高,树木也比较苍翠;冬至时太阳高度比较低,地面受热少,白昼相对短,温度就比较低,有白雪皑皑的感觉。

师:回答得太好了,咱们给他鼓鼓掌吧!因为他不仅做出了正确的判断,而且根据我们刚才提的几个小问题,把这种景观图上的表现与地理知识紧密联系在了一起。

对别人的评价,应该尽可能具体,有针对性,而非笼统地泛泛而谈。上述案例中教师的评价具有较强的针对性,不仅评价学生答案的正确性,而且对学生获取知识的途径、方法也做出画龙点睛的评价。

2. 回答“不知道”或者回答不理想时的评价与反馈

(1)回答“不知道”时的评价与反馈。

学生回答“不知道”时,常见的教师评价与反馈有以下两种:一是声色俱厉或讽刺挖苦;二是教师会说“没关系,先坐下想想”,然后让其他同学回答。

第二种处理方式在一定程度上保护了学生的自尊，但是容易造成“我回答不出来没关系，老师会叫其他同学帮我回答”的印象。笔者认为，教师让其他同学回答后，可以再让这位同学复述一下，如果表述正确，教师就可以给予鼓励。如果同一组内有两名或者三名同学答不上来，组织小组讨论是比较好的解决方案。

（2）回答不理想时的评价与反馈。

学生回答不理想，可能是回答错误，也可能是回答不完整，或者是回答问题时声音、仪态等方面有问题。前两种情况，教师通常会说“哪位同学有不同意见”或“大家看他（她）的答案有没有问题”。这两种处理方式的共同点是教师关注的焦点不是学生，也不是学生回答问题的思路或导致学生回答错误或不完整的原因，而是问题的正确答案。如果正确答案出现了，马上就可以进入下一个教学环节。如果正确答案未出现，就要寻找他人来给出答案。从学生发展的角度来说，教师应尽可能地引导学生回答。当学生的回答不理想时，教师可以采用以下三种策略处理。

①模糊策略。在课堂上，教师表达不赞同观点时，可以用模糊的词语，使语言变得委婉，从而让学生易于接受。常用词语有好像、有点儿、可能等。如某同学上台讲解试题，讲解思路完全正确，但是声音太小。讲完后，教师微笑着说道：“××同学的讲解完全正确，但是在讲的时候如果能放慢速度，声音再大一些，看着图说明，效果可能会更好。”这一方式既肯定了学生的答案与思路，又委婉地指出了学生存在的问题，并提出了解决问题的办法，学生易于接受和改进。

②求同策略。在分析台湾岛西部发展粮食生产的有利气候和地形条件时，生1讲解如下：“台湾有北回归线穿过，这部分（回归线以南）属于热带季风气候，这部分（回归线以北）属于亚热带季风气候，两者都是雨热同期。台湾岛这边（东部）多山地，这边（西部）以平原为主。”教师点评：“思路正确，但有美中不足之处。”生2回答：“她在讲解气候条件时讲得很好，但是题目说的是台湾西部的粮食生产，所以只需要说台湾西部以平原为主、地形平坦就可以了。”教师评价：“你说得对，画龙点睛即可，而东部地形特征的讲解就有点画蛇添足了。”教师的评价不仅指出了学生的思路正确，也指出了其不足

之处。

③幽默策略。在选择交通运输方式时，常会遇到类似一吨活鱼从郊区运往城区的问题，有的同学会选择水运。之所以选择水运，是因为学生多从字面意思理解，但没有明白水运的特点。水运是水路运输的简称，运输工具是船舶，运输量少则上万吨，多则几十万吨。此时教师可以幽默地说："用水运可以说是百年松当柴烧，大材小用。"然后再向学生解释水运的其他特点，如速度慢、成本低等，从而纠正认知。

（三）提示与追问

提示行为是指在学生回答不出、回答错误或回答不完整时，教师通过层层启发，巧妙点拨，调整学生思维方向，最终使学生自己得出结论的行为。提示行为最为关键的是要把握好学生的最近发展区，提出符合学生年龄和心理特征的问题。此外，在对学生进行提示时，提示语言要有逻辑性，而这种逻辑性一般是纵向逻辑结构。例如下面案例：

师：现在我们来学习板块构造学说的第二个内容"板块是在运动的"。从这个图上，大家能看出板块是怎么不断运动的吗？

师（3秒后）：从这个图上我们是通过什么信息看出板块是在不断运动的呢？

师（3秒后）：谁看出来了？

师（4秒后）：大家看一下这幅图的图例。

师（3秒后）：图例中是用什么符号表示板块运动的呢？

生：用箭头表示。

师：箭头的方向一样吗？

生：不一样。

师：有几种方式？

……

师：来，你来。我看你在比画了。

生：有向两边的。

师：嗯，是有向两边的（教师板书箭头的方向）。

生：还有的是向中间的。

师：对，还有的是向中间的（教师板书箭头的方向）。那大家现在想一想，向两边的箭头是什么意思？

生：向外扩张了。

师：嗯，向外扩张了，也就是说它在发生张裂运动。那向中间的呢？

生：发生挤压运动。

上述案例中，教师引导学生读图，从图中获取信息，并以地图为载体，通过一系列纵向的逻辑问题，不断接近学生的最近发展区，让学生逐步完成了知识的建构与发展，最终得出正确的答案。值得注意的是，教师应尽可能利用一些问题来给学生以提示，而不是直接给出答案，特别是教师在提出板块是怎么不断运动的这一问题后，连续提问了4次，在每次间隔3~4秒钟的时间里，学生均鸦雀无声。在这种情况下，教师仍能镇定自若地提示学生阅读地图，发现信息，从而一步步找到答案，确实需要一定的耐心。

追问是为了使学生深刻理解某一学习内容，在提出第一个问题后，听了学生的回答，发现其认识还是肤浅、片面甚至错误的时候，能够利用学生的初始回答再次提出系列问题，持续不断地质疑，激发学生自发地反思自己的初始答案，并进行深入而周密的思考，进而调用已有的知识或经验进一步解释、验证自己初始的想法、观点和理由等。

在追问的过程中，教师一般可以通过以下语言来处理不同的情况。例如：在学生答非所问的时候，教师需要让学生重新考虑初始问题，可以说“你说……（学生的初始答案），这与……（教师的原始问题）有什么联系呢”，这样可以帮助学生重新思考；在学生表达不够清晰的时候，教师可以问“你说的……是什么意思”，从而要求学生给出答案中某些词语的含义；如果需要验证学生的观点是否正确，教师可以让学生举例说明“你能举例说明……吗”；如果需要发散学生的思维，让学生想出更多的答案，可以问“除此之外，还有其他的吗”；等等。现以《经线与时间》教学片段为例予以说明[16]225-226。

师：我们把这种用于确定地球上任何地点方位的网格线叫什么？（提问的开始）

博比：经度和纬度。

师:好的。经度是什么意思?(激发新的信息)

博比:是地球上的那种……上下向的线条。

师:“上下向”是什么意思?(要求进行澄清)

博比:是指那些线条以同样的间隔南北延展。

师:好的。现在请告诉我,它们始于何处?(激发新的信息)

博比:唔,我想它们应该是始于一个0点的地方,又结束于这个0点的地方。

师:让我们想想。那这样不是意味着这个起点是经常变化的,只要一个地方是0点就成了起点了吗?(重新定向)

博比:是的,因此经度应该是在固定的某一点开始的。

师:有谁知道是在哪一点开始的吗?(激发新的信息)

休:我们书上说标为0度的第一条线是开始于英国一个叫格林尼治的地方。

师:休,一条南北延展的线怎么可能“开始于”某个地方呢?(要求澄清)

休:我的意思是说它穿过英国的格林尼治。

师:好的。现在让我们再回到博比关于时间点的说法。如果我们有一条固定的经度线,标为0度,那么我们可以怎样根据它来确定时间?(激发新的信息)

博比:现在我想起来了。0经度线的子夜——或英国的格林尼治的子夜——被确定为0点,从那儿开始,可以画出全世界的时间线。因此,当第一条线是0点时,英国的格林尼治的时间就应该往回算1个小时;当第二条线的时间是0点时,英国的格林尼治的时间就应该往回算2个小时,依次类推。

师:这意味着什么?(要求澄清)

博比:每条线相当于1个小时——那么……应该有24条。

师:那么,毫无疑问,我们就可以知道时间是参照0经度线的时间,即格林尼治时间来确定的。

在上述案例中,教师充分利用追问这一方式,帮助学生厘清答案,让学生自己反思答案,整理思路。例如,学生谈到经线是自上而下的线,但是教师通过追问“‘从上到下’是什么意思”,让学生意识到自己在表述或是理解方面存在的问题。在杰森说格林尼治时间“以此类推”的时候,教师追问“那是什么意思”，通过这一问，让学生对于时间的认识更加清晰。此外，教师通过“我们再想一下你说的答案，表示开始点的经线，难道会根据它碰巧在何处成为半夜而一直改变吗”这一问题，使杰森明白“这些格子一定是在某些固定的点开始的”。

第四节　合作学习

合作学习是以学习小组为基本组织形式，系统利用教学动态因素之间的互动来促进学习，以团体成绩为评价标准，共同达成教学目标的活动[19]。合作学习具备以下几个基本要素：共同目标、个体任务、团队互赖、交流互动、成果分享[20]。尽管合作学习的理论已经比较成熟，但是在实际合作学习过程中，存在“合作效率低下”“假合作”“无序合作”的现象。

一、合作学习的必要性

参加工作之初，在学习《长江的开发与治理》时，笔者尝试使用合作学习组织教学。新课伊始，学生带着以下问题开展自主学习：长江的水能集中在什么河段？长江水能丰富的原因是什么？长江的航运功能主要集中在什么河段？为什么该河段航运发达？自主学习完毕，学生小组讨论，但从学生的面部表情、眼神来看，他们只是形式上合作，并未真正深入讨论。这样的合作没有效率，没有成果，更没有意义。在展示阶段，效果也很不理想。

笔者认为该环节存在以下三个方面的问题：一是自主学习要求不到位。自主学习环节，应提出时间要求、任务要求以及方法指导。如在多长时间内完成哪些任务，在学习过程中要带着问题读书，将答案简略地写在纸上，等等。二是合作过程组织策略不到位。在合作环节，没有提出合作规则，会导致合作过程无序而低效。可以提前做好组内同学分工，规定好组内发言顺序，安排好负责记录的同学、负责纪律的同学，并要求在同学发言时仔细倾听、认真记录等，这样会使合作过程更为紧凑有效。三是评价措施不到位。评价应该贯穿自主学习、合作学习以及展示环节始终。自主学习—合作学习—展示活动是一个整体活动，其中，要求最高的是合作学习的组织策略，下面着重就不同任务下的合作学习组织策略予以说明。

二、合作学习的组织策略

(一)查找地图信息

1. 同桌分工查找地图信息

地图是地理学科的第二语言，在学习过程中，我们往往要从地图中查找大量的地理信息。同桌分工，有利于分担任务，快速解决问题。如在学习东北地区时，需要从东北的地形图中找到东北三省、三个邻国、两个临海、五条河流、三条山脉及三个地形区。由于需要查找的内容较多，可以采取同桌分工的方式将任务分解，找完后相互指图说明，这样能够提高效率。

2. 同桌分工多图叠加分析问题

多图叠加并用是分析地理规律的常用方法。如在讲解北方地区的《自然特征与农业》时，教材给出齐齐哈尔、石家庄、延安的气温曲线和降水量柱状图，要求分析北方地区内部存在的气候差异及其原因。要完成这一任务除需要气候资料图外，还需借助带有三地位置的地形图，但两幅图不在同一页面上。同桌一人翻到气候资料图，一人翻到地形图，就能够避免一个人前后翻书带来的不便。

(二)考查知识掌握

1. 同桌互查

地理教学中需要记忆大量基础知识，为督促学生记忆，同时了解学生掌握情况，可让同桌背诵、默写互查。该方法简单易行，且节省时间。

2. 组际批阅

与同桌互查不同，为实现捆绑式评价，激发学生学习热情，可采用挑战性组际互动——组际批阅法。组际批阅多用于互查默写、背诵等。

为巩固基础知识，教师通常会通过默写了解学生掌握情况，采用组际检查能够快速实现这一目的。具体操作时，可以让N组把默写内容交给N+1组检查。计算积分时，可以加大组内后三名学生的成绩权重，这样成绩相对较差的学生往往会更积极努力。

3.组际评价

与组际批阅相似，组际评价同样采用捆绑式评价。不同的是，前者面向全体学生，后者的对象具有不确定性。具体操作方法是首先让某学生提出问题，然后任意指定其他组的学生回答；回答正确加分，回答错误扣分，能够听出问题或纠错的学生加分。回答问题的学生继续提出问题，直到教师喊停为止。该方法用于检查学习结果时效果较好。例如，在试卷讲评课上，提前告诉学生上述规则，然后请组长讲解重难点。在讲解过程中，学生的注意力比较集中。在提问过程中，学生往往能够认真倾听，积极回答问题。

（三）交流探究性问题

1.切块拼接法

学习区域地理时，教师常会创设到某地考察或旅游的情境，并设置相应位置组、地形组、气候组等。这种合作策略有利于分解任务，加快课堂进程，但弊端在于学生可能更多地关注自己分到的任务，对其他组的任务缺乏足够的认识，即有任务“切块”，没有合作“拼接”。为解决这一问题，教师可将任务分配到不同组内的不同学生，先进行自学，自学结束后，班内负责同一问题的学生组成“专家组”，进行交流。为保证小“专家”回到本组内能够讲清楚，还需要“专家组”在答案统一后，再两两讲解，直讲到对方能够听明白为止。

《北方地区的自然特征与农业》的课后活动题是：①概括齐齐哈尔、石家庄和延安三个城市气候的共同特征；②比较石家庄和齐齐哈尔的气候差异，并说明主要原因；③比较石家庄和延安的气候差异，并说明原因。笔者做如下分工：C层同学负责第1题，B层同学负责第2题，A层同学负责第3题，D和E层同学通过阅读中国的温度带分布图和干湿地区分布图，找出北方地区的主要温度带和干湿地区[①]。为避免走动时学生拖拉，笔者提前指定各组的位置，确定行走路线，并且用计时的方式评价小组的到位情况。就位后，为保证沟通效果，大家站立围成圈讨论。为保证“专家组”学生的答案正确，笔者在其讨论时会巡视了解情况并适时指导，确保答案的统一和正确，最后较好地实现了任务“切块”与合作“拼接”。

①根据学业水平测试的标准将全班学生划分为A、B、C、D、E五个层次。

2. 发言卡、接力法、坐庄法

教学过程中，教师通常会设置探究题，如在学习《“鱼米之乡”——长江三角洲地区》时，给学生提供长江三角洲地区的地形图和具有代表性的上海的气候资料，让学生思考长江三角洲地区为什么会成为鱼米之乡。讨论过程中，学生组内发言无序，往往效果不佳。为此教师要设定相应的策略，让学生按照一定的顺序发言。这样既能保证发言质量，又能锻炼学生的交往技能。常用的合作策略有发言卡、接力法、坐庄法。

发言卡的具体操作步骤是：给每个学生发几张发言卡；小组成员在组内发言，每讲一次拿出一张卡片；卡片用完后，不能再发言，只能提问，直到每个人都用完发言卡，最后汇总信息进行展示。

接力法的具体操作步骤是：组内每位成员都将独立思考后形成的答案写在纸上；由D层同学开始，尽可能穷尽答案；其他成员依次补充，直至内容完整，最后汇总信息进行展示。

坐庄法的具体操作步骤是：组内每位成员都将独立思考后形成的答案写在纸上；教师指定一名学生作为“庄主”，由“庄主”邀请成员回答问题，未受邀请的学生不得回答；“庄主”在听取所有成员的意见后进行汇总，并对每一位成员的回答进行评价。

三种策略的共同之处在于对发言顺序做出规定，使之有目的、有组织，而非无序的叽叽喳喳；不同之处在于组内学生发言顺序和次数不同。

发言卡要求一人一次只发表一个观点，从而使每位学生均有机会发言；接力法则是让先发言的学生尽可能多地说出答案，然后其他学生补充。相比而言，发言卡的发言面更广，而接力法更节省时间。与前两种策略的发言顺序不同，在使用坐庄法时，小组成员需由“庄主”邀请才能发言。“庄主”一般选择A层同学；如果由C层同学“坐庄”，那么在活动过程中，C层同学往往会积极参与、做好记录，有利于掌握知识、提升自信。

3. 站立分享法

在解决开放性问题的学习活动中，当学生发表观点后，教师请同意该观点的学生举手或有不同意见的学生举手时，有的学生会表现出事不关己、高高挂起的态度。为亮明观点不盲从，可采用站立分享法。该方法类似于电视节目《人生AB剧》，同意某观点的站在A处，不同意的站在B处，然后让双方说明观点。具体操作步骤是：让全班学生起立，教师提问某学生，与该生想法一致的学生坐下，有不同意见即站着的学生继续发表观点；重复上一环节的步骤，直到最后无异议。

在学习《"鱼米之乡"——长江三角洲地区》时，当学生能说出长江三角洲江海交汇带来航运便利后，教师提问：我国处于江海交汇的三角洲还有黄河三角洲、珠江三角洲，为什么这些地方的航运没有长江三角洲便利呢？教师提示学生可以从河流的水文特征以及三个三角洲的相对位置思考。在使用站立分享法的过程中，不同学生的答案如下：黄河三角洲位于北方，降水较少，河流流量小；黄河位于北方，冬季气温低于零摄氏度，会有结冰期，航运功能会受影响，此外，黄河下游有地上河，航运价值不大；相比长江，珠江流域面积较小，水量也小，珠江三角洲腹地远小于长江三角洲腹地；黄河三角洲、珠江三角洲的位置一个靠北，一个靠南，而长江三角洲位于中部，位置优越。该方法能够将学生的观点不断呈现出来。此外，教师能通过学生的反应如果断或迟疑，了解学情，把握学生差异，让表现迟疑的学生发表自己的看法，进一步帮助他们解决问题。

（四）重难点问题讲解

教师常存在这样的困惑，重难点强调多遍，但效果不好，而"兵教兵"往往效果较好。所以，对于有正确答案、目标明确且存在难点的学习活动，可以采用"小先生法"即"兵教兵"的策略处理。形式上可以组为单位，由组长讲解，也可以两人一组，保证其中一名同学能够给另一名同学将重难点讲清楚。

例如，在学习我国五种气候类型时，笔者设计的问题是：如何根据五种气候的资料图，快速识别每种气候类型，并描述五种气候的特征。为了让"小先生"们能够给组员讲明白这两个问题，笔者做了两项工作。一是通过微课提前培训各位"小先生"，让他们先理解这两个问题，并在理解后相互讲解，确保准确无误地表达给组内同学。二是将五种气候的气温曲线和降水量柱状图单独打印在一张A4纸上，每位组长一张，保证组长在讲解时，其他同学能够看得清楚。

(五)课堂小结

课堂小结时,教师需要对一节课的知识进行整体盘点与巩固记忆。复述通行证和合作思维导图两种策略均能达到总结的效果。

1.复述通行证

该策略的具体操作步骤是:第一位被提问的同学发表自己的观点,第二位被提问的同学先复述前面同学的观点,再发表自己的观点,第三位同学需要先复述前两位同学的观点,再发表自己的观点,依次往下,直至教师喊停。

用好复述通行证,要求教师在授课过程中建构好知识体系,将知识模块化,如在学习北方地区的《自然特征与农业》时,笔者建构的知识体系如图1-6所示:

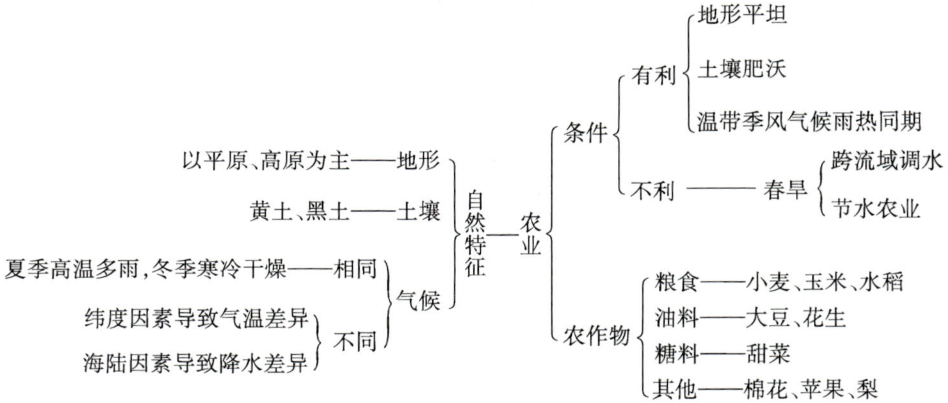

图1-6 北方地区的自然特征与农业图式

学生在复述时,只要把握好以上两大块和五小块内容即可。在复述过程中,为防止遗忘前面同学所说的内容,教师可提醒学生作简单记录。

2.合作思维导图

结课环节通过绘制思维导图能够对一节课的知识进行盘点。为进一步实现互帮互助,教师可以引导学生合作完成思维导图。

在学习《"鱼米之乡"——长江三角洲》时,教师让学生通过合作思维导图完成本节课的知识小结。具体步骤是:围绕长江三角洲地区这一主题内容,学生在组内交流如何绘制思维导图,以及具体分工,然后由组长总体指导,其他同学分工绘制。教师找其中一个小组的同学到讲台上绘制并最后展示(图

1-7)。

图1-7　小组同学合作完成长江三角洲地区思维导图

三、合作学习的典型案例

下面以“生生互助，回归课本”这一典型案例说明如何有效组织合作学习。

在备战会考的过程中，学生会做大量的习题。在临考前的1～2周，教师通常会让学生看一遍课本。回归课本的意义在于，把书读厚，即通过研读课本中的文字与图片，进一步夯实基础，联想曾经做过的题目，做到题目归类，知识串联与内化。但这种方式对于学困生来说，无异于走马观花，难以把握知识体系，无法巩固基础知识，更谈不上突破重难点。

笔者尝试给学生编写相关的学案，通过生生互助的形式，既能达到回归课本的目的，又能通过互助，让更多的边缘生达线。之所以选择生生互助，原因在于对成绩相对好的同学来说，其能力能够达到帮同学梳理知识的程度，并且通过互助能够使其知识结构更加牢固。对成绩相对差的同学来说，借助生生互助能帮助其梳理、夯实基础知识。基于此，笔者认为通过生生互助方式回归课本既有现实需要，又有较强的可行性。

（一）最初做法

1.编制学案

编制学案时遵循的原则是以地图为载体设计问题，这些问题涉及课本中的基础知识、考过的重难点、做题的方法等。例如，地球运动方面的问题设计如下：

根据人教版《地理（七年级 上册）》第12页图1.18，完成下列各题。

题1：考查某月某日地球运动到哪一段位置。（在图中标出四个节气的时间即可看出）

题2：考查不同时间的昼夜长短，例如说出地球公转到二分二至日以及元宵节、国庆节、劳动节、清明节时，淄博和澳大利亚的昼夜长短状况如何。

题3：考查太阳直射点的位置，例如说出从春分到秋分，冬至到夏至，太阳直射点位置的变化以及北半球白天时间长短的变化。

题4：考查不同地点的气候特征，例如夏至和冬至时，淄博、堪培拉、华盛顿、曼谷的气候特征是什么？黄河、墨累河、密西西比河、湄公河是否有结冰现象？

题1结合课本中的地球公转图，回顾地球公转的基础知识。题2、3、4均涉及历年中考题的常考题型。题4将六年级下册、七年级上册重点考查区域的地理事物对比说明，有利于学生前后联系，巩固知识。

2.重新分组

为更好地实现生生互助，分组时坚持两个原则，一是强弱搭配原则，二是脾气相投或能确实起到互助作用原则。基于此，按照A—D（C、E）、B—C（D、E）的搭配对座位进行调整。

（二）实施过程中的问题

为了让学优生更好地给学困生讲解，笔者根据学习金字塔理论中的内容对同学们进行思想动员，让学优生认识到，通过给别人讲解，既可以帮助别人，又可以提高自己的成绩。为保证记忆与理解的效果，笔者对组长做如下要求：在讲解过程中，耐心第一，看图讲解，有不会的问题要及时问老师，并及时让被帮助的同学循环复述。在实施过程中，大部分学生的积极性都比较高。但是组织听课后，听课教师认为存在较多问题，主要集中在以下几方面：

A、B层同学在给C、D、E层同学讲解过程中，碰到不会的问题，很少会及时问老师；不能结合地图讲解；讲解过程不能复述；教师无法了解学生的掌握情况；讲解进度太慢，存在说闲话的情况；学习过程评价较少。

针对这些问题，笔者反复思考，在时间紧张的情况下，是由教师领着学生回顾课本，还是坚持生生互助回顾课本呢？问卷调查显示，约32.5%的学生认为老师讲解好，因为老师讲解能够确保答案准确，学生往往讲不明白；老师讲解气氛较好，节奏也快。约5%的学生认为两种方式都可以。约62.5%的学生认为生生互助更好。笔者专门询问几个学困生，他们平时跟不上课堂节奏，易走神，而给他们配备的搭档基本上都是班内前几名的学生，由学优生给他们讲解，他们听得比较认真，理解得也到位。考虑到学生的发展，笔者认为应继续坚持生生互助，但是需要改进做法，最终有效地回归课本。

（三）优化实施方案

笔者从优化学案内容、生生搭档、互助方式、评价方式几个方面对生生互助的细节进行完善。

1.优化学案内容

针对学优生不知道问题答案导致无法准确讲解这一问题，笔者在一些稍有难度的题目后面附上答案。例如，根据人教版《地理（七年级 下册）》第7页图6.9说出亚洲地形特征：中部高，四周低，中部是青藏高原、帕米尔高原，四周是西西伯利亚平原、东北平原、华北平原、长江中下游平原、恒河平原。

2.优化生生搭档

最初虽然是按照强弱搭配、脾气相投等原则分组，但有部分组合是按照教师意愿划分的，在实施过程中，不可避免地出现一些学优生与搭档关系不和谐的情况，如在讲解过程中，会出现学优生冷落对方或没有耐心等。在巡视过程中，笔者发现问题，及时进行调整。

3.优化互助方式

为了提高讲解效率，利用自习课，笔者抽取六名同学，让A—E、B—C、B—D三个组合到办公室讲解。从进度上来说，由快到慢分别是B—C、B—D、A—E。A—E组合之所以慢，是由于E层同学基础较差，A层同学不得不说一遍问题，然后讲解一遍答案，最后再由E层同学复述。B—C组合之所以快，是因为C层同学基础相对较好，每次都是B层同学提出问题，C层同学结合图进行说明，出错后，再由B层同学进行纠正与复述。这种方式既保证了速度，又保证了效果。

通过课堂录像分析，笔者总结出以下两种提高效率的方法：第一种是直接由A、B层同学看着学案提出问题，C、D、E层同学看图回答，回答出错后，A、B层同学结合图进行指导，C、D、E层同学复述，并做好标记，过几分钟后再次复述；第二种是先由A层同学提出问题，D、E层同学记忆答案，然后指图说明，说错的地方，A层同学结合图进行指导，D、E层同学复述，并做好标记，过几分钟后再次复述。

4.优化评价方式

为促进生生互助，需要给学生提供任务并进行不同形式的评价，如积分评价和非积分评价。这样做一方面可以保证学生的责任感，另一方面可以激发学生的积极性。

积分评价的方式有两种。一种是笔者通过课件呈现不同时间段的任务，然后通过组际评价的方式，开展积分评价。另一种是在进行到一定环节时，让能做到循环复述的搭档举手，根据情况给予相应的积分，这样在一定程度上解决了学生不按照老师要求循环记忆的问题。

非积分评价方式也有两种。一种是为激发学优生帮助别人的荣誉感，笔者设置“夸夸我的好搭档”环节，让学困生夸赞搭档，让对方体会帮助别人的乐趣；另一种是为激励搭档中的学困生，笔者单独给部分学优生开会，让他们及时给予搭档鼓励。

（四）成效

为了解生生互助效果，笔者设计问卷进行调查，调查结果如表1–2所示：

表1-2 问卷调查结果

问卷内容	选项及所占比例	选项及所占比例	选项及所占比例
1.你希望采用什么方式回顾课本?	生生互助(89.4%)	教师讲解(2.7%)	教师讲解与生生互助相结合(7.9%)
2.你觉得生生互助效果如何?(C、D、E层同学回答)	很好(92.1%)	一般(5.3%)	较差(2.6%)
3.你觉得生生互助与教师讲解相比好在哪?(C、D、E层同学回答)	同学讲解的速度慢,能听得懂(90%)	同学的讲解方式能理解(90%)	能够更好地巩固知识(85%)
4.你觉得生生互助有哪些问题?	效率有待进一步提高(95%)	同学的态度不好(2.5%)	同学讲不清楚(2.5%)

方案调整之前,约62.5%的学生希望通过生生互助方式回顾课本;方案调整之后,约89.4%的学生希望通过生生互助方式回顾课本。这与互助效果有较大的关系,对于互助效果,绝大部分C、D、E层同学都比较认可。当然也有个别同学认为效果一般,甚至有同学认为效果较差。针对认为互助效果较好的同学,笔者设计了第3题。同学们认为生生互助效果好,原因在于同学讲解的速度慢,能听得懂,同学的讲解方式能理解,能够更好地巩固知识。针对有的同学认为生生互助效果一般或较差,笔者设计了第4题。从第4题的调查结果可以看出,绝大部分同学认为效率有待进一步提高。

从毕业会考的成绩来看,学生的达线率比较高,并且每个班都有两到三名原先是E等级(25~30分)的同学考到了C等级(35~40分)。笔者与这部分同学沟通,大家一致认为生生互助方式确实有利于梳理基础知识,突破重难点。

(五)反思

从理论上来说,生生互助对学优生和学困生均有帮助。从实践结果来看,这种方式得到了大家的认同。不可否认,有的原先是E等级的同学能够过关,与这一方法的有效性密切相关,但是达线率并没有达到笔者满意的程度。之所以没有达到预想效果，可能是因为在生生互助的过程中，部分学生没有严格按照教师的方法不断强化记忆，也可能是因为缺少相应的强化练习。如果教师在复习后，设置与当天内容有关的练习题进行强化训练，效果也许会更好。这也是笔者今后努力的方向。

第五节　地理核心素养培养

2014年3月，《教育部关于全面深化课程改革 落实立德树人根本任务的意见》正式发布，明确提出要加快制订学生核心素养体系，并倡导把核心素养落实到学科教学中[21]。2015年至今，广大地理学者和地理教育工作者不断深入研究，研究范围涵盖地理课程、地理教学、地理教材、地理试题等多个方面，地理核心素养的研究也逐渐由理论走向实践。

一、地理核心素养的内涵

初中地理学科核心素养是指通过地理学习而形成的、具有地理学科特性的必备品格和关键能力，主要由区域认知、综合思维、地理实践力和人地观念四个要素构成[22]。它指向学生的能力和品格，在内涵上包括知识、能力、情感态度与价值观等层面。

（一）区域认知

义务教育阶段地理课程内容以区域地理为主，展现各区域的自然与人文特点，阐明不同区域的地理概况、发展差异及区际联系[23]。通过了解区域位置，归纳区域概况，比较区域差异，探讨区域间的联系，评价区域开发的条件与方式，学生会在认识区域过程中形成某种能力与品格，这种能力与品格就是区域认知。区域认知分为区域位置、区域特征、区域差异、区际联系、区域发展五个维度的能力与品格[24]。关于区域认知的课程标准举例如表1-3所示。

表1-3　区域认知课程标准举例

区域认知	课程标准举例
区域位置	运用地图说出我国的地理位置及其特点
区域特征	在地形图上识别某区域的主要地形类型，并描述区域的地形特征
区域差异	在地图上指出北方地区、南方地区、西北地区、青藏地区四大地理单元的范围，比较它们的自然地理差异
区际联系	举例说明区域内自然地理要素的相互作用和相互影响
区域发展	以某区域为例，说明我国西部开发的地理条件以及保护生态环境的重要性

（二）综合思维

课程标准指出，地理环境是地球表层各种自然和人文要素相互联系、相互作用而成的复杂系统。义务教育阶段地理课程初步揭示自然环境要素之间、自然环境与人类活动之间的复杂关系，从不同角度反映地理环境的综合性。学生在学习过程中运用综合的观点认识地理环境的思维方式和能力就是综合思维素养。综合思维主要表现为两个维度：要素综合思维、区域综合思维。要素综合思维是指从地理要素综合的角度认识地理事物的整体性，以及地理要素的相互作用、相互影响的关系。区域综合思维是指能够从地方或区域综合的角度分析自然因素和人文因素对区域特征形成的影响，以及区域人地关系问题。关于综合思维的课程标准举例如表1-4所示。

表1-4　综合思维课程标准举例

综合思维	课程标准举例
区域综合思维	用事例说明四大地理单元自然地理环境对生产、生活的影响
要素综合思维	运用地图和其他资料，归纳某大洲地形、气候、水系的特点，简要分析其相互关系

（三）地理实践力

地理课程含有丰富的实践内容，包括图表绘制、学具制作、实验、演示、野外观察、社会调查和乡土地理考察等，是一门实践性很强的课程[25]。学生在考察、调查和实验等地理活动中所形成的意志品质和行动能力就是地理实践力，其维度表现如表1-5所示[26-27]。

表1-5 地理实践力

<table>
<tr><th colspan="3">地理实践力</th><th>维度表现</th></tr>
<tr><td rowspan="3">意志品质</td><td colspan="2">价值观</td><td>有保护环境及生态文明意识和社会责任感</td></tr>
<tr><td colspan="2">态度</td><td>主动从体验和反思中学习并及时记录改正的反思意识和积极参与到集体行动中，有互帮互助的合作意识</td></tr>
<tr><td colspan="2">意志</td><td>有克服困难的勇气和方法，持之以恒、精益求精、耐心细致、求真求实的科学意识</td></tr>
<tr><td rowspan="16">行动能力</td><td colspan="2">知识运用能力</td><td>通过比较、分析，用所学知识迁移解决现实生活或者材料中的相似问题，并且把握问题的独特性</td></tr>
<tr><td colspan="2" rowspan="3">地理图表能力</td><td>阅读地图、图表</td></tr>
<tr><td>运用地图、图表</td></tr>
<tr><td>绘制地图、图表</td></tr>
<tr><td colspan="2" rowspan="3">地理观察与观测能力</td><td>具有地理观察、观测的意识</td></tr>
<tr><td>从地理观察、观测中获取信息</td></tr>
<tr><td>对观察、观测的信息进行加工处理</td></tr>
<tr><td rowspan="9">地理操作能力</td><td rowspan="3">地理实验能力</td><td>识别、制作、操作地理实验仪器</td></tr>
<tr><td>设计地理实验方案</td></tr>
<tr><td>操作地理实验</td></tr>
<tr><td rowspan="3">地理考察能力</td><td>具备自然和人文地理考察的基本知识</td></tr>
<tr><td>操作地理考察工具和知晓考察方法</td></tr>
<tr><td>撰写自然和人文地理考察方案或报告</td></tr>
<tr><td rowspan="3">地理信息技术能力</td><td>操作地理信息技术软件</td></tr>
<tr><td>运用地理信息技术获取、分析地理信息</td></tr>
<tr><td>运用地理信息技术解决地理问题</td></tr>
</table>

（四）人地观念

课程标准指出，地理课程突出当今社会面临的人口、资源、环境和发展问题，阐明科学的人口观、资源观、环境观和可持续发展的观念，富含热爱家乡、热爱祖国、关注全球以及可持续发展思想的教育内容。在地理学习过程中形成的对人地关系的认识、理解和判断便是人地观念。它是地理学科和地理教育的核心观念，具体反映在看待“地对人的影响”“人对地的影响”“人与地如何协调”等问题所持的见解和观点上。它是地理核心素养的灵魂，引领地理教育的价值，是地理教育的原点、出发点和归宿[28]。人地观念分为四个维度，即资源观、环境观、人口观、可持续发展观。

资源观是指自然环境为人类的生存发展提供基础条件，经济社会的发展要与环境和资源的承载能力相协调。环境观是指自然环境是人类生产和生活的物质基础，影响人类的吃、穿、住、行与工农业等生产活动的各个方面；人类会根据自然条件特点，因地制宜发展工农业生产，实现人与环境和谐相处。人口观是指自然环境是人类生存繁衍的场所，人口过多或过少都会带来一定的社会问题，人口的增长必须与一定地区的自然环境承载力相适应。可持续发展观是指自然环境提供人类赖以发展的基础条件，满足人类社会、经济发展的需求。发展既要实现积极的增长，又要改善增长模式，实施清洁生产、节能技术、生态农业、资源的循环重复利用和绿色低碳等文明消费模式[29]。关于人地观念的课程标准举例如表1-6所示。

表1-6　人地观念课程标准举例

人地观念	课程标准举例
资源观	运用资料说出我国水资源时空分布的特点及其对于社会经济发展的影响
环境观	用事例说明四大地理单元自然地理环境对生产、生活的影响
人口观	运用有关数据说明我国人口增长趋势，理解我国的人口国策
可持续发展观	举例说出某国家在自然资源开发和环境保护方面的经验、教训

就四者在学科中的地位和相互的关系而言，人地观念是地理学科和地理教育的基本价值观念，综合思维与区域认知是地理学科的基本思想和方法，地理实践力是基本活动经验[28]。人地观念始终贯穿初中地理课程，教材内容仅仅是实现这一观念的载体，综合思维、区域认知与地理实践力是实现人地观念的辅助要素。

二、基于地理核心素养的教学设计

(一)教材分析

本节是鲁教版《地理(七年级 下册)》第六章《北方地区》第三节的内容,包括《文明的摇篮》《风吹来的黄土》《严重的水土流失》和《水土保持》四个部分。《文明的摇篮》介绍黄土高原的地理位置及人文特征,如悠久的历史、特色的风土人情。《风吹来的黄土》介绍黄土高原的成因、四种地貌及其成因上的联系。《严重的水土流失》介绍水土流失的自然原因和人为原因及其对当地和下游地区带来的影响。《水土保持》介绍治理水土流失的措施。

(二)教学目标

根据课程标准和学情,确定如下教学目标:读图说出黄土高原的位置和范围,并对其地理位置的特点和意义有初步认识。结合相关资料认识黄土高原是中华文明的重要发祥地之一,并能举例说明富有地方特色的"黄土风情"与黄土高原自然环境的关系。利用地形图、地形景观照片等,认识多种多样的黄土地貌,说明黄土高原千沟万壑的地表特征,并能解释黄土的成因及黄土高原的形成。运用图文资料分析黄土高原水土流失严重的原因和危害,说明黄土高原植被、土质、降水、河流等自然要素对水土流失的影响。结合图文资料,在分析水土流失危害的基础上,通过实例进一步了解黄土高原环境综合治理的对策和水土保持的措施,并培养正确的人地观念。

(三)教学过程

本节课结合翻转课堂理念,课前学生通过微课学习部分重点知识,课上首先进行检测,了解自学成果,解决自学中出现的问题,然后学习剩余教学内容。每个环节的学习均涉及地理核心素养的培养。

【课前自主学习】

课前自主学习环节让学生借助微课和学习任务单,完成部分重点内容的学习,具体涉及黄土高原的地理位置、形成原因、水土流失的原因。以下为任务单的部分内容。

通过观看视频、阅读教材,完成下列学习任务:

1. 看完视频后，描述黄土高原的地理位置，并在图中标出该范围。

2. 观看视频，说出黄土高原的成因。

3. 观看视频中的实验，分析黄土高原水土流失的自然原因。提醒：每看完一个实验，请按暂停键完成实验结论。

表 1–7　水土流失实验报告单

实验目的	实验操作	实验结论
研究降水强度与水土流失的关系	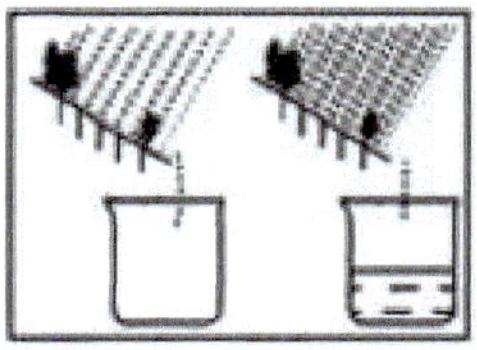	在相同情况下，探究降水强度对水土流失的影响。降水强度越大，水土流失越______。黄土高原夏季________，水土流失严重
研究不同坡度与水土流失的关系	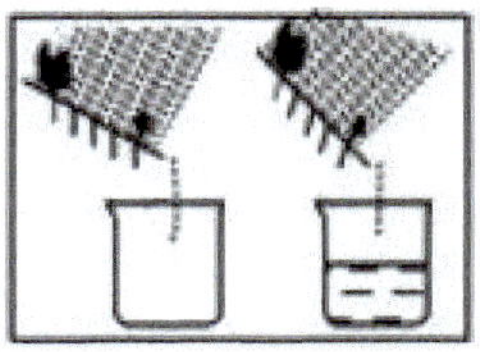	在相同情况下，探究坡度对水土流失的影响。坡度越大，水土流失越______。黄土高原______，水土流失严重
研究植被覆盖率与水土流失的关系	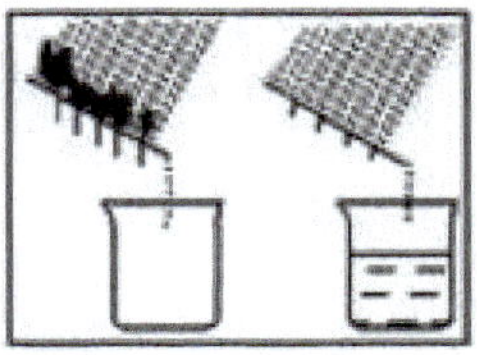	在相同情况下，探究植被覆盖率对水土流失的影响。植被条件越差，水土流失越________。植被有________作用，黄土高原植被覆盖率_____，水土流失严重
研究不同土质与水土流失的关系	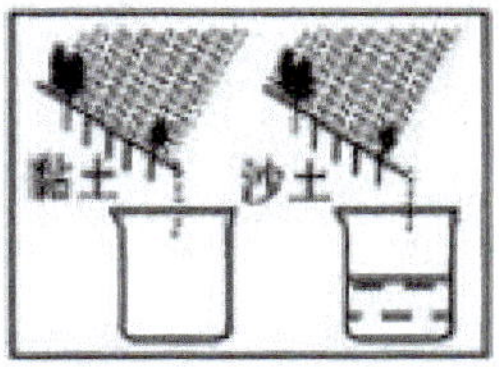	在相同情况下，探究土质对水土流失的影响。土质越_______，水土流失越______。黄土高原土质______，水土流失严重

设计意图：课前学习任务单涉及三个知识点，第一个是黄土高原的地理位置，要求学生说出黄土高原的地理位置，该过程能够培养学生的区域认知能力。第二个是黄土高原的成因，因涉及大气运动与地形对黄土高原形成的综合作用，体现地理要素的相互联系，所以该过程可以达到培养学生综合思维的目的。第三个是通过设计降水强度、坡度、植被覆盖率、土质对水土流失的影响的实验，一方面让学生理解地理要素间的相互作用，培养综合思维，另

一方面通过实验达到培养学生地理实践力的目的。此外，视频中还提及人类活动如采矿、修路破坏地表，过度放牧加剧生态环境恶化，体现出人类对自然环境的影响，培养学生的人地观念。

【课堂学习环节】

课前学生已经自学过黄土高原的地理位置、形成原因、水土流失的原因，上课时首先进行检测，了解学情，然后学习黄土风情与黄土地貌、水土流失的影响，重点学习治理水土流失。

环节一：检测。

题目难度较小，目的在于通过检测了解学生的自学情况和强化巩固。以下为其中一组重点题目(其他题目略)：

3.能够说明地表植被对水土流失影响的是(　　)

A.Ⅰ组　　　B.Ⅱ组　　　C.Ⅲ组　　　D.Ⅳ组

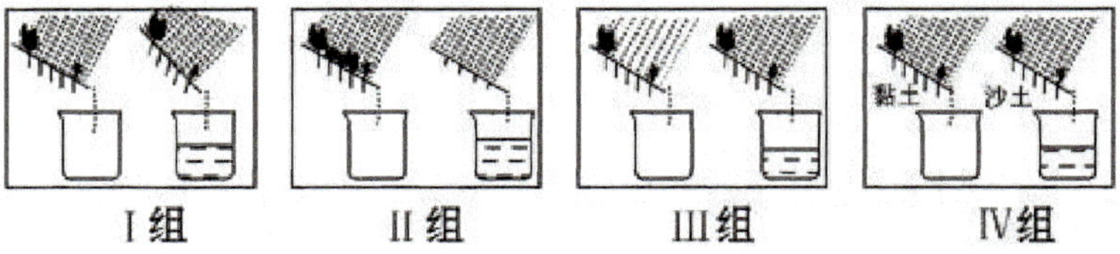

4.在其他因素相同的条件下，实验结论正确的是(　　)

A.地面坡度越小，水土流失越严重

B.地表植被越稀疏，水土流失越严重

C.降水强度越小，水土流失越严重

D.黏土土质比沙土土质疏松，水土流失严重

环节二：黄土风情与黄土地貌。

导入：欣赏配乐诗朗诵视频《黄土高原黄土情》，并记录你看到的黄土地貌、黄土风情。

承转：黄土高原独特的地理环境，形成了独特的黄土地貌与民俗民风。

学生活动1：请阅读课本第25页，探究窑洞、信天游、白羊肚头巾与自然环境的关系。

学生活动2：阅读课本第26页，找出黄土高原典型的地貌名称，并了解黄土塬、墚、峁、川的形成过程。

设计意图：通过了解区域，归纳区域概况，如自然环境、人文环境特征等，培养学生的区域认知能力。在欣赏配乐诗朗诵环节，学生直观感知黄土高原的地理事物，认识黄土高原风情，即达到培养区域认知能力的目的。综合思维是形成人地观念的思维工具，活动1让学生思考独特的民俗与自然环境的关系，认识到地理环境是人类活动的外部条件，地理环境对人类活动有直接的影响，通过知“地”明“理”这一综合思维的过程实现人地协调观念的培养。活动2让学生通过阅读文字，思考黄土塬、墚、峁、川的形成过程，体现对学生综合思维的培养。

环节三：水土流失的影响。

承转：水土流失带来的影响不仅仅是塑造不同的地貌形态，它还深刻地影响着人们的生活、生产。请结合图1-8小亮和小晶的对话，思考下面的问题。

问题1：参考小亮的话，你能否说出水土流失对当地的影响？

问题2：为什么小晶说小亮所在的中游水土流失治理好转，他们下游地区的河流、受灾状况也会得到改善？

图1-8 关于黄土高原水土流失影响的讨论

（底图来源：《地理（八年级 上册）》，人民教育出版社2012年版，第53页）

设计意图：通过创设小亮和小晶两人的对话情境，让学生深入思考水土流失对当地和下游地区的影响,理解地理事物之间的相互联系,渗透水土流失对人类生活、生产的影响,既培养学生的综合思维,又强化学生的人地观念。

环节四:水土流失的治理。

设问:有效的措施往往建立在正确认识原因的基础上,请你根据四组实验结果及人为因素对黄土高原水土流失的影响,提出治理水土流失的措施,填写表1–8。

表1–8 黄土高原水土流失治理措施

影响因素	实验结论	治理措施
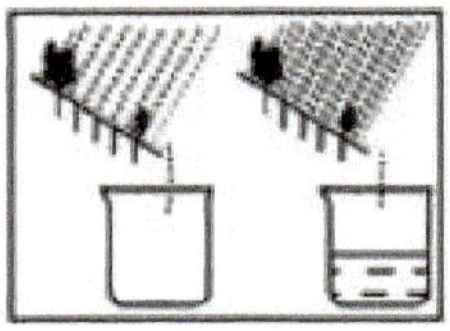	在相同情况下,降水强度越大,水土流失越严重。黄土高原夏季多暴雨,水土流失严重	
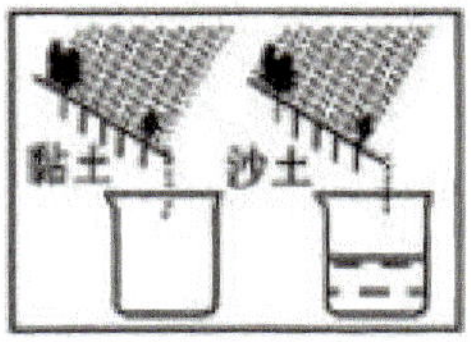	在相同情况下,土质越疏松,水土流失越严重。黄土高原土质疏松,水土流失严重	
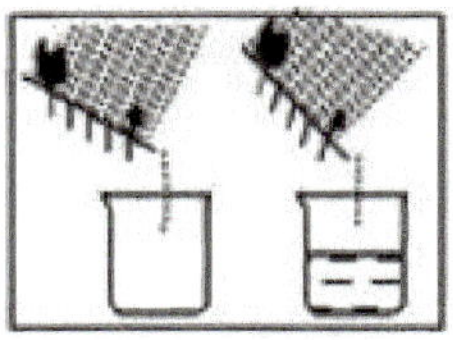	在相同情况下,坡度越大,水土流失越严重。黄土高原陡峭,水土流失严重	
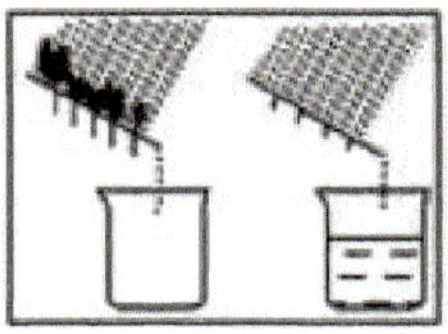	在相同情况下,植被条件越差,水土流失越严重。植被有保持水土作用,黄土高原植被覆盖率低,水土流失严重	
修路,采矿,过度放牧		

设计意图:前面内容多涉及自然环境对人类活动的影响,要全面培养学生的人地观念,还需要进一步理解人类活动对自然环境的影响,即人类能动

地适应环境、改造自然、开发利用自然条件和自然资源，规避自然灾害，面对不合理利用带来的资源环境问题，采取措施进行干预并对环境进行保护等一系列人类活动对自然环境的影响。列表可以有针对性地思考治理水土流失的措施，做到一"病"一"方"，体现人类为形成和维持人地和谐统一关系能动地改造自然的努力。

环节五：学以致用。

我们的家乡淄博是山东省水土流失严重的地区之一。其中，沂源地处沂蒙山区，是全省平均海拔最高的县，境内沟壑纵横、山高坡陡、植被稀少、土壤含沙量高、荒山面积大，水土流失形势严峻。截至2017年底，县域内水土流失面积达到677.1平方千米，占全县总面积的40%以上，占全市水土流失面积的57.9%。请根据资料(资料略)，从地形、气候、植被、坡度等角度分析淄博市沂源县水土流失严重的原因，并为家乡的水土流失提供治理建议。

设计意图：对家乡自然环境及水土流失情况的感知有利于培养学生的区域认知能力和综合思维。在此基础上提出合理化建议，一方面可以判断学生是否真正形成了正确的人地观念，另一方面可以强化学生正确的人地观念。利用真实情境，分析问题，解决问题，是培养地理实践力的重要途径。本环节通过提供家乡的地形、气候、植被等资料，让学生分析家乡水土流失严重的原因，并为家乡的水土流失提供治理建议，能够较好地培养学生的地理实践力。

三、人地观念的培养策略

人地观念是地理学科和地理教育的基本价值观念，在四个要素中居于核心位置，综合思维、区域认知与地理实践力能辅助培养人地观念。为进一步厘清四者之间的关系，优化人地观念的培养策略，现以《农业》为例予以说明。

(一)区域认知是形成人地观念的基本出发点

区域性是地理学的最突出的特点。区域认知指的是人们为了认知和实践的需要，根据一定标准，将地球表层划分为不同尺度、不同类型、不同功能的区域来加以认识的过程。区域认知素养有助于学生从差异性角度认识地理环境特征和差异，以及地理环境与人类活动的关系，是学生分析、理解自然地理过程和规律,形成人地观念的基本出发点。

导入环节,笔者呈现榴梿图片,作如下引导:“在吃榴梿的时候,有的人欲吐之而后快,而有的人则嗜之如命。前段时间我女儿拿着一个榴梿核告诉我,她想把榴梿核种在小区里。大家觉得我们这里能种榴梿吗?”大家齐声回答“不行”,并且说明是因为气候不同。其中一个学生进一步解释道:“榴梿主要生长于热带,我们这里热量比热带少,降水也没有热带那么多。”笔者作如下引导:“虽然大家并没有学习发展农业要因地制宜,但是生活已经让大家有了这种意识,那就是发展农业要将农产品布局在合适的地方。这就是因地制宜。下面我们继续通过这种解决问题的方式,学习《农业》的第二课时,相信大家学过之后会对因地制宜发展农业有更多的认识。”

农业生产与自然地理环境关系密切,通过这一环节,学生能够清晰地认识到,我们所处的暖温带与榴梿所生活的热带的气温与降水是存在差异的。通过这种差异性的比较,学生归纳地理特征、比较区域差异等区域认知能力得到了提高,为人地观念的形成打下了基础。

(二)综合思维是形成人地观念的必要过程

综合思维是地理学基本的思维方式之一。地理学研究对象复杂,自然、人文等要素相互交织,不同区域的区域要素的组合与联系方式是多种多样的,而地理事物和地理现象也在不断变化和演进。因此,地理学要对要素进行综合分析和关联分析,才能深刻理解“地对人”“人对地”的影响。所以说,综合思维是形成人地观念的必要过程。

在“因地制宜”一节中,笔者选取三个地点,即横断山区、内蒙古高原、长江三角洲,并分别给出资料(仅以横断山区为例),让学生思考问题:

请结合横断山区的相关资料,回答问题。

资料1:

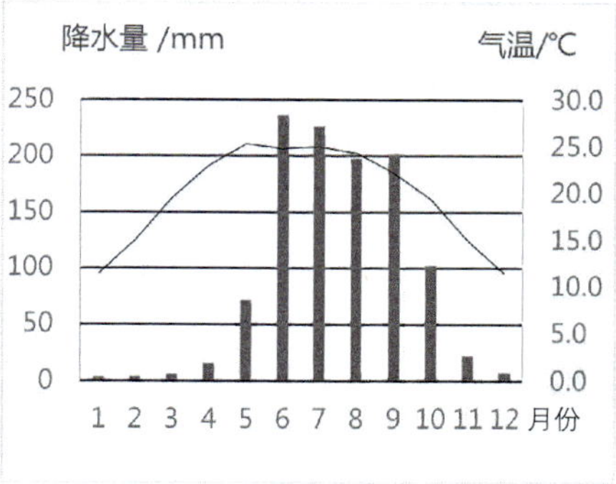

图1-9 云南气温和降水量

图1-10 横断山区某坡面景观

资料2:坡度在20°～40°,夏季强降水对土壤的侵蚀最强烈,最容易发生水土流失。

1.该地适合发展什么类型的农业?请说出你的判断依据。

2.在该地大力发展种植业是否合适?请说出你的理由。

学生在经过独立思考和小组讨论后进行展示。其中,某生关于横断山区的展示片段如下:这里属于山地,地形比较陡峭,夏季降水多,容易发生水土流失,发展林业可以保持水土。另外,这里的气温比较高,降水比较丰富,适合植物的生长。学生综合考虑到地形与水土流失、发展林业与水土保持的关系。教师引导:发展林业保持水土,势在必行,既然如此,我们就宜林则林。

该环节学生通过对地形、气候以及人类活动各要素的综合考虑,认识"地对人"的影响,即地理环境是人类活动的外部条件,地理环境对人类活动有直接的影响,初步理解了因地制宜的观念。要形成正确的人地观念,还需要进一步理解"人对地"的影响,即要让学生进一步认识到,人类利用自然必须遵循自然规律,人类可以利用自然规律改造自然但是不能改造自然规律,如果违背自然规律,必然受到自然的惩罚。为此笔者设计了第2个问题:在该地大力发展种植业是否合适?

学生分别从两个角度回答:地形陡峭,不适合发展种植业;种植业一般布局在平坦的地形上。另一个学生提到这里容易产生水土流失,形成泥石流。

为了验证学生的推断，教师呈现材料：云南景区泸沽湖周边，20世纪80年代受毁林开荒、陡坡垦殖影响，产生了水土流失、泥石流等。

接下来，笔者分别以内蒙古高原、长江三角洲的资料为例，引导学生结合资料思考两地适合发展什么类型农业，理解宜牧则牧、宜渔则渔、宜粮则粮的原则。

因地制宜除了考虑自然环境外，还要考虑社会经济条件。笔者呈现济宁某公司发展双孢菇生产的视频，其中涉及市场、政策、交通、科技等因素。学生结合如下问题，进一步找出影响农业的社会因素。

材料1：公司总经理说："我们这个项目是利用农作物秸秆种植双孢菇食用菌项目，企业发展到今天，感谢国家给予的优惠政策，区委区政府的大力支持，以及二十里铺街道办事处和区农业部门的大力支持。"____________条件

材料2：公司总经理说："我们种植的双孢菇品相好、质量高，所以我感觉这个市场还是非常大的。"__________条件

材料3：双孢菇工厂化生产是一种新型的，采用高科技控制的产业化生产。设备先进，如可控温、控氧、控湿、控二氧化碳浓度的智能空调等。_______条件

为了让学生理解根据社会经济条件因地制宜发展农业的必要性，笔者作如下引导：济宁某农业科技有限公司正是借助科技、政策，看准市场形势，将事业发展得红红火火。家住城市郊区A地（图1-11）的小雨向村里建议少种水稻，多种蔬菜、花卉，发展肉乳畜蛋。如果你是村党支部书记，你觉得应该接受她的建议吗？

图1-11 因地制宜发展农业

有的同学认为这样做不合适，会导致粮食减产，而有的同学认为可以适度少种水稻，多种蔬菜、花卉，发展肉乳畜蛋，能够提高经济效益。笔者作如下引导：进入21世纪，人口不断增多，耕地逐渐减少，人民生活水平不断提高，保持农业可持续发展首先要确保耕地的数量和质量，因地制宜地发展农业。

该环节学生借助材料，综合考虑“地对人”以及“人对地”的影响，充分理解因地制宜的必要性，渗透着正确的人地观念教育。

(三)地理实践强化人地观念的形成

地理实践是在真实的情境中运用所学的地理知识与技能，感悟、分析、理解人地关系。教师通过学生的行为表现，对现实人地关系问题进行分析评价，引导学生理解协调人地关系的政策与措施，一方面可以判断学生是否真正形成了正确的人地观念，另一方面可以强化正确的人地观念。

在学以致用环节，呈现济宁当地的地形图(图1-12)，让学生对金乡、鱼台、泗水三地的农业进行合理布局。

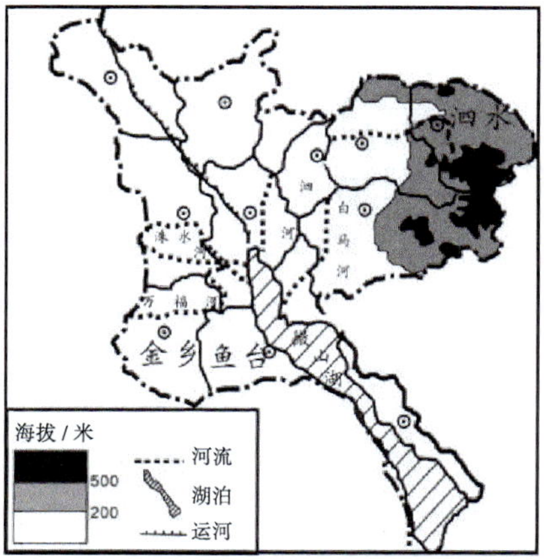

图1-12 济宁市地形示意

金乡适合发展什么农业？________。

理由：________________________。

鱼台适合发展什么农业？________。

理由：________________________。

泗水适合发展什么农业？________。

理由：________________________。

学生在分析济宁地形的基础上，利用所学知识，因地制宜布局农业。在学生展示成果后，教师依次呈现三地的实际情况分析验证，一方面对学生人地观念的形成进行评价，另一方面强化学生的人地观念。

(四)逐级提高人地观念的层次

人地观念具有不同的层次和水平，既表现出水平层次的连续性，也表现出发展的阶段性。人地观念发展的第一个层次主要体现在能够说出“地对人”的影响和人类影响地理环境的主要方式，阐述人类活动对地理环境积极与消极的影响；第二个层次体现在使用和塑造空间中人和自然要素之间的相互作用，解释和塑造空间的后果，说明科学技术导致的人地关系阶段性的变化；第三个层次体现在基于问题的方式，讨论、反思人地关系及区域开发中存在的人地关系问题，提出开发和保护自然环境、推进可持续发展可能的、生态的、社会的、经济的正确措施[30]。

通过前面环节的学习，学生对于因地制宜发展农业及其必要性已经有了较深的理解，能够较好地认识“地对人”和“人对地”的影响，已经形成了第一个层次的人地观念。为了进一步提高学生对人地观念的理解层次，教材中安排了科技兴农的内容，为农业的发展提供了方向。

该部分内容，笔者首先通过视频呈现大型联合收割机及土壤施肥电子系统，让学生分析这两种农业科技对农业发展的有利影响，并作如下引导：科技的创新发展，为农业生产提供了更高的技术支持。然后向学生呈现互联网+农业大背景下的农业。在学生惊叹互联网+农业的同时，笔者进一步向学生呈现太空育种的产品，在学生了解了太空育种的优势后，呈现消息：神舟十一号飞船返回舱成功着陆，航天员景海鹏和陈冬在太空培育的拟南芥已经结荚了。接下来，让学生思考最初的问题：我们这里能种植榴梿吗？此时学生的答案开始发生变化，认为仅考虑自然条件，我们北方地区属于温带不可能种植榴梿，但是借助科技的力量是有可能的。笔者进一步向学生呈现榴梿的热带朋友如香蕉、菠萝、木瓜等在北方“安家落户”的材料，让学生了解科技的力量。

通过此环节，学生从最初对“地对人”和“人对地”的理解，进一步提升到人地关系还可以借助科技实现“超越”，并得以和谐发展，从而实现学生对人地观念认识层次的提升。

第六节　结课设计

结课是指教师在课堂任务结束阶段，引导学生对本节课的知识、方法和相关技能进行再认识、总结与升华的教学行为[31]。俗话说：“编筐编篓，重在收口。”好的结课，或启迪思维、提升情感，或真情告白、诗意延伸，或创设高潮、意味无穷，或设置悬念、激发兴趣，使学生把课堂学习变成一种艺术享受，如听美妙的音乐，余音绕梁，三日不绝[32]。

一、结课的原则

结课环节存在可有可无、形式单一、过程形式化、主体缺失、语言拖沓等问题。针对这些问题，笔者提出巩固性原则、多样化原则、体系化原则、主体性原则、简洁性原则。

（一）巩固性原则

巩固性原则是指在结课环节，教师通过总结知识与技能，达到巩固知识的目的。多数教师知晓该原则，但常常在教学时间充足时就安排结课，时间紧张甚至出现拖堂现象时就忽略此环节。教育心理学研究表明，当堂总结、及时回忆要比6小时后再回忆的效率高出4倍[33]。基于此，课末时教师应与学生总结知识与技能，进行强化练习，巩固当堂所学内容。

（二）多样化原则

多样化原则是指教师宜采用多种结课形式。在实际授课过程中，教师的总结环节往往形式单一，例如简单回顾本节课的内容，或者教师随意布置几道题目，学生当堂完成即下课。这些方式并非不好，但若总使用同一种方式，则会导致学生产生厌倦情绪。多种形式的结课能激活学生的兴趣点，收到良好的教学效果。

（三）体系化原则

体系化原则是指在回顾知识与方法时，既要总结知识主干，又要回顾具体细节。教学中时常出现形式化的总结方式。例如，教师课件呈现课堂小结内容，并提问：利用等高线地形图，能不能判断海拔和相对高度，能不能判断坡度的大小，能不能识别山体不同部位？学生则一口一个“能”。这样的总结环节流于形式，有走马观花之嫌。如果教师能够引导学生进一步说出以上主要内容的具体知识，则能够实现知识体系化，更有利于学生对知识的记忆与存储。

（四）主体性原则

主体性原则是指在总结过程中，学生是学习的主体，教师应发挥主导作用。但是，教学中往往出现主体错位的现象。例如，在《地形图的判读》总结环节，教师陈述如下：这节课我们主要学习了两个主要内容（课件呈现"懂一点地理知识：估算高度、识别部位、判读陡缓、识别五种类型"），通过测量、绘图、探究等环节，知道了如何将高低起伏的地形转绘到平面图上、如何用平面地形图去表示高低起伏的地形，学会了归纳地理特征的一些基本方法（课件呈现"学一些地理思维方法：对比分析找差异、透过实践寻规律、走进生活观地理"），了解到生活中处处有地理（课件呈现"生活中处处有地理"）。

该教师从知识与技能、过程与方法、情感态度与价值观方面对结课环节进行了精心设计，将整节课提升到了一个新的高度。但美中不足的是，整个总结环节完全是教师行为而无学生行为。假设学生难以表述教师预设的"过程与方法""情感态度与价值观"的收获，那么教师代劳倒也无妨，但是在知识与技能环节，完全可以通过师生互动的形式进行总结。教师讲解过多往往会导致学生表现不积极，自主性得不到发展。

（五）简洁性原则

简洁性原则是指教师的结课语言一定要少而精，做到言简意赅，突出重难点。如果教师没有精心设计或者刻意设计，往往会导致语言拖沓。例如，某位教师在讲授《世界的语言和宗教》一节时，在下课铃响后做如下总结："这节课我们一起学习了世界的语言、世界的宗教，我们了解了语言的分布与交流、宗教的分布与影响。正是由于世界语言的交流和世界宗教的影响，世界的文化这棵大树才能枝繁叶茂，缤纷多彩。社会在发展，在进步，在全球一体化的背景下，我们需要与他人相互学习。作为青少年的我们，更要好好学语言，让更多的人听到中国的声音。"教师以上的总结内容可以分成两部分，第一部分对本节课内容进行了总结，第二部分在第一部分基础上进行拓展。笔者认为，从简洁性角度来说，第二部分内容可以省略，因为与授课内容脱节。

二、结课的方法

当前关于结课的方法研究成果较多，但普遍存在结课原则与结课方法混用的现象。笔者从教学目标、课堂结构、“动”“静”特点三个维度对结课方法进行分类。

（一）教学目标维度

教学的各个环节均为了实现教学目标，结课环节也不例外。课程标准提出了“知识与技能”“过程与方法”“情感态度与价值观”的三维目标，笔者据此将结课类型分为巩固知识与技能的结课方式、突出过程与方法的结课方式、提升情感态度与价值观的结课方式。

1. 巩固知识与技能的结课方式

巩固知识与技能的结课通常采用归纳总结式结课和强化反馈式结课。

（1）归纳总结式结课。

归纳总结式结课是最基本的结课方式，主要是指教师使用口诀、歌谣、图表、思维导图等，通过与学生互动，提纲挈领地归纳重难点知识、方法，强化学生对所学内容的理解与记忆。例如，在《农业》第二课时的总结环节，笔者结合图 1-13 与学生互动完成结课。

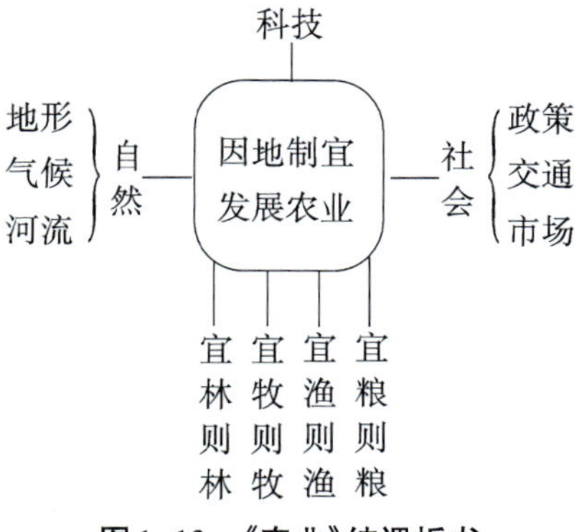

图 1-13　《农业》结课板书

师：因地制宜发展农业要考虑哪两个主要条件？

生：自然条件和社会条件。

师：自然条件主要有哪些？

生:地形、气候、水源。

师:社会条件主要有哪些?

生:市场、科技、交通、政策。

师:利用这些条件因地制宜发展农业,具体遵循的四个原则是什么?

生:宜林则林、宜牧则牧、宜渔则渔、宜粮则粮。

师:借助科技的力量,农业的发展前景会更好。

授课过程中,教师通过形象化的设计,将农业发展比喻为展翅飞翔的鸟,化繁为简,让学生形象感知、理解、记忆因地制宜发展农业的内容与条件。结课环节,教师将这一结构化、有序化的"整体"交给学生,引导学生从宏观上对地理知识进行整体把握,并将其纳入自己的知识体系中,内化为自己的经验。

(2)强化反馈式结课。

强化反馈式结课主要包括提问强化反馈和练习强化反馈。提问强化反馈是指教师通过提问的方式,让学生回顾本节课的重难点和知识体系。这一方式的优势是:一方面,通过师生互动的方式能够调动学生的积极性,加深其对知识的理解,培养其表达能力;另一方面,教师能够了解学生的掌握情况,从而决定是进一步讲解还是进入强化练习阶段。练习强化反馈是指教师根据课程标准和学情选择适量典型的题目,让学生练习,以强化巩固知识。在《工业》的结课环节,教师将两种方式结合起来使用,效果较好。

师:这几节课大家都学到了哪些知识?

生1:学到了工业及其重要性,还知道了中国的工业与发达国家有一些差距。

师:重要性体现在哪些方面呢?

生1:体现在生产方面,还有我们的生活方面,比如衣、食、住、行等。

生2:学习了高新技术产业的分布。

师:我国工业分布的基本格局是什么样的?

生2:东部沿海地区工业中心密集,中部较多,西部稀疏。

师:非常棒。还有工业的分布中心以及我们最开始提到的工业生产过程。(教师呈现板书)给大家两分钟时间,请大家对照回顾一下。除了学到的知识点之外，你还有哪些体会呢？

生3：工业与我们的生活息息相关，我们要努力学习，为我们的工业发展尽一分力量。

师：工业是国民经济的重要组成部分，要合理布局，勇于创新。接下来，让我们做一下本节课达标测验吧。（达标测验内容略）

教师用提问的方式，让学生回顾本节课的知识，在学生说出内容后，教师通过追问，让学生对知识的回顾从点到线，加深对知识的理解，最后通过强化练习巩固本节课的内容。

2.突出过程与方法的结课方式

地理教学过程与方法中的“过程”是指在地理学习过程中，让学生经历类似于科学研究的过程，以获取知识，领悟科学的思想方法、思想观念，领悟科学家们研究自然界所用的方法而进行的各种活动[34]201，具体的方法有地理观察、地理实验、地理调查、地理类比与联想、地理分析与综合、地理归纳与演绎等[34]202。相比知识与技能，总结过程与方法的难度稍大，教师应该给予一定的提示。在2014年山东省初中地理优质课大赛上，邹道华老师的《世界人口的增长》总结环节很有代表性。邹老师的课件呈现以下内容：①通过本节课的学习，我学了哪些知识……②我学会了哪些学习和分析方法……③我的感悟和受到的启发是……

生1：（思考一分钟后）我了解到了世界人口增长和经济增长水平的差异。

师：这是其中之一，其他同学还有没有补充？

生2：我学会了运用柱状图来发现世界人口增长的特点，并学会了利用自然增长率来计算人口增长。我受到的启发是人不是越多越好，也不是越少越好。我们应该控制好人口，做到有计划地生育，与社会经济相协调。

生3：我学会了使用资料和地图来表达我的观点。

生4：我学会了分析地理图表。

为了让学生有话可说，邹老师通过课件给学生提示，并且给学生留出思考的时间。总结环节，学生基本能答到点子上。其中，有学生提到学会了从柱状图中分析世界人口增长的特点，学会了使用资料和地图来表达自己的观点，这些都对应着过程与方法范畴的“地理观察”。

3. 提升情感态度与价值观的结课方式

情感态度与价值观的范畴主要包括激发学生探究地理问题的兴趣和动机，养成求真求实的科学态度，提高地理审美情趣，强化爱国情感，树立正确的人口观、资源观、环境观以及可持续发展观等人地协调观[35]。现以案例说明如何在结课环节树立正确的人地协调观。

在《水资源》结课环节，教师作如下陈述：老师和大家一起来回顾一下水与人类的过去，展望一下水与人类的未来。（播放课件）38亿年前，水占据了地球表面的2/3。400万年前，水孕育出了人类，孕育出了拥有改造自然能力的人类智慧。于是，人类在地球上筑起了大坝，修成了水渠，甚至建成了宏伟的调水工程，自然的水开始为人类文明服务。但是我们不能忘记，水可以诞生文明，也可以毁灭文明。面对水，如果我们不能找到新的文明方式，我们还能在地球上走多远呢？同学们，行动起来吧，让我们爱护水资源，与水和谐相处，共创我们未来与水的幸福生活。

要使学生形成正确的人地协调观，我们必须先让他们理解人与自然的关系，并影响其言行。教学过程中，教师设置了有价值、有深度的问题，引发学生思考。结课环节，教师给学生提供丰富的视觉资料以及有感染力的演讲，让学生再次感受到人与自然环境、水资源和谐相处的重要性，有利于学生形成正确的人地协调观。

（二）课堂结构维度

结课环节处于课堂结构的最后一个环节，但是结课不代表结束。从课堂结构来说，通过结课，可以照应开头，可以拓展延伸，可以设置悬念与下节课产生联系。笔者据此将结课分为首尾呼应式结课、拓展延伸式结课和设置悬念式结课。

1. 首尾呼应式结课

首尾呼应式结课是指在结课时，对导入时提出的问题给予回应的一种结课方式。在《水资源》导入环节，教师创设情境，让学生做一名医生，接诊一位特殊的“病人”——水。中间呈现水资源的各种问题，并给出相应的治疗方案，结课环节教师作如下引导："病人"在我们细心的诊疗下满意地离开了。但是我们（"大夫"）的任务还要继续，要反思今天的诊疗过程，积累更多的经验，为今后的诊疗打下基础。然后通过知识框架与学生一起梳理所学内容。从导入时给水看"病"到结课时"病人"满意地离开，结课环节依然延续前面情境，在保证情境完整的情况下，又起到首尾呼应的作用。

2.拓展延伸式结课

拓展延伸式结课是指给学生提供与授课内容相关的资料、活动方案，让学生在课上或课下完成相应任务，进一步拓宽学生视野，培养学生学科素养的一种结课方式。在《水资源》结课环节，为进一步培养学生珍惜水资源的意识和地理实践力，教师布置以下作业：制订一份家庭节水计划，并记录一个月节省的水量。在《巴西》结课环节，为让学生进一步了解巴西，教师提供：《里约大冒险》《金砖之国（巴西篇）》《冲出亚马孙》《南美野生大地》影片，请大家带着地理的眼光，结合本节课所学内容来观看这些影片。

这是两种典型的拓展延伸式结课。其中，制订家庭节水计划是教师在本节课知识的基础上，从生活中挖掘地理问题，让学生去思考解决实际问题。这个过程能够落实课程标准"学习对生活有用的地理""学习对终身发展有用的地理"的理念，同时能够培养学生的地理实践力。给学生推荐优秀影片，可以使结课成为连接课堂与课外的纽带，不断开阔学生视野，使其获取新知。需要注意的是，拓展延伸式结课不要加重学生学业负担。

3.设置悬念式结课

设置悬念式结课是指通过设置问题将本节课所学的知识、技能、方法与下节课的内容产生联系，让学生对下节课产生期待的一种结课方式。在《日本》第一课时结课环节，在学生自主构建、展示思维导图后，教师设问：本节课我们学习了日本的风土人情。日本海岸线漫长，多优良港湾，东西方文化交融，这些对它的经济有什么影响呢？这是我们下节课要学习的内容。

教师通过"我们学习了日本的风土人情"这句话，完成了对学生总结的"承前"，通过海岸线漫长、东西方文化交融会对经济产生影响，完成了对下节课内容的"启后"，让学生对日本的经济发展及影响产生新的兴趣点。

（三）“动”“静”特点维度

课堂是动与静的结合。其中，游戏式结课是以动为特点的结课方式，可以起到活跃课堂气氛的作用；留白式结课则是以静为特点的结课方式，可以给学生留下独立思考的时间。

1.游戏式结课

皮亚杰认为，游戏不仅可以反映孩子的认知发展，还可以强化孩子的认知发展[36]。基于游戏对教学产生的积极效果，结合地理学科的特点，根据游戏的不同规则，笔者将结课环节常用的游戏分为抢答游戏、组际评价游戏、拖拽游戏、听口令起立、我来比划你来说等类型。现就前三种进行说明。

（1）抢答游戏。在《水资源》结课环节，通过思维导图与学生完成知识梳理后，教师作如下引导：本节课老师把一些主要内容放在一些智慧小屋里，需要同学们用智慧的钥匙去打开这些大门。教师呈现动画链接——“开门大吉”，同学们抢着选择问题序号，教师点击图标，学生根据出现的问题回答。通过设置“开门大吉”的情境，借助积分评价，较好地调动了学生回答问题的积极性。

（2）组际评价游戏。为了让学生集中注意力，利用最后的时间巩固本节课的所学内容，教师可以采用组际评价的方式结课。具体操作步骤如下：首先给学生留出复习时间，然后教师随机挑选一名学生回答第一个问题；回答完毕后，再由该生随机提问其他组内的同学；针对回答情况，提问同学要进行评价并赋分。因为这一方式是随机挑选同学，所以同学们或期待，或紧张，有利于吸引学生注意力，积极复习所学内容。

（3）拖拽游戏。拖拽游戏是一种借助拖拽类课件完成的游戏。在《行政区划》结课环节，为让学生进一步掌握34个省级行政区轮廓，教师呈现34个省级行政区的课件游戏。每组出一名C或D层同学，在讲台上用鼠标拖动省级行政区的轮廓让其归位。在该生拖动的时候，另外一位同学计时，用时最少者得分最高。游戏的特点再加上计时与分数评价会刺激学生集中注意力，尽快完成任务，达到巩固学习内容的作用。其余同学的注意力也会高度集中，同样起到再次强化记忆的效果。

2.留白式结课

留白是指在课堂教学过程中,留出一段时间,放手让学生独立思考,构建认知结构,实现知识内化的教学方式。留白时间借助思维导图进行总结,会达到事半功倍的效果。在《日本》结课环节,学生完成练习后,教师即推送思维导图到学生的平板上,学生对照思维导图检查本节课所学的知识是否已经掌握。这一方式有利于学生加深对知识的理解,巩固认知结构。除了教师提供思维导图外,也可以由学生自己构建思维导图。在复习完《巴西》后,笔者让学生用不同形式总结该课内容。以下为一位同学梳理的内容。

纬度位置:大约在赤道和南回归线之间,有赤道和南回归线穿过,大约属于低纬度、热带。海陆位置:南美洲东南部,东临大西洋。半球位置:西半球、南半球。地形:以平原和高原为主,有亚马孙平原和巴西高原,地势南高北低。河流:亚马孙河是世界上水量最大的河流,最终注入大西洋。人口:主要分布在东南沿海,自然原因主要是降水丰富,社会原因主要是经济发达、临海、交通便利。文化:桑巴舞、足球、狂欢节。

通过梳理材料可以看出,该同学已经较好地掌握了学习区域的方法,即学习一个区域的位置、地形、气候、河流,以及人文方面的人口、农业等。从具体内容上来看,该同学的认知结构也已经相对完善,能够保证在考试时顺利实现知识输出。留白式结课为学生提供了自主学习的时间和空间,有利于提高学生的思维品质。

参考文献:

[1]陈澄.地理课堂教学技能训练[M].上海:华东师范大学出版社,2001:35.

[2]郭芬云.课的导入与结束策略[M].北京:北京师范大学出版社,2010:9.

[3]杨新宇.认知心理学视角下的课堂导入——基于“问题探讨”课堂导入类型的分析[J].中学生物教学,2014(7):31-33.

[4]石庆庆,宋保平.中学地理课堂情境导入策略分析[J].中学地理教学参考,2014(9):14-15.

[5]萨摩伊洛夫.地理教学中的直观性[M].罗介如,朱景淦,译.北京:人民教育出版社,1957:7.

[6]杜威.民主主义与教育[M].2版.王承绪,译.北京:人民教育出版社,2001:172.

[7]李吉林.运用情境教学 发展儿童语言[J].中国教育学刊,1995(6):44-47.

[8]冯卫东.情境教学操作全手册[M].南京:江苏教育出版社,2010:1.

[9]施志荣.情境教学在高中生物教学中的应用研究[J].课程教育研究,2012(31):98.

[10]玄奘.大唐西域记[M].周国林,注译.长沙:岳麓书社,1999.

[11]周兆霞.45分钟"环游"印度[J].中学地理教学参考,2014(6):55.

[12]王庆玲."一年分三季"教学设计[J].中学地理教学参考,2015(2):54-55.

[13]赞科夫.教学与发展[M].杜殿坤,张世臣,俞翔辉,等译.北京:文化教育出版社,1980:106.

[14]夏志芳,张继红.地理课堂教学行为研究及案例[M].南昌:江西教育出版社,2009:74.

[15]王艳.初中优秀—普通语文教师课堂提问等待时间的对比研究[D].临汾:山西师范大学,2015:22,47.

[16]加里·D.鲍里奇.有效教学方法[M].4版.易东平,译.吴康宁,审校.南京:江苏教育出版社,2002.

[17]吴艳.教师对学生课堂提问的反馈——以北京市某所中学为例[D].北京:首都师范大学,2009.

[18]李善中.基于激发和支持学生地理思维的教学提问[J].中学地理教学参考,2012(6):18-20.

[19]刘玉静,高艳.合作学习教学策略[M].北京:北京师范大学出版社,2011:8.

[20]朱雪梅,王建.义务教育课程标准(2011年版)案例式解读·初中地理[M].北京:教育科学出版社,2012:195.

[21]周倩.地理核心素养研究:回顾与反思[J].中学地理教学参考,2018(7):29-31.

[22]王龙,相炜.全国文综卷中特殊地理事物与核心素养的关系分析[J].中学地理教学参考,2016(8):4-6.

[23]中华人民共和国教育部.义务教育地理课程标准(2011年版)[M].北京:人民教育出版社,2011.

[24]袁孝亭,王向东.中学地理素养教育[M].北京:高等教育出版社,2005.

[25]中华人民共和国教育部.普通高中地理课程标准(2017年版)[M].北京:人民教育出版社,2018.

[26]翟绪芹,卢晓旭,陈贵根,等.地理实践力的维度解构和模型检验[J].中学地理教学参考,2018(12):16-19.

[27]盛芸菲,吕宜平.高中地理实践力评价指标体系构建[J].教学与管理,2019(4):48-51.

[28]程菊,徐志梅."人地观念"素养的构建与培养[J].中学地理教学参考,2016(9):4-6.

[29]张素娟."人地协调观"内涵的解析及与教学内容的对接[J].中学地理教学参考,2018(1):21-24.

[30]杨新.新编地理教学论[M].北京:科学出版社,2010:57.

[31]武文霞,周顺彬.地理课程与教学论[M].广州:广东高等教育出版社,2014:184.

[32]江苏,朱跃生.名师余音绕梁的课堂结束语[J].演讲与口才,2006(8):42-44.

[33]陈实.新课程地理课堂教学技能训练[M].武汉:华中师范大学出版社,2011:78.

[34]李家清.地理课程与教学论[M].武汉:华中师范大学出版社,2010.

[35]卢世伦.高中地理教学中的德育研究[D].重庆:西南师范大学,2001.

[36]王重力,韩宁.中学生物游戏教学概论[M].北京:人民教育出版社,2015:4.

第二章　信息技术辅助地理教学

近40年是科技发展迅速的时期，各种新技术如雨后春笋般涌现。其中，信息技术表现得尤为突出，其在教学中的应用范围也在不断扩大。教师通过应用信息技术，能够丰富教学资源，创新教学方法，优化教学过程，改变学习方式。我国信息技术辅助教学起步较晚，但发展迅速，研究相对深入，特别是随着《教育信息化2.0行动计划》的提出，进一步丰富了教育信息化在教学中的应用形式。通过梳理，信息技术辅助地理教学的研究成果大致可以归为绘图类、课件制作类、地理信息系统类、AI智能教学类等等。本章重点研究计算机绘图、课件制作、Google Earth应用、微视频应用。

第一节　地图的制作与修改

一位苏联地理教育家说过："没有地图的地理课，也就没有地理了。"这说明地理教学与地图有着非常密切的关系。在日常的授课、编写试题、教学研究中，地理教师都需要用到各种地图，如政区图、地形图等。图像的绘制及呈现效果，直接影响到工作效率及信息接收。

一、选择理想的制图软件

目前许多学者及一线教师对绘图软件的应用研究，较多地集中在某一种软件的应用上[1-6]，对多种软件进行比较分析，然后择优选用的研究，则略显不足。基于以上原因，笔者试图通过比较分析各种绘图软件的性能，并通过相关案例进行试验，探索如何选用理想的制图软件。

(一)对几种常用制图软件性能的比较分析

目前国内外已开发研制的制图软件不下数十种，笔者根据教师在平时教学中常用的地理制图软件，从中选出Word、CorelDRAW、AutoCAD、Mapinfo、Photoshop作为比较对象，对它们在地图制作方面的各项功能进行比较(表2-1)。

表2-1 几种常用制图软件性能的比较分析

项目	Word	CorelDRAW	AutoCAD	Mapinfo	Photoshop
图形输入	文件转化格式较多	50多种输入格式，兼容性最好	提供多种文件转化格式	文件转化格式有限	文件转化格式较多
曲线生成	提供直线、曲线、自由曲线等工具	提供钢笔、铅笔、笔刷、贝塞尔工具	提供三次样条曲线和徒手画线工具	三种以上曲线生成方法，四种光滑曲线方式	提供笔刷、钢笔工具，可以绘制曲线，形式单一
节点编辑	利用右键可以进行节点的增删	利用形状工具，完成增删、拆分	利用右键可进行节点编辑	提供编辑整形工具，可实现节点编辑	无节点编辑功能
地理符号	地理符号中仅有线型样式	地理符号中仅有线型样式	地理符号中仅有线型样式	地理符号最为齐全	无地理符号
普通色填充	提供填色方案较多	选择颜色精度最高	能进行普通色填充，精度不高	能进行普通色填充，精度不高	选择颜色精度极高
渐变与阴影	渐变与阴影效果较多，但较CorelDRAW、Photoshop效果差	提供多种渐变方式，提供11种阴影效果	渐变填充样式较少，无阴影效果	不能进行渐变填充和阴影效果	能进行多种渐变填充，实现多种阴影效果
位图处理	提供多种效果，但较CorelDRAW、Photoshop差	位图处理功能一般	位图处理功能较弱	位图处理功能较弱	可对位图进行各种特效处理
三维图形	提供多种立体化功能	能将平面图形透视为立体化	可进行三维设计	无三维设计	可进行三维设计
图层管理	无专门图层管理工具	图层管理功能极好	图层管理功能较好	图层管理功能较好	图层管理功能较好

续 表

项目	Word	CorelDRAW	AutoCAD	Mapinfo	Photoshop
文字处理	功能最好	功能较好	能进行文字编辑,功能较差	能进行文字编辑,功能较差	功能较好
存储、打印	存储格式较为有限	提供40多种输出格式,分辨率较好,直接打印方便	提供10多种输出格式,能以矢量和栅格输出图形,存储质量高	提供9种输出格式,存储质量高	提供多种输出格式,能以矢量和栅格输出图形,存储质量高
轮廓编辑	能设置轮廓线条、图案样式,在设置多层轮廓时,难度较大	可通过轮廓工具设置多层轮廓	除设置轮廓样式外,还可用偏移工具,设置多层轮廓	除设置轮廓样式外,通过缓冲区可多设置一层轮廓	通过描边设置多层不同样式的轮廓
绘图区的调整	无实时放大缩小功能,要显示更多绘图区需中断绘图	可通过鼠标滚轮实时放大缩小,显示更多绘图区	可通过“手”型工具拖动不断扩大绘图区而不会出现线条中断	随鼠标移动,绘图区会不断扩展	可快捷切换“手”型工具,拖动窗口,显示绘图区
对象定位及精确性	定位功能较差,绘制图形大小的精确性不足	有标尺工具,可以精确定位,并能根据属性栏精确调节图形大小	是现有绘图软件中定位及所绘图形精确性最好的	定位功能和所绘制图形大小的精确性较好	定位功能较强,绘制图形大小的精确性不足

(二)案例分析

通过以上分析可知,各种软件各有优缺点。就如何选择快捷好用的制图软件这一问题,笔者通过以下三种方案进行比较分析。

案例一:山东省高速公路网地图。

作图要求:以图2-1为素材图,要求输出一幅JPG格式的高分辨率的位图,要求线路中仅保留底图中的高速公路,字体要较底图大,颜色要与底图相同。

方案一:所有操作均利用一种软件CorelDRAW(Word/AutoCAD/Mapinfo)

完成。

方案分析:如果运用以上四种软件当中的任何一种进行绘制,会遇到以下几个问题:①公共边。因为要为图形填色,所以要求填充部分为封闭图形。为了实现这一要求,就Word、AutoCAD、CorelDRAW来说,必须要将各市的轮廓单独绘制成一个封闭图形,这样必然导致区域的公共边会被绘制两次,从而增加数据量和工作量。而Mapinfo不会出现这种问题,因为Mapinfo具有自动跟踪折线功能,除了精确外,只要选择对齐模式,并结合快捷键,就可以很好地解决公共边问题,从而极大地减小冗余数据和工作量。②添加地图符号。本图中所用到的地图符号主要有指北针、行政中心的符号以及省界。如果使用Word、AutoCAD、CorelDRAW,由于没有以上地图符号,只能通过绘制的方式实现,从而增加工作量,并且所绘标识并不一定精确。但是Mapinfo地图符号库几乎涵盖了各种地理事物的符号,所以在添加地图符号时,相比其他软件进一步减少了工作量。③填充颜色。如果想将颜色填充为底图的颜色,那么这四款软件都面临一个问题,在调色时颜色与底图的颜色无法完全一样。要解决这一问题,我们可以利用Photoshop或CorelDRAW的吸管工具吸取底图颜色,分析出相应颜色对应的RGB或者CMYK值,然后再进行填充。由此可见,专业绘图软件的引入非常必要。

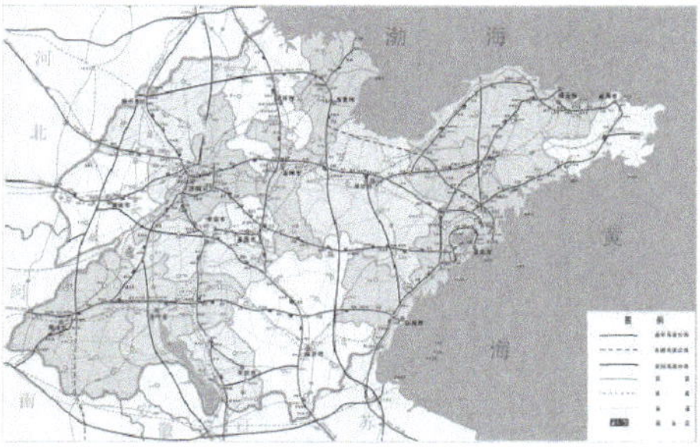

图2-1　素材图

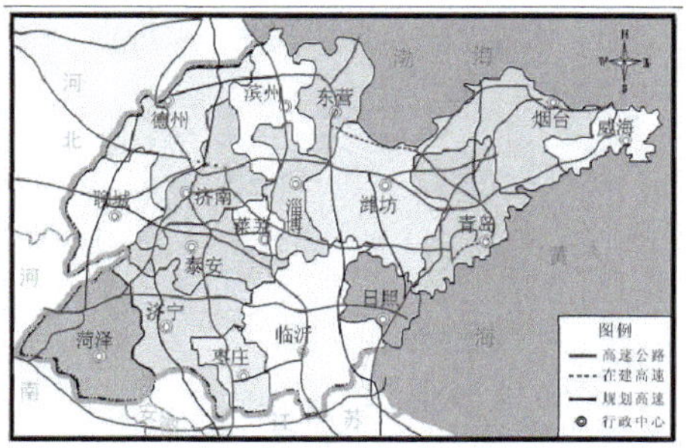

图2-2　成图

方案二:多种绘图软件结合使用。

(1)利用CorelDRAW(Word/AutoCAD)将整体轮廓及各市的界线依次描出。为了减少工作量,各市轮廓不需要单独绘成闭合曲线。

(2)利用CorelDRAW(Word/AutoCAD)绘制指北针、交通线路、行政中心的标识,添加文字。

(3)在Photoshop中,利用吸管选取地图颜色,利用魔棒选中封闭区域,填充颜色。

方案分析:与方案一不同,本方案在绘制各市轮廓时,并不要求将其单独绘成闭合图形,只需使每个市的轮廓完整即可,这样做可以减少公共边的绘制。那是否会影响到颜色的填充呢?本方案在最后一个环节即填色环节引入了Photoshop,对于Photoshop来说,只要是区域轮廓是完整的,就可以利用吸管选中底图颜色,然后利用魔棒选中所绘的完整区域,即可快捷地填充颜色。由此可见,本方案较方案一无论是在公共边的绘制还是颜色的填充方面都有优势。

与方案一相同的是,本方案同样采用了CorelDRAW/Word/AutoCAD三种软件,于是两种方案都面临同一个问题,即地图标识的绘制问题。此外,就这三种软件在步骤1和步骤2中的应用来讲,由于CorelDRAW、AutoCAD具有更完善的图层管理、透明度设置、选择工具、图幅移动以及精确定位功能,所以操作起来比Word更方便些。

方案三:专业地理绘图软件与多种软件相结合。

(1)利用Mapinfo绘制区域轮廓、各市界线,添加指北针、行政中心标识、线路。

(2)在Photoshop中,利用魔棒选中填充区域填充颜色。

方案分析:在实施方案一和方案二的过程中可以发现,与其他软件相比,Mapinfo的描图功能(数字化)最为精确且操作简单,并具有丰富的地理符号,Photoshop的颜色表达效果最好,操作最为快捷。所以将两者结合起来,就成为三种方案中的最优方案。

需要说明的是,如果本方案不要求颜色与底图颜色一致,则可以选择只使用Mapinfo,不使用Photoshop。

案例二:地形雨

地形雨如图2-3所示。

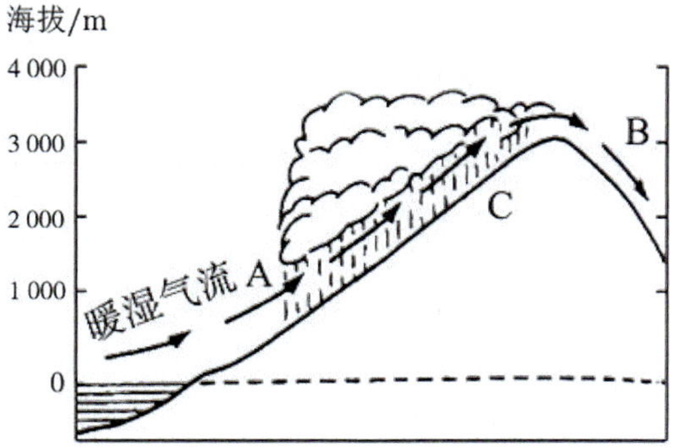

图2-3　地形雨示意

本案例为地形雨的绘制，选用的软件可以是CorelDRAW、Word、AutoCAD、Mapinfo、Photoshop。我们可以将此图分解为坐标及刻度、山地、气流、云、雨等要素。现以各要素的绘制为例，进行分析，最后确定合适的软件。

(1)坐标及刻度。就刻度来讲，元素仅为直线，在各种软件中都可以实现，但是最关键的是刻度需要等距分布在坐标上。在CorelDRAW、AutoCAD中都有等距分布的相关操作，所以比较简单，而其他几款软件没有相应操作，只能通过移动对象来实现，但是无法保证移动对象实现完全等距分布。

(2)气流。气流用箭头表示，这一点在CorelDRAW、AutoCAD、Word、Mapinfo、Photoshop中均可以实现。其中，CorelDRAW、Word、Photoshop中自带有箭头的符号，但是就箭头的样式及箭头编辑功能来说，以CorelDRAW最强，其提供了92种箭头符号，此外还可以对各种箭头进行编辑修改。相比之下，Word就逊色一些，而在AutoCAD、Mapinfo中，需要手动绘制箭头。

(3)雨点。通过绘制一条直线，然后将线条改为点划线形式即可。

(4)图层管理。在绘图时，要素较多，要实现要素的合理安排，就需要使用图层管理功能。就五种软件来讲，只有Word没有图层管理功能，其对图层的管理只能通过将图层进行上移下移来实现，较为不便。就CorelDRAW、AutoCAD、Mapinfo、Photoshop四种软件来讲，以CorelDRAW的图层管理功能最强。如本案例中所涉及的图层有坐标、雨点、云、山地等，只有进行分类，放到子文件夹中，才会减少工作量，而CorelDRAW可以轻易实现。

通过分析可知，绘制地形雨可以首选CorelDRAW。

(三)总结与建议

通过以上两个案例的分析可知,教师在平时绘图过程中,如果需要对地图进行精确的数字化,那么可以交替使用Mapinfo和Photoshop;如果是绘制矢量图,那么可以首选CorelDRAW。

二、利用CorelDRAW绘制矢量图

通过前面的比较研究发现,CorelDRAW是一款非常好的制图软件,它拥有卓越的图形和文字编辑处理功能。下面着重说明如何利用CorelDRAW绘制线状要素和面状要素。

(一)绘图准备

1.界面介绍

图2-4所示为CorelDRAWX4的绘图界面,左侧是工具栏,右侧是调色面板,中间是绘图页面,上侧是菜单栏、标准工具栏和属性栏。

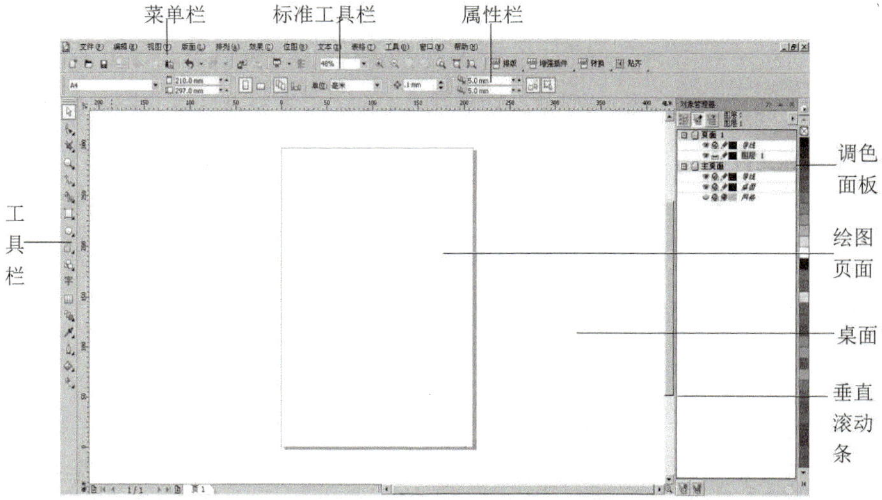

图2-4 CorelDRAW绘图界面

2. 导入和导出

导入、导出在工具栏中的符号如图 2-5 所示，快捷键分别为 Ctrl+I、Ctrl+E。

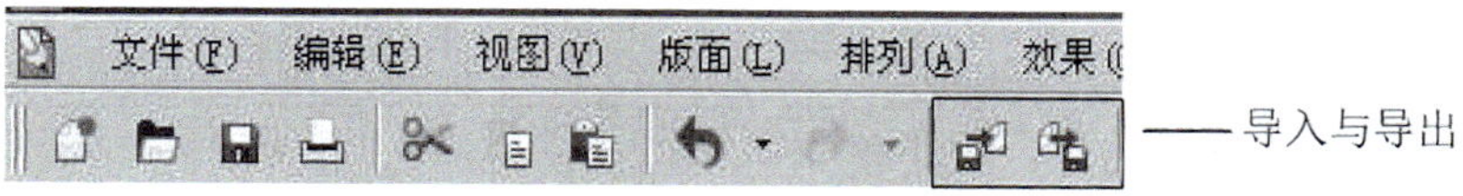

图 2-5　导入与导出

3. 文字输入与编辑

输入文字时，点击“文”或按快捷键 F8 均可。编辑文字时，按 F8 后选中文字，在图 2-6 所示的界面，可对文字的字体、字号、下划线、排列方式等进行设置。

图 2-6　文字编辑栏

4. 图层及其编辑

(1)建立图层。

单击“窗口”—“泊坞窗”—“对象管理器”，点击对象管理器左下角的“新建图层”即可。

(2)编辑图层。

要对图层进行重命名、删除等操作，可通过右键单击图层即可。

5. 放大缩小与移动画布

转动鼠标滚轮，可以放大或缩小视图。点击左侧工具栏中的“放大镜”，选择下拉菜单下的“手”型工具，或按快捷键 H，可随意拖动画布。

(二)线状要素绘制与编辑

1. 绘制工具及基本操作

点击左侧手绘工具 ，选择下拉菜单中的贝塞尔工具 ，在两端点点击一下即可绘制一条直线。如果想绘制一条平直的线，只要按住 Shift 键，在两端点点击即可。在两端点点击后，转动贝塞尔工具，可绘制曲线。绘制完毕，按空格键或回车键，释放贝塞尔工具。

2. 编辑工具及基本操作

(1)形状工具。

应用形状工具，单击线条任意位置，可调整线条。双击线条可以添加节点，通过添加的节点可调整形状。一般在线条相对尖锐，想让其变平滑时，可以使用这一操作。

连接工具应用于将同一条曲线的两端进行连接，方式是双击形状工具，用形状工具框选中同一曲线的两个端点，选择即可闭合曲线。需要说明的是，一次只能连接两个节点，并且这两个节点为同一曲线的两个端点才行。

(2)轮廓笔。

使用轮廓笔可以设置线的样式、颜色、箭头。具体操作是选中编辑对象，按F12后在对话框中选择格式即可。

3. 典型案例

(1)太阳直射点的运动轨迹。

选择太阳直射点的运动轨迹作为线状要素的典型案例，一方面是因为其难度较小，另一方面是因为其涉及工具较多，如贝塞尔工具、轮廓笔、复制、粘贴、排列、文字、形状工具、标尺工具等，很有代表性。太阳直射点的运动轨迹如图2-7所示。

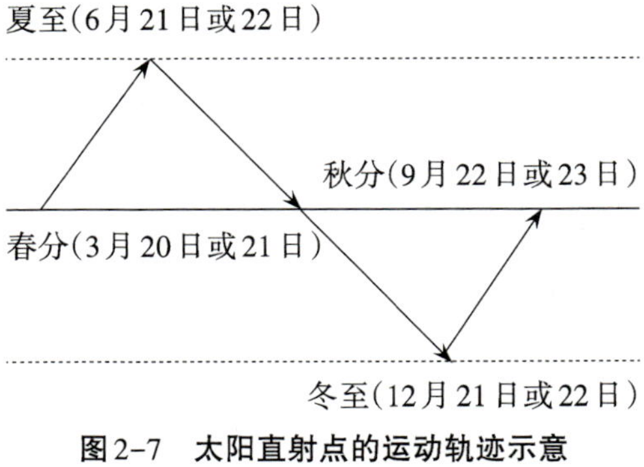

图2-7　太阳直射点的运动轨迹示意

第一步：绘制直线。按住Shift键，在两端点点击，绘制一条直线。然后再用Ctrl+C、Ctrl+V的方式复制、粘贴两条线。

第二步：移动直线。选择三条直线，应用移动功能，用鼠标拖动其到任意位置。在本图中将直线之间的距离拉大一些，如图2-8所示。

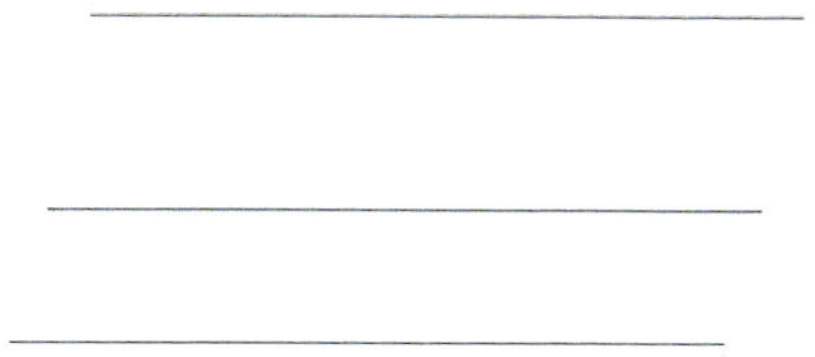

图2-8　任意拖动后的直线

第三步：等距排列对象。选择Alt+A，选择“对齐与分布”，在如图2-9所示的对话框中点击“对齐”—“中”，可使三条线等间距对齐。选择“分布”—“间距”，可使三条线在垂直方向上居中，如图2-10所示。

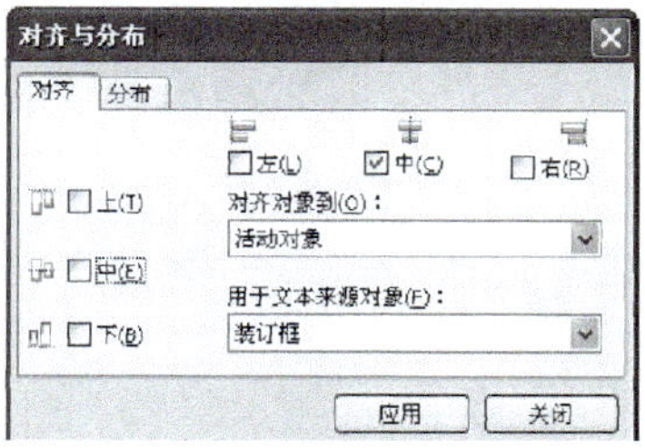

图2-9　对齐与分布对话框

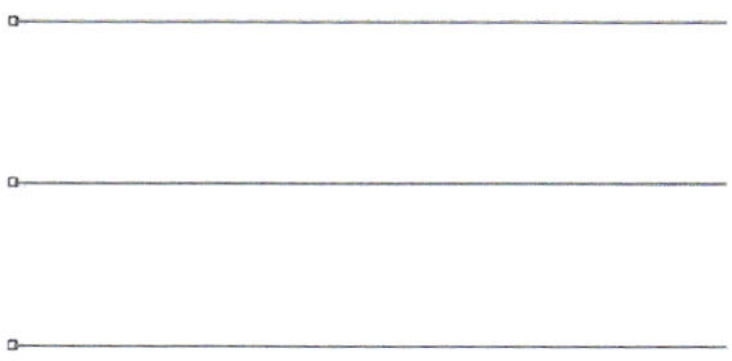

图2-10　对齐

第四步：修改线条和箭头属性。用框选工具选中三条线，单击F12，修改线条宽度和样式，其中，上下两条线的样式改为点划线。在最上面与中间的线条之间绘制一条斜线，点击F12在“轮廓笔”菜单中选择合适的箭头，如图2-11所示。用相同的方式，绘制并修改剩余三个箭头。

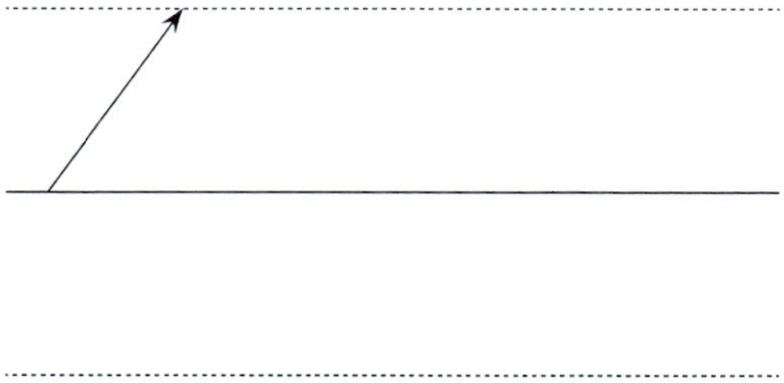

图2-11　轮廓笔修改线条与箭头

第五步：调整线条。图2-12所示圈中的线条没有连接好，用形状工具点击虚线圈标注位置的线条端点，调整至合适位置。再用形状工具缩短圆角矩形圈定的三条较长的线条时，可以借助标尺功能使其距离缩短至一样长。标尺的位置在界面的上侧和左侧都有，只要用鼠标拖过来即可，如图2-13所示。

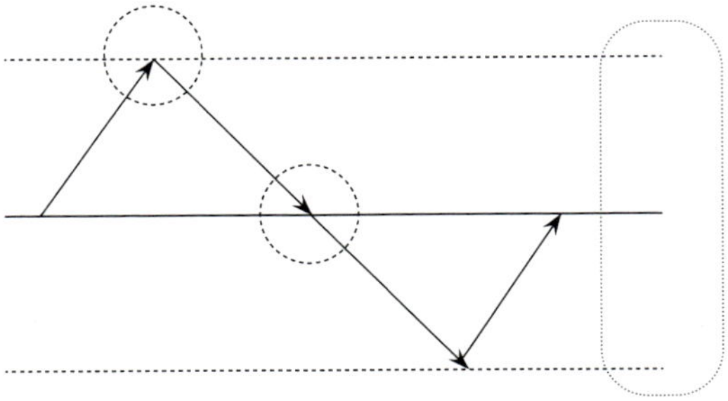

图2-12 绘制及修改箭头

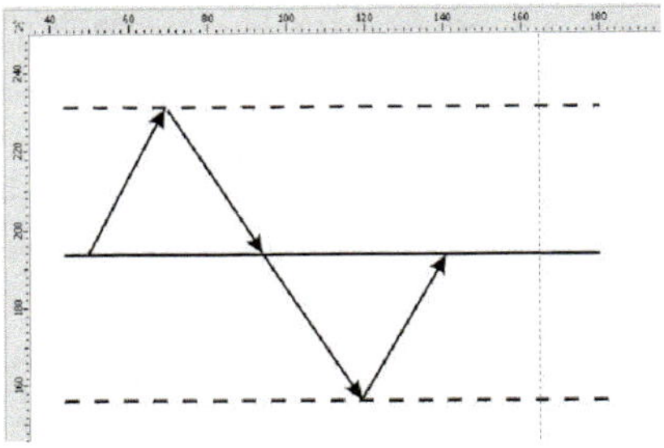

图2-13 标尺辅助

第六步：输入及编辑文字。点击F8，在中间线条附近单击一下，输入“春分（3月20日或21日）”。按F8选中文本，在文字属性栏中选择字体、输入字号大小完成修改。复制、粘贴两次“赤道”的文字，并移动到合适的位置。按F8分别选中，修改为“北回归线”“南回归线”，输入相应的时间信息，最后按Ctrl+E输出即可。

（2）色带。

色带通常用在区域的边界上，其绘制方法主要是在原先界线的基础上，向外偏移一层，下面以湖北省界线的色带绘制方法为例予以说明。

第一步：新建“晕线”图层，将已绘好的界线选中，复制到该图层上，“晕线”层必须在界线的下面。

第二步：选定已绘制好的界线，利用形状工具，将未闭合的节点连接起来，使曲线闭合。

第三步：选中闭合曲线（任一条），点击工具箱中的“交互式轮廓图”，出现工具属性栏 

，在属性栏中设定轮廓的步长值为1，偏移量为1，选择向内或者向外偏移方式，在绘图页面中拉动鼠标指针，即可得到如图2-14所示的轮廓。

第四步：使用排列工具中的“分离”命令，将轮廓线、内外侧线分离。如果所添加的轮廓不止两层，可以删除不需要的轮廓，然后对需要的轮廓线进行填充即可。为了更好地体现色带以及湖北省的境界线，笔者对轮廓线进行设置，即将最外层的轮廓去掉，将里层的轮廓线设置为点划线，最终得到如图2-15所示图形。

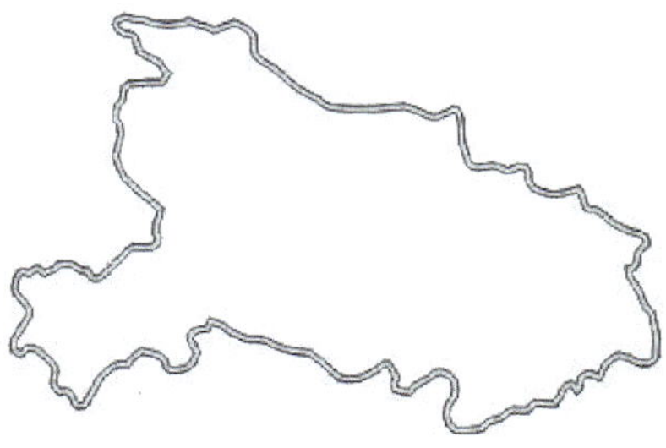

图2-14　偏移后的轮廓

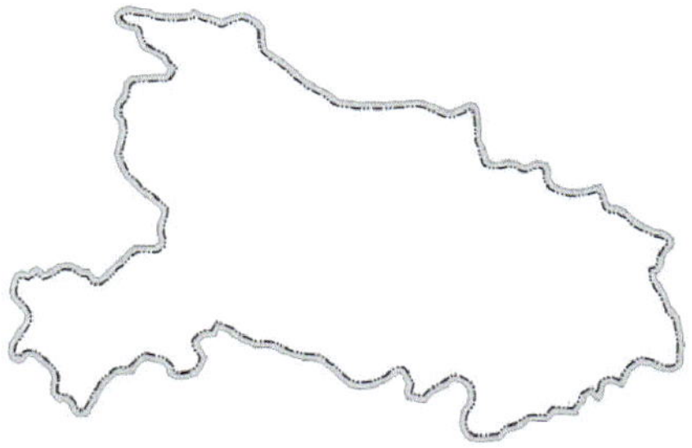

图2-15　分离后的轮廓

(3)铁路线。

铁路线一般用黑白相间的点划线表示，由于CorelDRAW中没有铁路线的样式，可以通过以下方式完成绘制。

第一步：绘制一条黑色线条，单击F12，在“轮廓笔”属性栏中，将线条宽度设为1 mm。

第二步：通过Ctrl+C、Ctrl+V复制绘好的线条。单击F12，在“轮廓笔”属性栏中，将该线条设置为白色，线段宽度为0.8 mm。将该白色线条设置为点划线样式即可得铁路样式，如图2-16所示。

图2-16　铁路线

(4)动线。

动线一般用来表示具有运动特点的地理事物的方向，其绘制方法如下：

第一步：从左侧工具栏的“基本形状”中，选择箭头工具，在页面上拖动，即可得到如图2-17所示图形。

第二步：利用形状工具右键单击该图形，选择“转化为曲线”。

第三步：通过不断地添加或删除节点的方式，借助于鼠标的拖拉，最终形成图2-18样式。

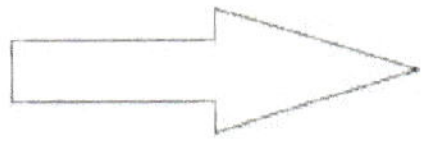

图2-17　基本形状

图2-18　动线

(5)垣栅要素。

垣栅要素主要指城墙、堤坝等，其绘制方法实际上是点状符号入库的过程，只要完成这一步，然后绘制一条路径，利用"文本"中"使文本适合路径"选项即可实现。需要说明的是，点状符号入库需要具备一个条件：符号的所有组成部分都必须封闭。要想做到这一步，可以利用绘制矩形的方式完成。具体方法如下：

第一步：将视图不断放大，绘制一个大小合适的小矩形，填充为黑色。

第二步：选择"工具"中的"创建"，单击"字符"，在"字符类别"中为其命名。这样刚才绘制的矩形便成为符号库中的一个字符。这里需要说明的是，要想实现这一步，在安装软件时，必须选择"高级选项"。

第三步：在页面中绘制线条，然后选择"文本"，单击"使文本适合路径"，选中刚才入库的"字体"符号，随便单击键盘任意键，即可实现文字随路径排列，如图2-19所示。

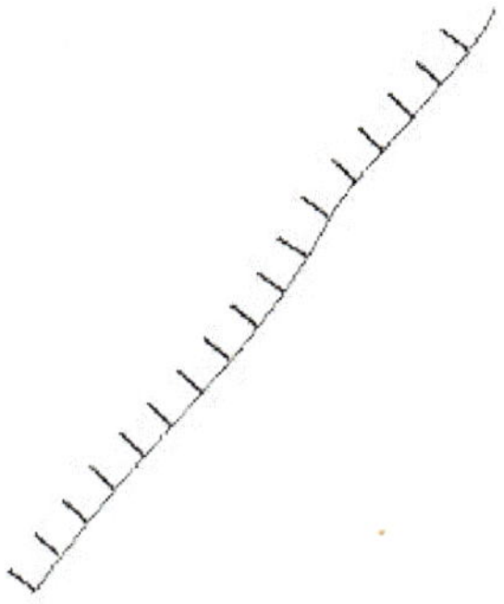

图2-19　垣栅要素

(6)山脉等线状要素的绘制方法。

第一步：先用贝塞尔工具绘制一个形状，如图2-20所示。利用Ctrl+G，将其群组。

图2-20　单座山岭示意

第二步，复制与粘贴多个形状，通过鼠标调整对象，即可得到如图2-21所示的山脉标识。

图2-21　山脉示意

（四）面状要素的绘制与编辑

面状要素指的是一个封闭的图形，大到区域轮廓，小到行政中心符号。

1. 绘制

绘制面状要素有两种方式，一是通过贝塞尔工具绘制封闭图形，二是选择左侧工具栏中的多边形、圆形、星形工具绘制。利用形状工具绘制时同时按住Ctrl键，可以得到正圆或正多边形。

2. 编辑

（1）形状。选中图形，在页面顶部的工具栏中会出现如图2-22所示的修改选项。长方形可通过长、宽、起始角调整图形形状，圆形可通过长短轴调整图形形状。

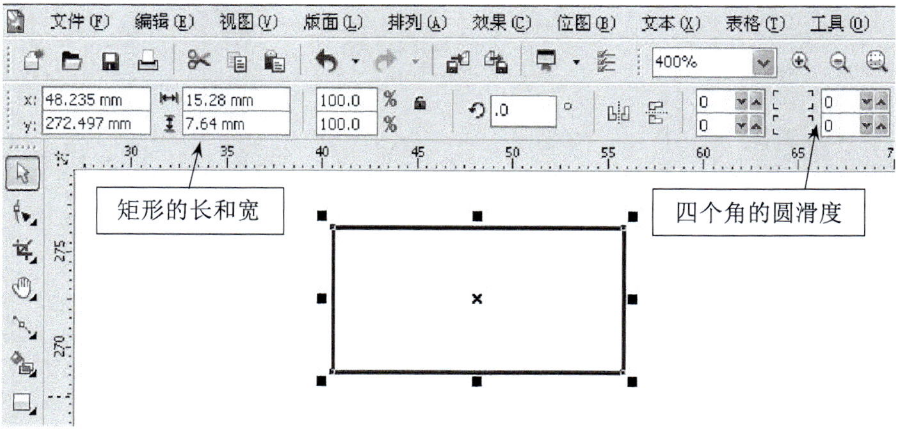

图2-22　属性栏

(2)颜色填充。颜色填充有两种快捷方式，一种是直接通过快捷方式填充，另一种是通过点击右侧调色面板填充。快捷方式中，F11为渐变填充，Shift+F11为均匀填充。

(3)绘制与填充剖面线。

①绘制剖面线。

在页面中绘制两条线，用框选的方式将两者选中，然后选择交互式调和工具，在两条线之间拖动一下即可(图2-23)。系统默认拉出的线条数量为20，如果觉得线条过密或者过稀，可以调整数量。

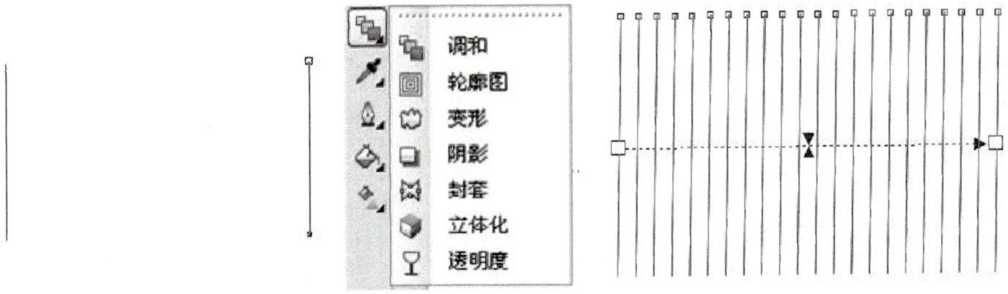

图2-23 绘制剖面线

②填充剖面线。

在填充区域已绘制好的前提下，选中全部剖面线，右键拖动至填充区域，然后松开。此时，会弹出对话框，选中其中的“图框精确剪裁内部”，即可完成剖面线的填充(图2-24)。

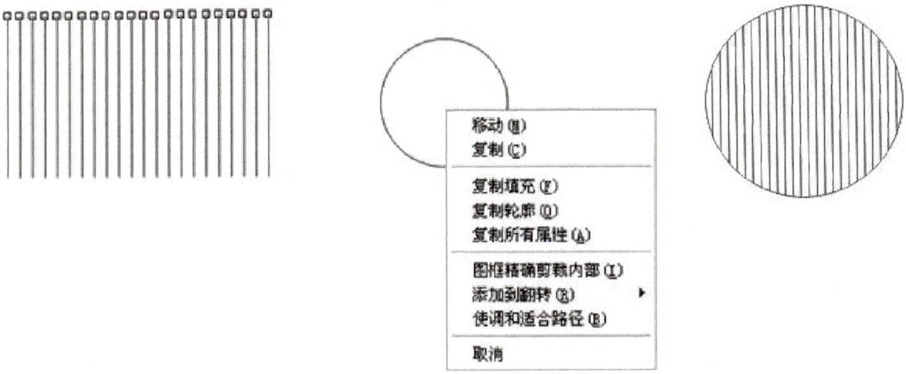

图2-24 填充剖面线

(4)绘制区域公共边。

公共边是很多绘图初学者较难解决的问题,就图2-25来说,要想绘制出区域a,必须绘制AB这条线,要绘制出区域b,则必须绘出AC这一段。所以,AC就成为a和b两个区域的公共边。通常用的方式是在绘制好AB后,再绘制一遍AC,但是这样做无疑会增加工作量。下面笔者将通过两个步骤解决这一问题。

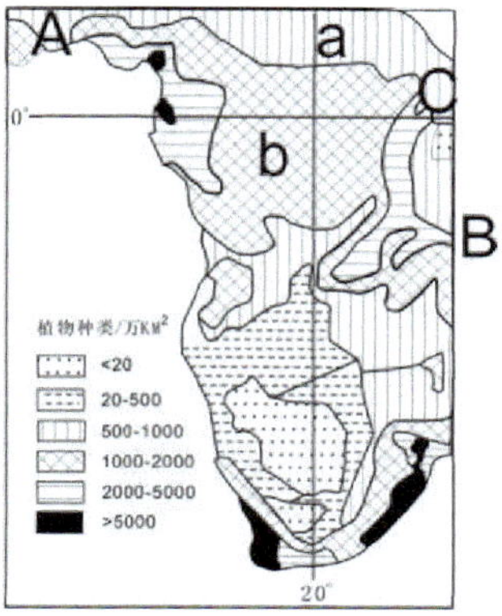

图2-25　示意图

步骤如下:

第一步:绘制AB线,利用Ctrl+C、Ctrl+V,使复制后的线条与AB重合。

第二步:将复制好的AB线挪开,使最初的AB线显现出来,然后利用形状工具在该线上删除若干节点,直至AC段,再将挪出的AB线挪回原处即可。方法与将其挪出的方式一样。

3.典型案例

(1)光照图。

第一步:自上而下新建图层文字、线、曲线、圆。

第二步:选择圆形工具,按住Ctrl键画一个正圆。把圆的半径长度调整为90。选中绘制的圆,用Ctrl+C、Ctrl+V的方式复制粘贴两次,使三个圆重叠。在对象管理器中,建两个“曲线”图层,将两个圆拖入其中,并依次选中这两个圆,将其中一条半径长度分别调整为67和33。选择贝塞尔工具,在圆的上下两个端点之间画一条直线,得到图2-26。

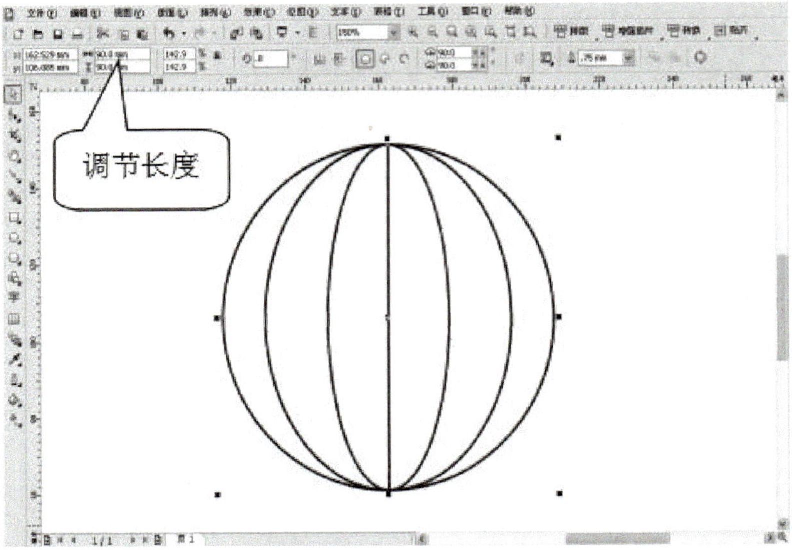

图 2–26　绘制不同的圆

第三步：选择贝塞尔工具，在圆上搜索到象限点，在两个横向象限点作一条直线，即“赤道”。

第四步：选择“赤道”，用Ctrl+C、Ctrl+V的方式复制粘贴两条线。单击直线图层，依次选中两条线，分别调整旋转的角度为23.5°和66.5°，得到图2–27。需要说明的是，这两条线为绘制“回归线”和“极圈”的辅助线。

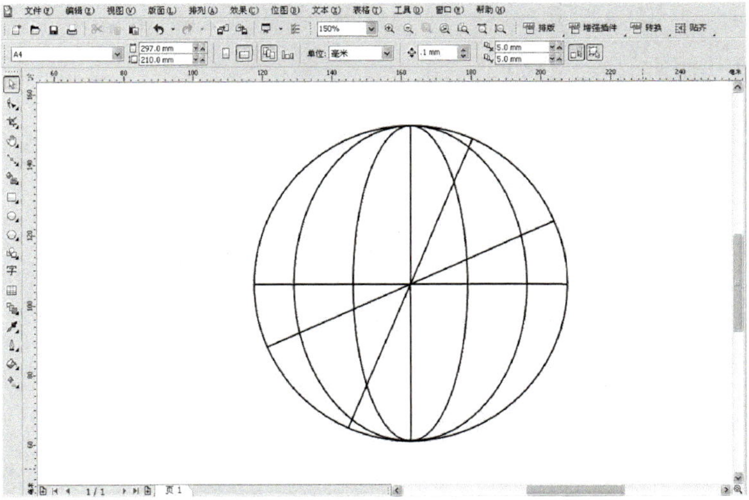

图 2–27　添加辅助线

第五步：从顶端拉下标尺，置于辅助线与圆相交处，如图2-28所示，然后用贝塞尔工具分别画四条直线，用于表示南、北回归线及南、北极圈。

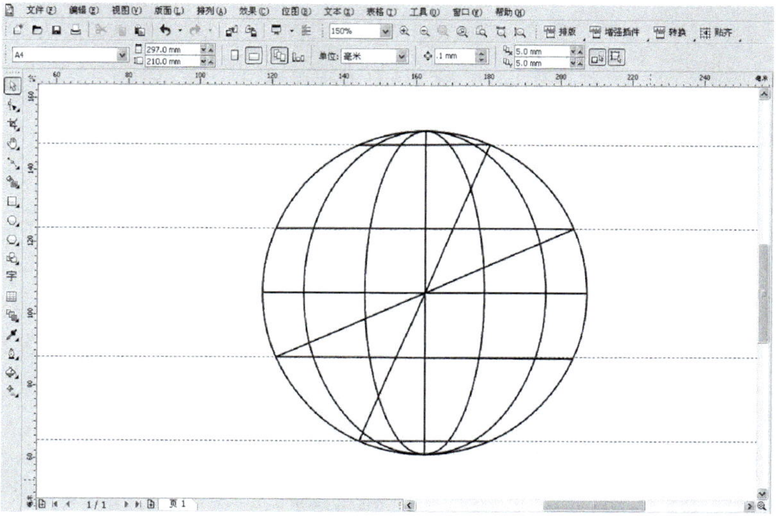

图2-28 标尺辅助

第六步：删除两条辅助线，按F12后，设置南、北回归线及南、北极圈的线条属性为点划线。框选所有的线条，将其旋转23.5°，得到图2-29。

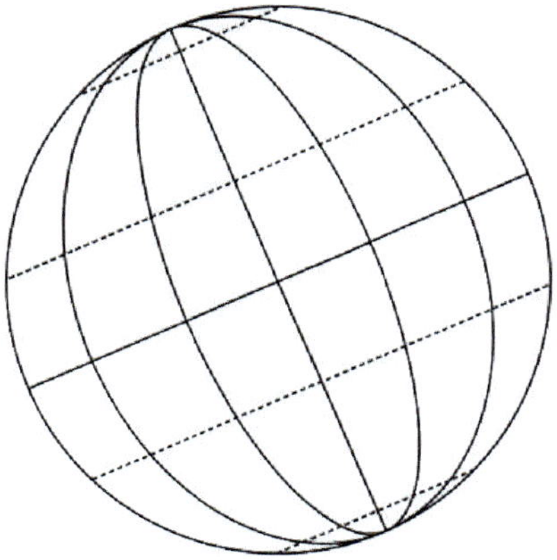

图2-29 调整线条属性与角度

第七步：左键单击“赤道”，选择“文本”—“使文本符合路径”，会在“赤道”上出现输入文字的光标，输入“赤道”。通过调整“与路径的距离”，使文本处于路径上或下合适的距离，通过调整“水平偏移”，使文本沿着路径横向移动至合适位置为止，如图2-30所示。

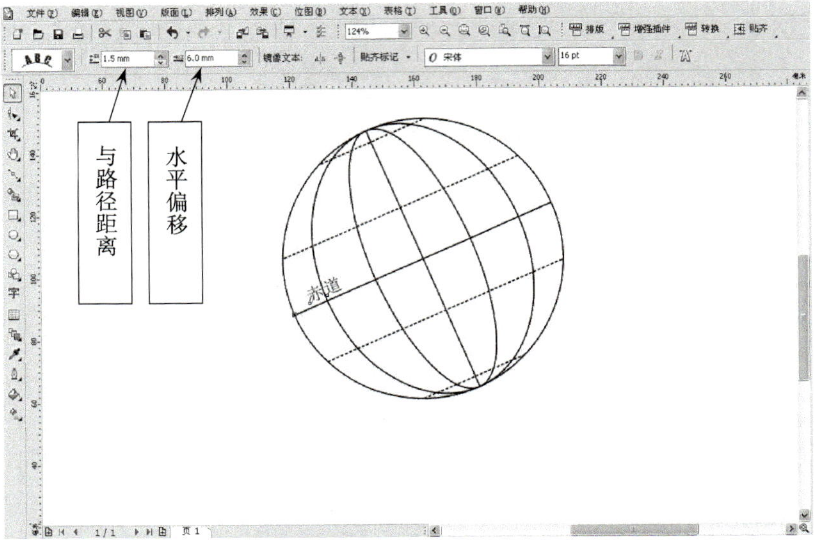

图2-30　输入文字

第八步：画一个圆，设置半径为90，即与最初画的圆大小一致。点击饼形工具，在属性栏中把起始角设置为90°、270°，点击镜像工具，改变半圆朝向，得到图2-31。

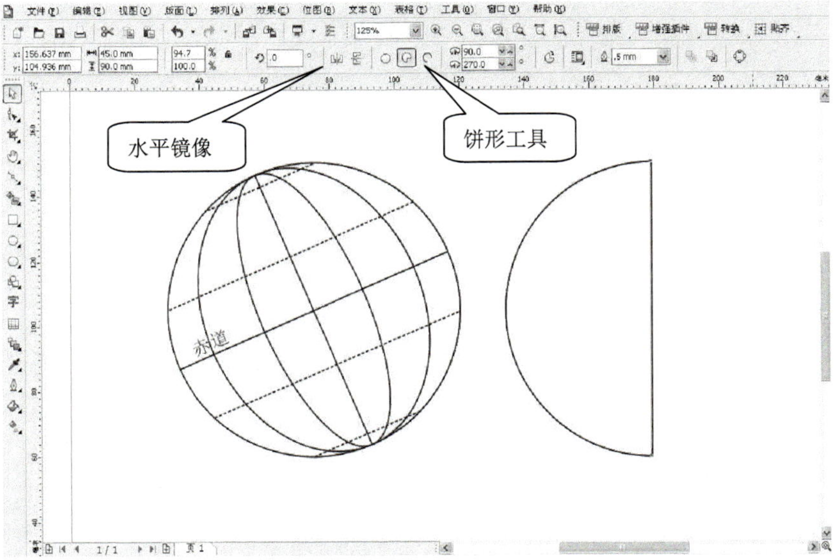

图2-31　镜像

第九步:选中半圆,填充为灰色。右键单击半圆,去掉轮廓。将半圆移动到圆形上,点击左侧工具栏中的交互调和工具 ,在下拉菜单中选择“透明”—“标准”,设置透明度为50,得到图2-32。按照步骤八输入其他文字,最后使文字图层置于顶层,即可得到理想的光照图。

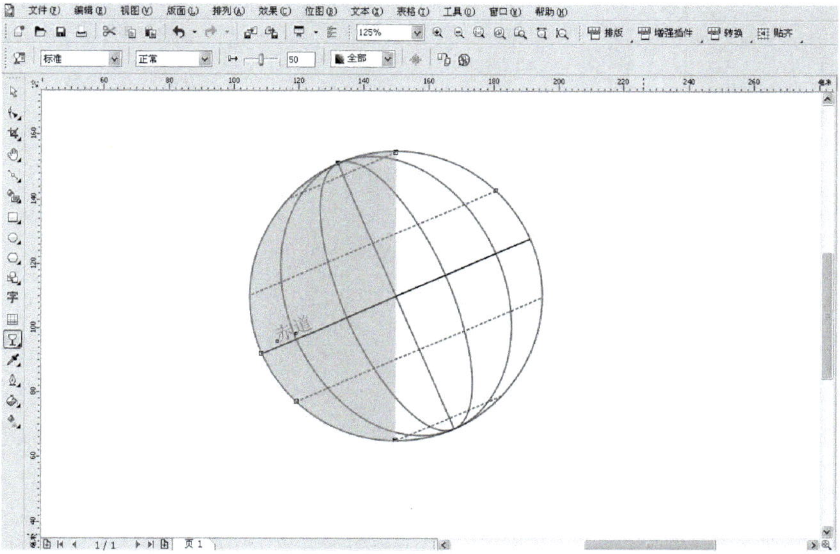

图2-32　填充

(2)矢量化地图。

矢量化地图相当于在地图上蒙上一层薄纸,然后在薄纸上描出图像。其流程如图2-33所示。

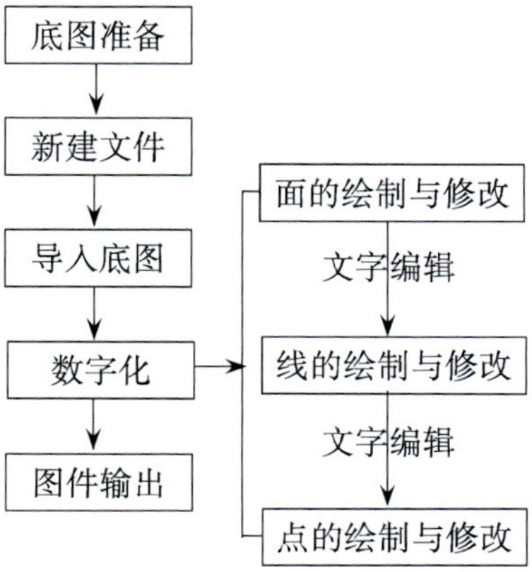

图2-33　矢量化地图编制流程

在绘制含有点、线、面三种要素的地图时，首先要分析三种要素分别有哪些，然后据此建立图层。图2-34中的点状要素有西宁、兰州的城市标识，线状要素有黄河、铁路线、祁连山、省域轮廓线。面状要素有图的外边框、青海湖。据此依次建立相应图层，同时多建一个图层，把底图置于该图层。为避免图层遮盖，要保证图层从上到下依次是点、线、面状要素图层，如图2-35所示。

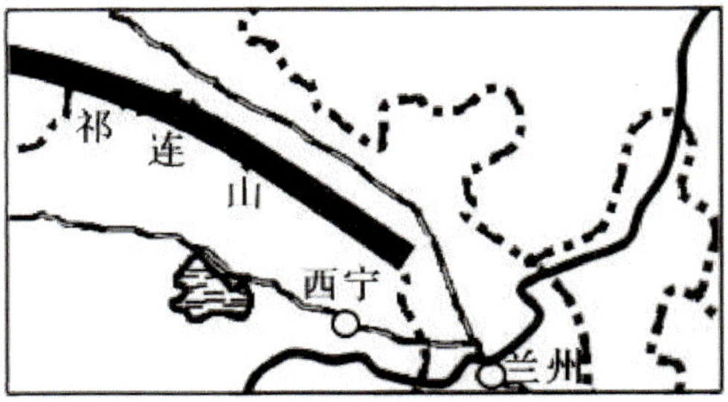

图2-34 示意图

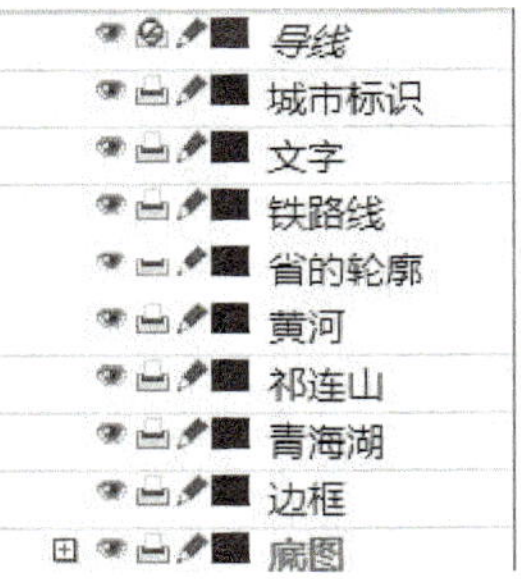

图2-35 图层排列

第一步：绘制与编辑点状要素。点击“城市标识”图层，选择圆形，按住Ctrl键绘制一个正圆，并调整大小与地图上的大小一致。

第二步：添加文字。点击“文字”图层，在城市标识旁添加“西宁”和“兰州”。

第三步：绘制与编辑线状要素。依次绘制铁路线、省域轮廓线、黄河、山脉。方法是点击相应的图层，用贝塞尔工具在底图基础上描绘线状要素。然后点击F12，调整线的属性即可。其中，铁路线的绘制方式参照前面介绍的方式绘制。

第四步：绘制与编辑面状要素。青海湖可按照剖面线的绘制方式，把交互式调和工具拉出的剖面线全部选中，右键拖至青海湖区域，选择“精确裁剪”即可完成填充。最后单击左侧工具栏中的“长方形”，绘制一个与底图边框大小一致的边框，按F12修改属性，完成图件制作。

第五步：输出地图。右键单击“底图”图层，将其删除，按Ctrl+E输出地图。

三、利用Global Mapper和Sufer制作等高线地形图

在日常的授课、编写试题、教学研究中，地理教师经常要用到等高线地形图，因此能够绘制所需要地区的地形图非常重要。Global Mapper和Sufer是两款非常易学的软件，能够轻松绘制等高线地形图。绘制流程主要包括两步，第一步是利用Global Mapper获取所需地区的地形影像，第二步是利用Sufer生成地形图。下面以鲁中丘陵的等高线地形图的制作过程为例予以说明。

（一）软件介绍

Global Mapper是一款地图绘制软件，通过地表数据进行轮廓生成、通过地表数据观察分水岭、将3D point数据转换为三角多边形和网格化等设置，能够将数据（如SRTM数据）显示为光栅地图、高程地图、矢量地图等[7]。Sufer是一款专门制作等值线的软件，在地质、气象、水文、测绘等方面得到广泛应用。

（二）利用Global Mapper获取地形影像

进入Global Mapper界面，选择“在线数据源”，进入如图2-36所示界面。

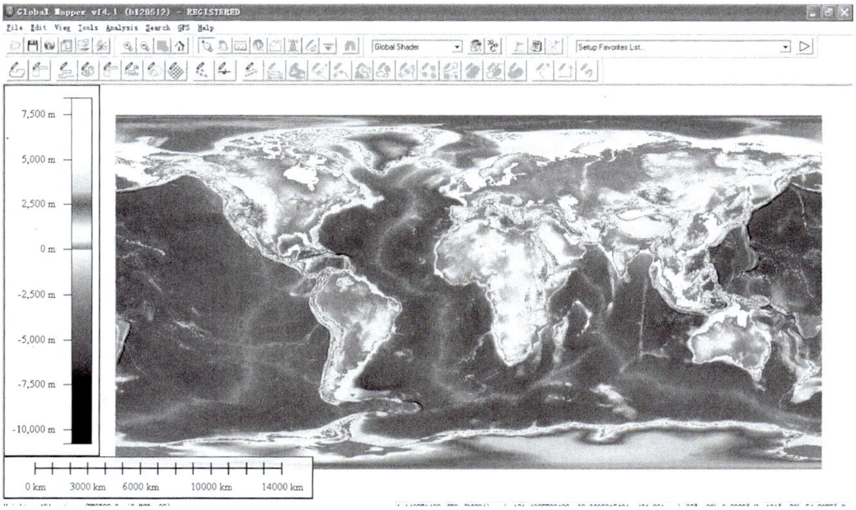

图2-36　获取数据界面（一）

转动鼠标滚轮，不断放大视图，并用“手”型工具，移动到自己想要制作地区。如图2-37所示，要制作该地区部分等高线。

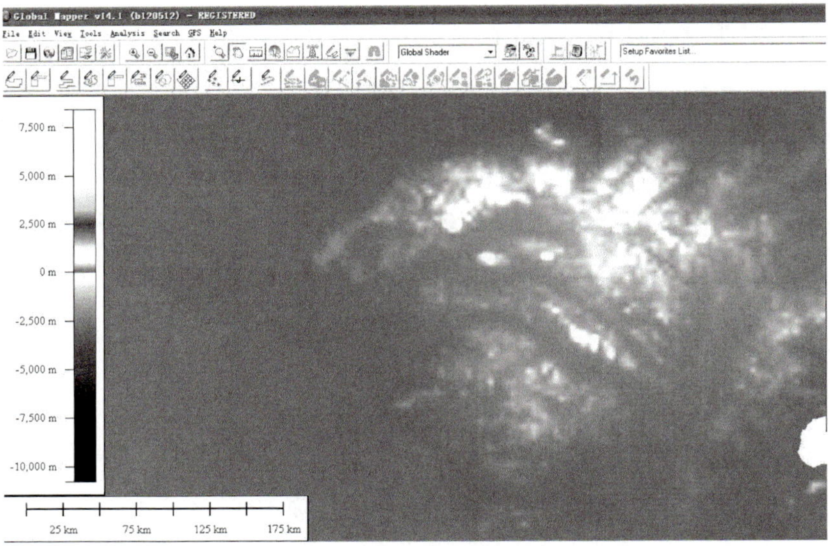

图2-37 获取数据界面(二)

选择File—Export—Export Elevation Grid Format,在出现的对话框(图2-38)中,选择下拉菜单中的Sufer Grid格式单击确定。

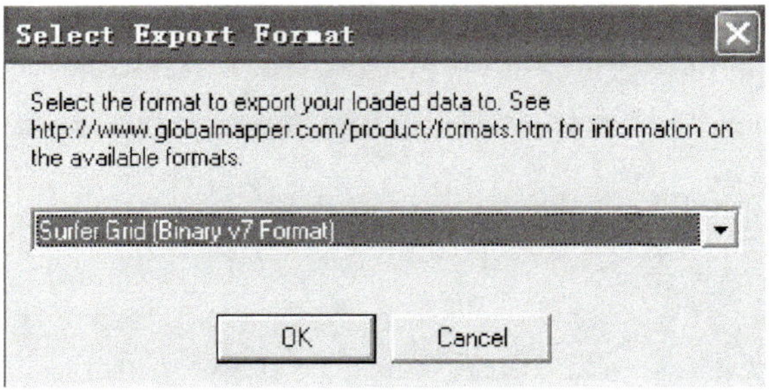

图2-38 获取数据(一)

在出现如图2-39所示界面时,点击Export Bounds,并进一步选择"Draw a Box",出现图2-40所示界面,并在图中用鼠标选择需要的部分画一个框。

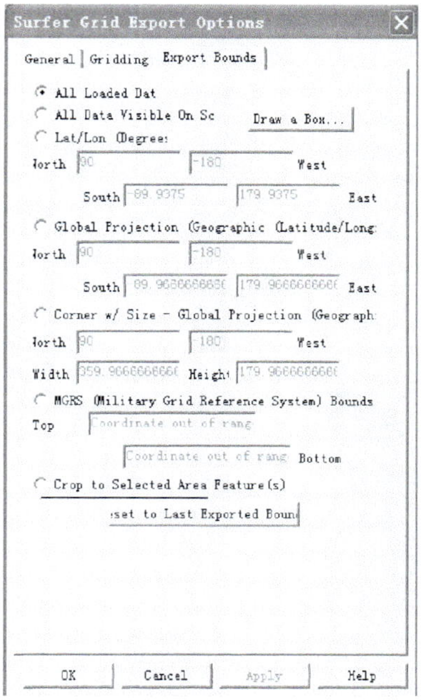

图 2-39 获取数据(二)

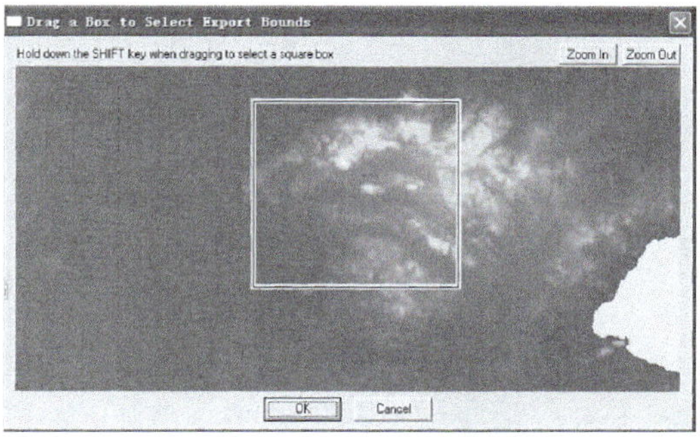

图 2-40 获取数据(三)

然后单击OK,输入文件名“鲁中丘陵”保存即可。

(三)利用Sufer制作等高线地形图

利用Sufer制作等高线地形图,主要包含生成等高线图、优化等高线地形图两步。Sufer的工具栏如图2-41所示。

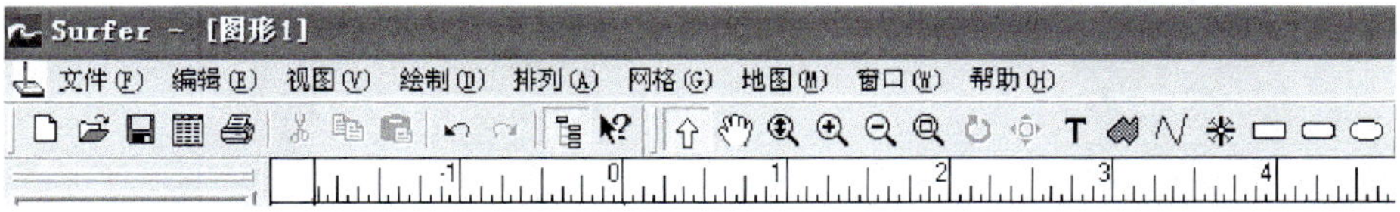

图 2-41 Sufer工具栏

1. 生成等高线图

单击“地图”—“等值线图”—“新建等值线图”,导入鲁中丘陵的地图影像即可生成等高线图,如图2-42所示。

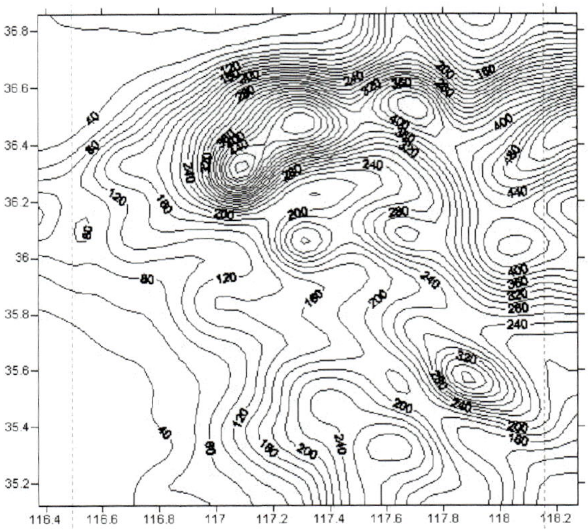

图 2-42　等高线图

2. 优化等高线地形图

优化等高线地形图包括平滑地形图、设置等高距、设置跳过等级三步。

(1)平滑地形图。

单击“网格”—“滤波器”,在出现的对话框中选择保存的“鲁中丘陵”文件,进入图 2-43 所示界面。这一步可以去掉等高线的一些噪点,从而显得平滑美观。

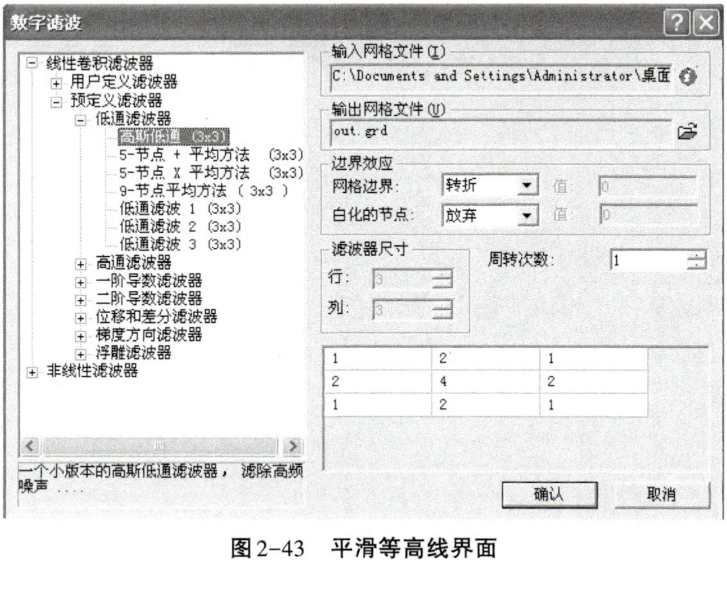

图 2-43　平滑等高线界面

可以选任意低通滤波器，例如选择低通滤波1(3×3)，在“周转次数”中输入5，单击“确认”。输入文件名，保存即可(图2-44)。

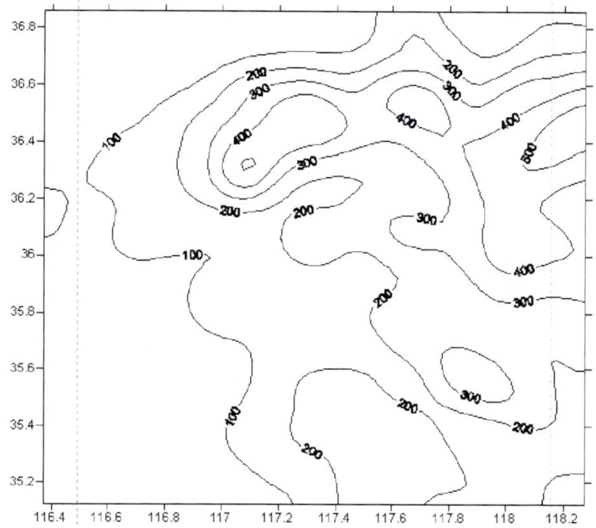

图2-44　平滑后的等高线图

(2)设置等高距。

设置等高距的具体操作如下：在文件的左侧有图层信息，右键单击最下面的Contour(图2-45)。选择属性，出现如图2-46所示的对话框。

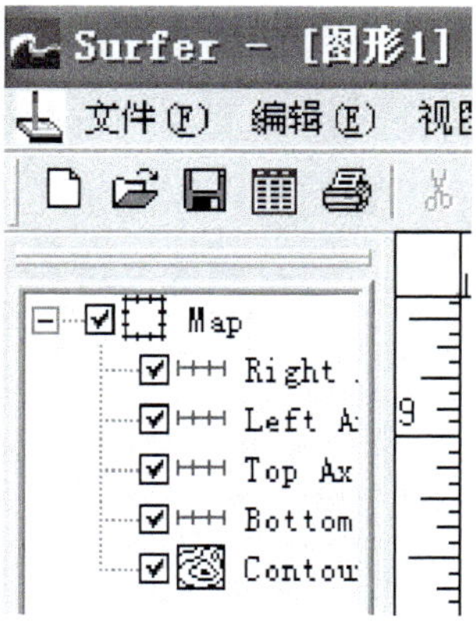

图2-45　图层信息

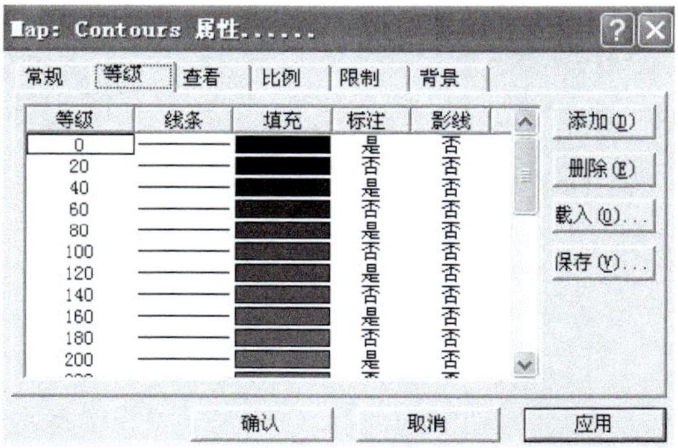

图2-46　属性对话框

在图2-47中选择等级，系统默认的等高距是20米，可以将其修改为100米。

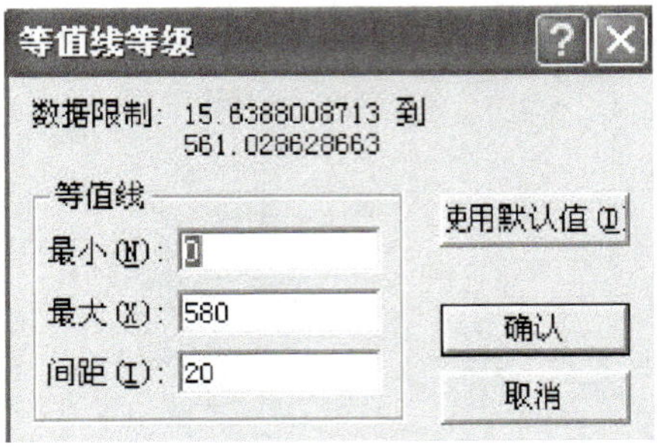

图2-47 设置等高距

单击“确认”,生成的等高线图如图2-48所示。

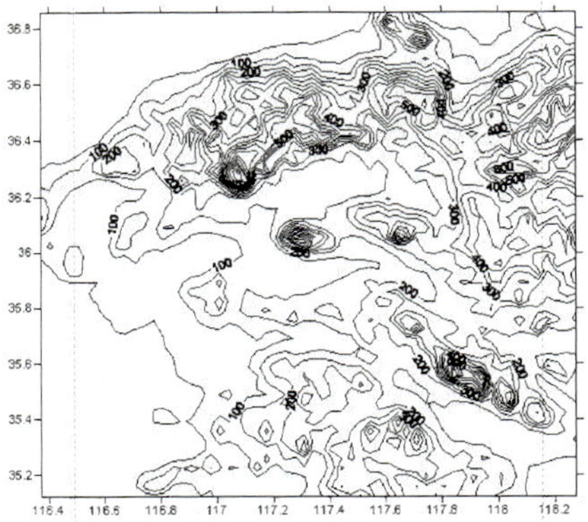

图2-48 设置等高距的等高线图

3.设置跳过等级

通过对标注进行修改,可以设置跳过等级,等高线的数值会跳过一个或多个等级出现一次。具体操作方式是单击标注,在“跳过”栏中输入1(图2-49),数值1即等高线的数值,会跳过一个等级出现一次,得到等高线图如图2-50所示。

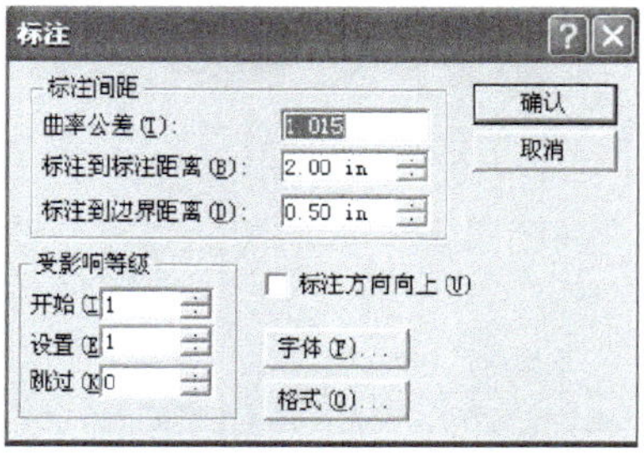

图2-49　跳过等级界面

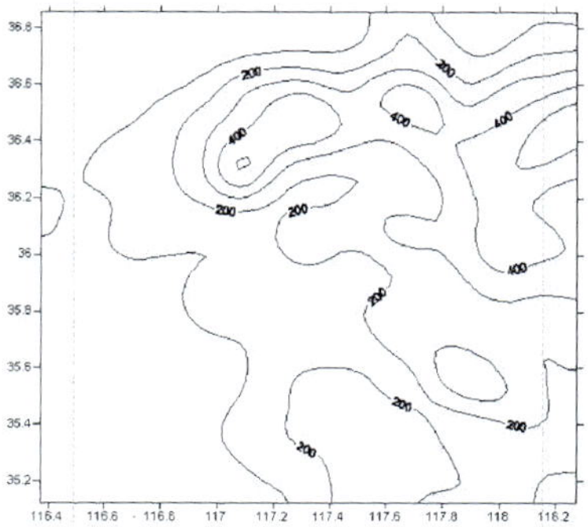

图2-50　等高线图成图

四、利用Photoshop修改位图

CorelDRAW可以用来绘制矢量图，Global Mapper和Sufer可以用来生成等高线图，Photoshop则可用来修改位图。

(一)界面介绍

图2-51所示为Photoshop的绘图界面，左侧是工具栏，中间是主窗口，右侧是浮动窗口。

图2-51　Photoshop绘图界面

(二)基本操作

1.导入图片

介绍两种导入图片方式：第一种方式是选择菜单栏“文件”—“打开”，找

到图片所在位置，选中打开；第二种方式是找到图片所在位置，直接选中拖入窗口即可。

2. 新建背景

图片导入后，我们新建画布作为背景。按快捷键Ctrl+N，显示“新建”对话框，设置画布大小、分辨率等属性后单击“确定”即可。

3. 调整图片

调整图片大小可以选择“编辑”—“自由变换”（快捷键Ctrl+T），图片四周会出现八个控制点，通过控制点可以调整图片（图2-52）。按住Shift键，通过对角的控制点可以等比例缩放图片（图2-53）。

图片颜色较为暗淡时，可以选择“图像”—“调整”，通过“曲线”“色彩平衡”“亮度 / 对比度”等对图片颜色进行调整。

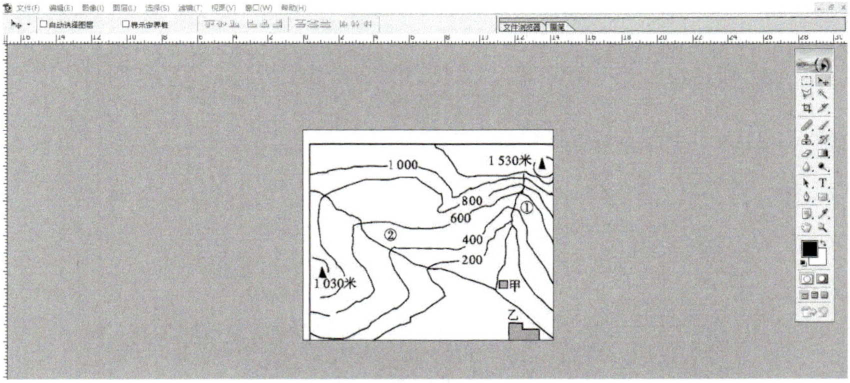

图2-52　调整图片大小（一）

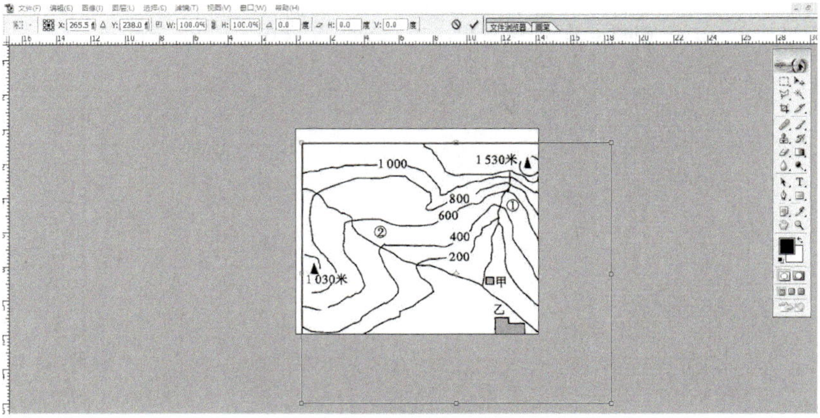

图2-53　调整图片大小（二）

4. 选择对象

有四个工具可以实现对图片要素的选择，如图2-54所示。

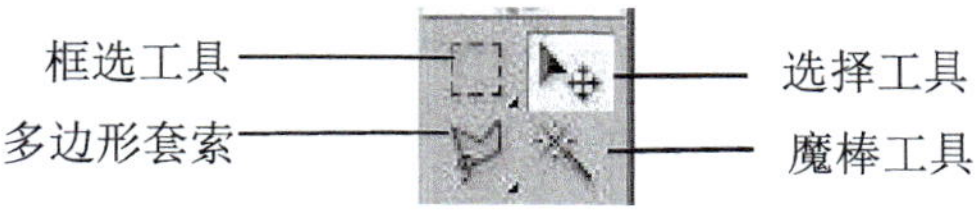

图2-54　选择对象工具

如果选择的对象是规则的方形，可以使用框选或下拉菜单中的椭圆形选择工具。如果选择对象的轮廓不规则，可以使用多边形套索工具。如果选择颜色相近的封闭区域，可以使用魔棒工具。

5. 填充

填充前先利用拾色器选择颜色。鼠标单击工具栏中的"颜色"，出现"拾色器"对话框，如图2-55所示。选择相应的颜色后单击右上角的"好"，颜色便选好了。

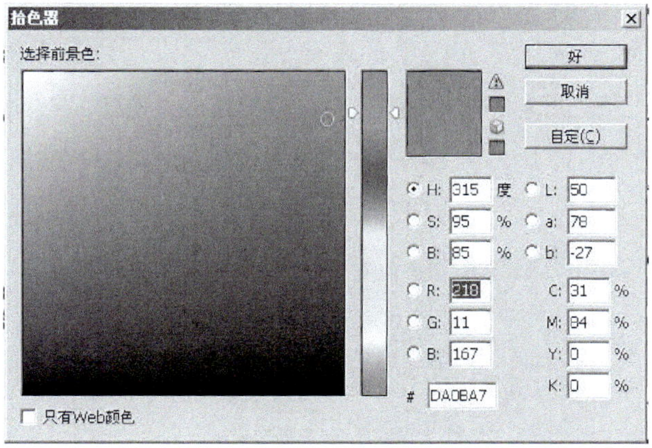

图2-55　拾色器

前景色的填充快捷键为Alt+Delete，背景色的填充快捷键为Ctrl+Delete。

6. 画笔

绘制线条时会用到画笔工具。鼠标单击工具栏中的"画笔"后，顶部会出现有关画笔的属性设置栏，如图2-56所示，可以根据需要对画笔的主直径、硬度、模式等进行设置。

图 2-56 画笔属性栏

7. 文字工具

点击工具栏中的 T 即可输入文字。输入文字前可对字体、字号、颜色等属性进行设置，如图 2-57 所示。

图 2-57 文字属性栏

8. 图层

每建立一个对象，如输入文字，或者添加图片，都会自动在图层栏中增加一个图层。图层就像是一个衣柜，最早“进入”的，会在最下面。上面图层图像的不透明区域会遮盖下面图层的图像，我们可以通过调整图层放置顺序，或设置透明度等辅助绘图予以解决。图层的排序一般按照点状要素、线状要素、文字图层在上，面状要素在下的原则。按住鼠标左键选择相应的图层移动即可调整图层排序。需要说明的是，想对要素进行操作，必须先选中其所在的图层。图层界面如图 2-58 所示。

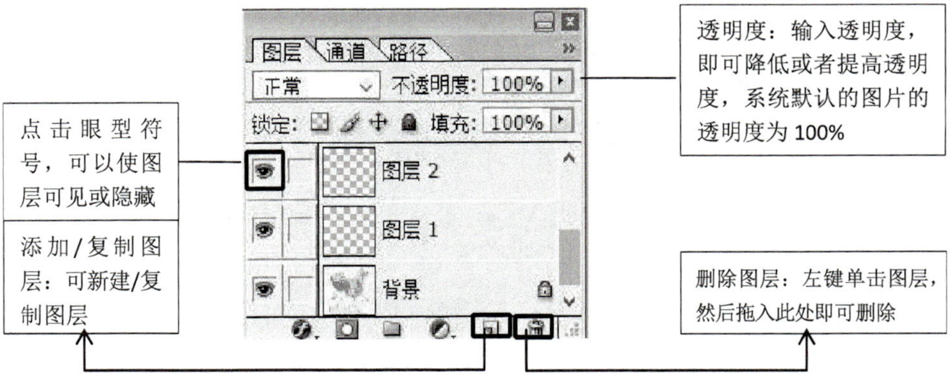

图 2-58 图层界面

（三）案例

1. 图像修复

图像在扫描过程中可能会出现一些重影，为了提高图像质量，可以采用Photoshop进行修复。

先用吸管吸取空白处的颜色，使调色器中的颜色变为空白处颜色。对于规则的区域，使用框选工具，选中有重影区域，然后用快捷键Ctrl+Delte填充颜色。对于不规则的区域，可以使用多边形套索工具选中区域，然后填充。

2. 图像编辑

（1）裁剪图片。

在实际操作中，我们可以根据需要使用裁剪工具对图像进行裁剪。具体方法是选择裁剪工具，框出所需的范围，然后按下Enter键，即可完成裁剪，如图2-59所示。

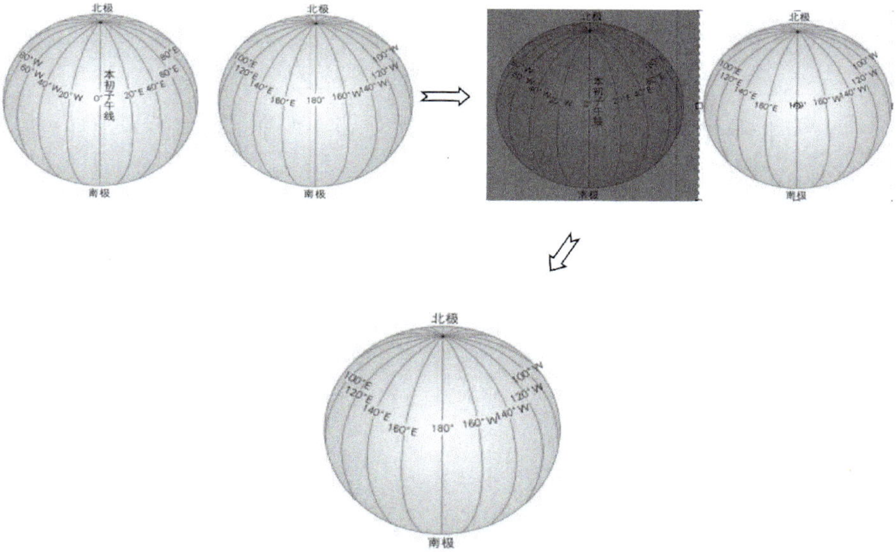

图2-59　图像裁剪

（2）修改图片内容。

这里主要介绍对图像中文字等的修改。

笔者想让学生说出图中三个地形区分别是什么，所以需要将图中地形区名称删去，然后标注 A、B、C。笔者首先使用多边形套索工具选择“青藏高原”四个字所在区域，将其填充为白色。用同样的方式，将“黄土高原”和“华北平原”也填充为白色，然后选择文字工具，在图中标上 A、B、C，得到图 2-61。

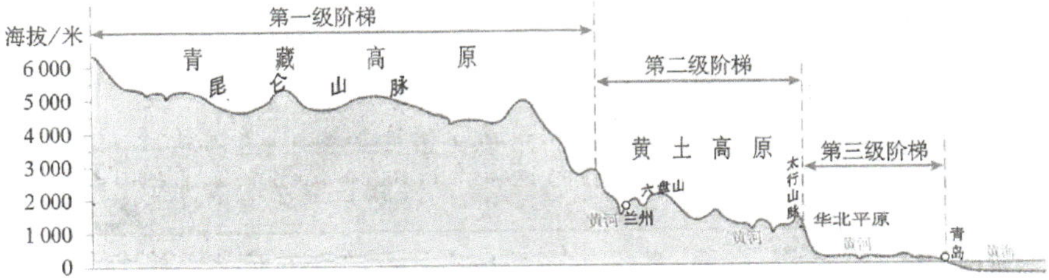

图 2-60 修改文字前的图像

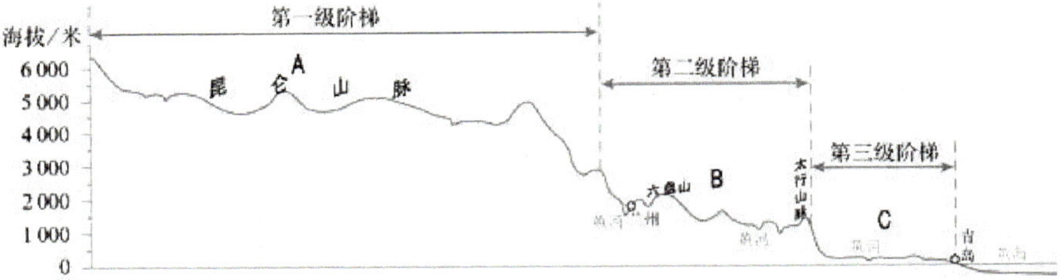

图 2-61 修改文字后的图像

从图 2-61 中可以看出，剖面线不清晰，使用画笔工具描一遍后得到图 2-62。

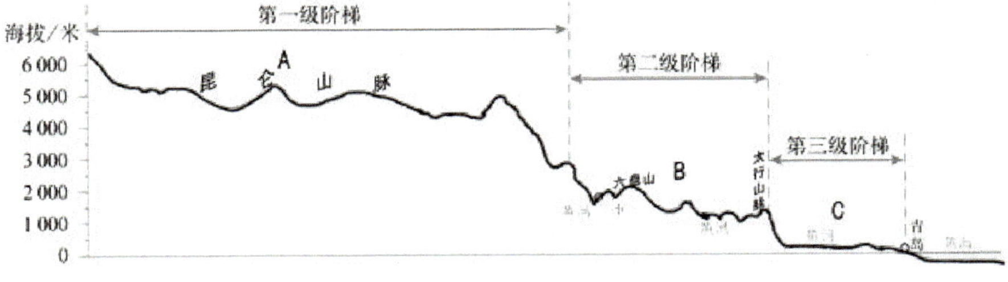

图 2-62 描边后的图像

第二节 课件的制作与应用

课件制作软件较多，如PowerPoint、Focusky、Flash、Iebook、Authorware等，本文以Focusky为例说明其在课件制作中的应用。Focusky是一款新型多媒体幻灯片制作软件。它让用户在虚拟画布上创作，采用系统性与结构性一体化的方式演示。其缩放、旋转、移动等功能使课件展示打破了传统PPT纯线条的时序，操作便捷性以及演示效果都很好。

一、课件制作

（一）界面介绍

Focusky的编辑区域相当于一张大画布，使用者可以将所要表达的内容添加在这张大画布的任意地方。界面上方是工具栏，左侧是添加帧窗口和路径编辑区/幻灯片预览窗口，右侧是格式工具栏，中间是编辑区域（画布），工作区域的边界处是一横一纵的快捷工具栏（图2-63）。

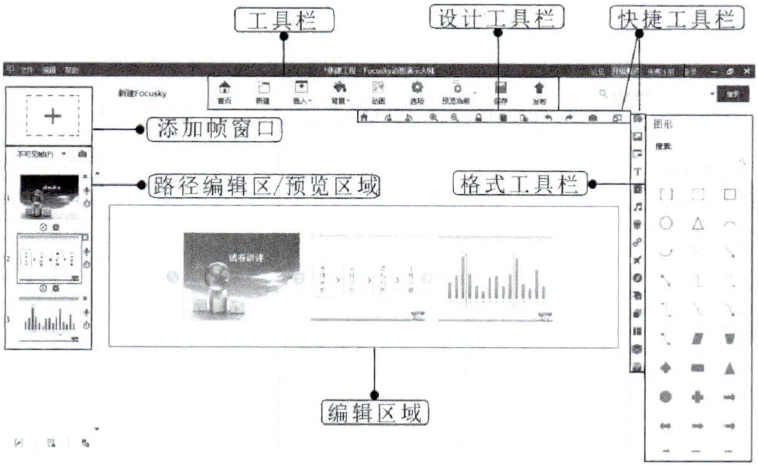

图2-63 Focusky界面

（二）课件制作流程

利用该软件制作课件的流程可以概括为五步，即新建空白文档或者模板文档，添加文本、图片、视频、音乐等素材，编辑素材，添加和调整路径使内容依次呈现，最后保存发布，如图2-64所示。

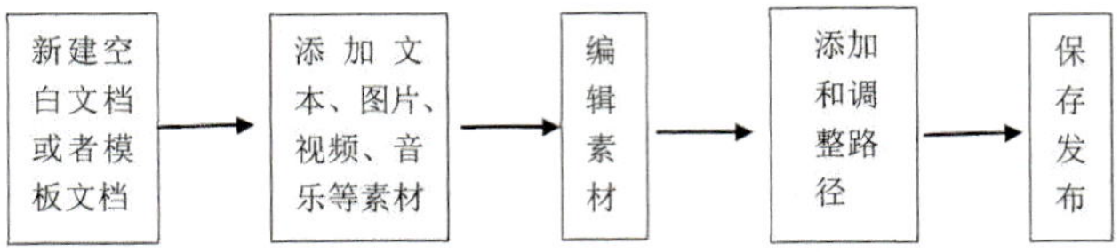

图2-64　课件制作流程

1. 新建空白文档或者模板文档

Focusky提供了较多的模板，其官网上还有大量模板可供下载和使用。其中绝大部分模板都适合地理课件的制作，例如含有地图元素的模板。

Focusky的模板中，既有能够体现逻辑和过程线索的模板，如“路”“登峰”等，也有大量树状、圈状的思维导图，如“枫叶”“简单的圆”等。这些模板可以把相对枯燥的知识结构逻辑化、故事化，也可以直观地反映知识体系的全貌以及各知识点在整个知识体系中的位置。同时，Focusky还提供了空白模板，为使用者提供广阔、自由的创作空间。

2. 添加素材

从工具栏“插入”菜单下，可以直接插入图形、文本、图片、视频、音乐等素材。笔者着重就插入文本以及在已有图形内添加其他素材予以说明。

插入文本的快捷方式是直接在需要添加文本的位置双击即可。

在已有图形内添加文字或图片等素材时，只要在图形内单击右键即出现图2-65所示菜单，选择插入的素材类型即可。

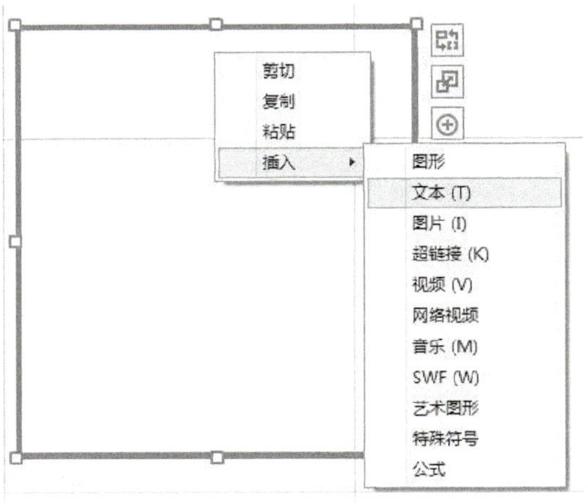

图2-65　素材插入菜单

3. 编辑素材

编辑素材主要包括对素材进行放大、缩小、旋转、格式设置及动画设置。

（1）放大、缩小、旋转。

以塔里木盆地及周边山地为例，选中素材后，在素材的周围会出现控制点，如图2-66所示。通过调整控制点，可以放大、缩小、旋转素材。

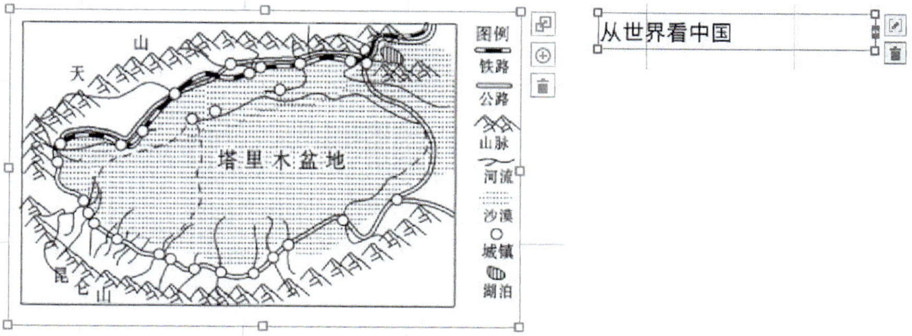

图2-66 选中素材后出现的快捷编辑方式

（2）格式设置。

格式设置主要包括设置素材的颜色、阴影、边框、投影、填充类型、艺术字、动画等内容。

①设置文本格式。点击文本素材，会出现如图2-67所示界面。点击右上角“笔”的图标，则进入图2-68所示工具栏。该界面可以设置文字的颜色、大小、粗细、斜体、下划线、排列方式。

图2-67 文本编辑界面

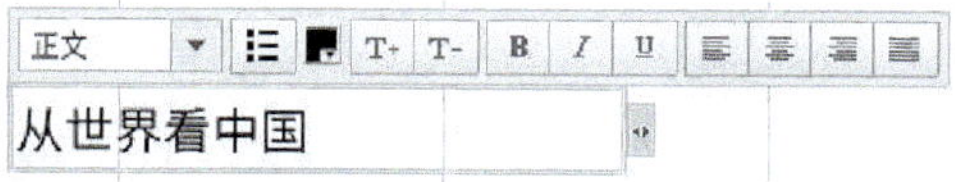

图2-68 文本格式设置

快捷工具栏（图2-69）分为共性工具栏和个性工具栏。其中，共性工具栏是所有素材都会出现的格式设置方案，个性工具栏则根据不同素材有不同的格式设置方案。

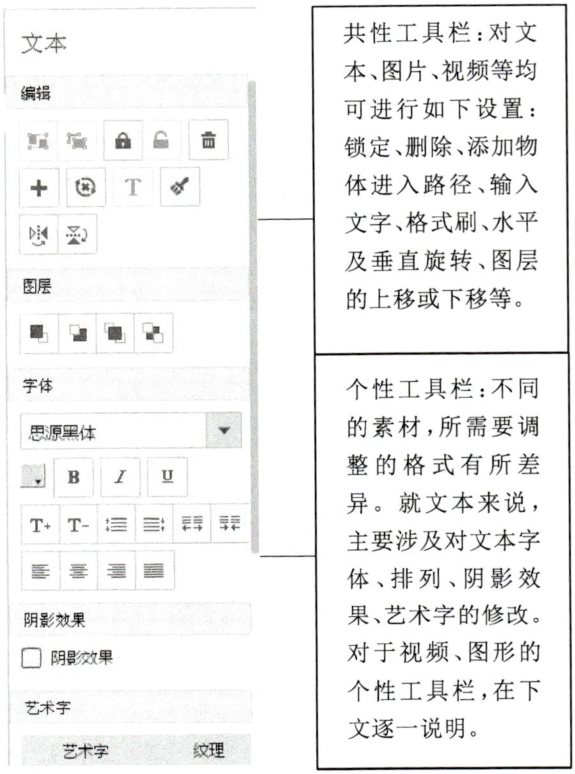

图 2-69　快捷工具栏

②设置视频格式。点击视频素材，在个性工具栏中会出现图 2-70 所示的界面。这一界面可以设置视频播放和停止的时机等。

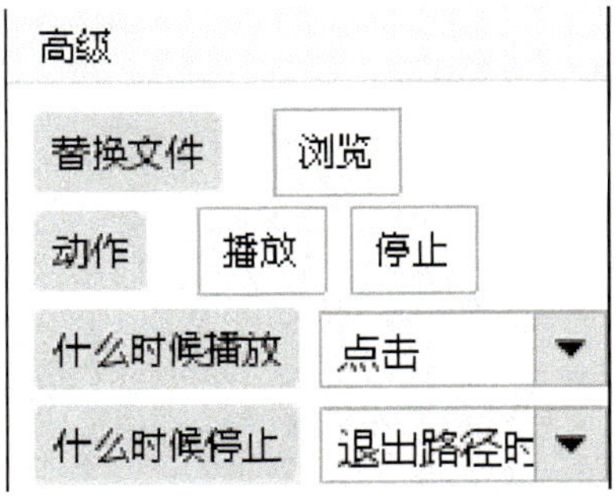

图 2-70　视频个性工具栏

③设置图形格式。选中图形素材，会出现图 2-71 所示的个性工具栏，可以对素材的边框颜色、边框粗细、透明度以及填充类型等进行设置。

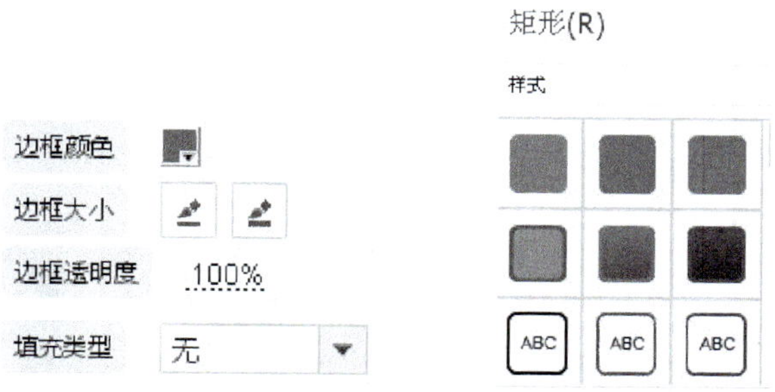

2-71　**图形个性工具栏**

④设置动画。图片、文字、图形均可设置动画效果。在设计工具栏中点击“动画”，即出现图2-72所示的界面。

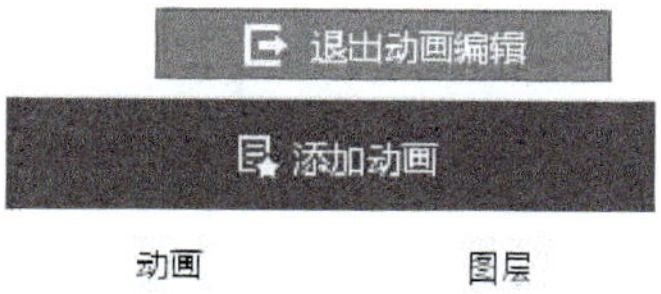

图2-72　**动画个性面板(一)**

选中对象，点击“添加动画”，会出现“进入特效”“强调特效”“退出特效”“动作路径”等动画效果。动画添加完成后，即出现图2-73所示的界面。如果要删除动画，只要选中动画，点击动画操作面板底部的“删除动画”即可。

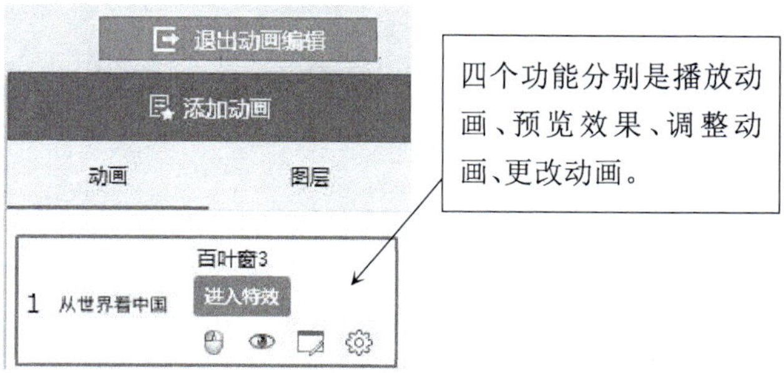

图2-73　**动画个性面板(二)**

4. 添加和调整路径

素材编辑完成后，即可设置其“出场”顺序，这一操作需要通过添加和调整路径来实现。添加路径即让素材获得“出场”的资格，而调整路径是调整“出场”的顺序。

添加路径的方式是拖动页面左上角的“虚线框”——帧，将要素框起来即可。帧框起多少内容即显示多少内容。如图 2-74 所示，帧框起的仅有“从世”二字，预览区域显示的内容也仅有“从世”二字，而将帧拉大将所有内容都框起来，则所有内容都显示出来了。

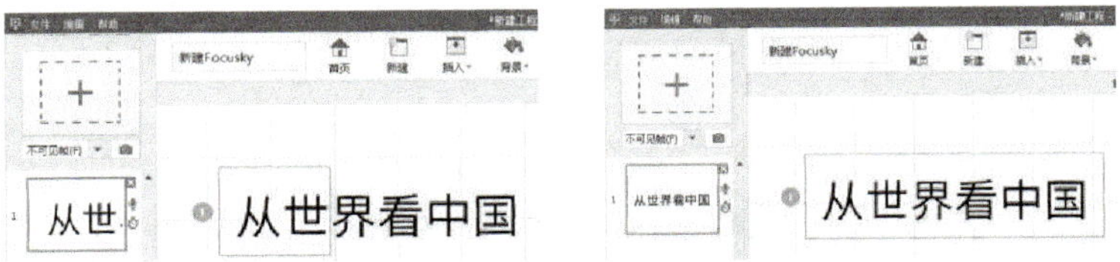

图 2-74　帧的应用

针对图片、图形，最为快捷的添加路径方式是选中要素后点击⊕。

当要素进入路径后，接下来可以通过调整路径设置其“出场”顺序。例如在将我国温度带和降水量分布图先后添加路径后，通过拖动图片即可调整两者的“出场”顺序，如图 2-75 所示。点击图片右上角的“×”可以删除路径，取消素材的“出场”资格。

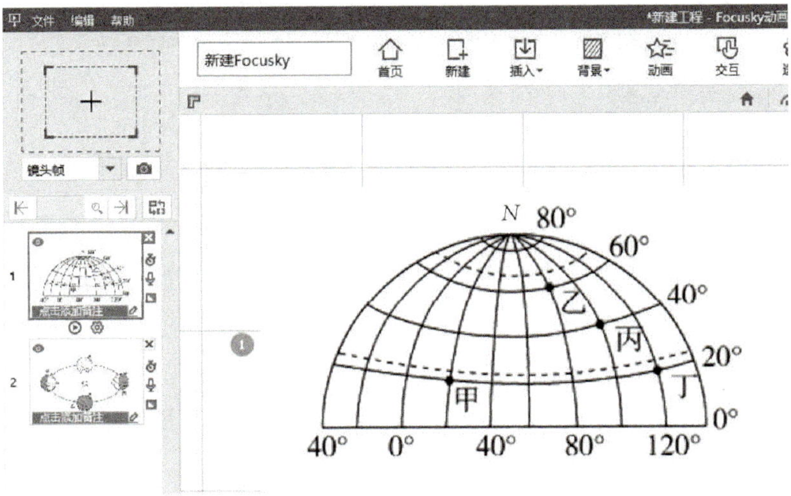

图 2-75　调整路径前后

5.保存发布

保存后的Focusky课件是Fs格式，发布时需要联网，可以选择的输出格式较多，如EXE、MP4、HTML等。

二、课件应用

（一）转场式的课件

转场效果是指图片与图片之间的过渡效果，Focusky的过渡效果一般有以下几种：第一种是我们常见的像PPT一样的过渡效果，即下一张幻灯片从左到右或从右到左，从上到下或从下到上平移过渡；第二种是PPT所不具有的旋转效果，在布局场景中将幻灯片旋转一个角度，在演示时就会有旋转的效果；第三种是逐级放大进入的效果。

（二）思维导图式的课件

思维导图对培养学生的思维能力是有效的，Focusky中较为典型的思维导图式模板包括曲线布局、二叉树布局（图2-76）。

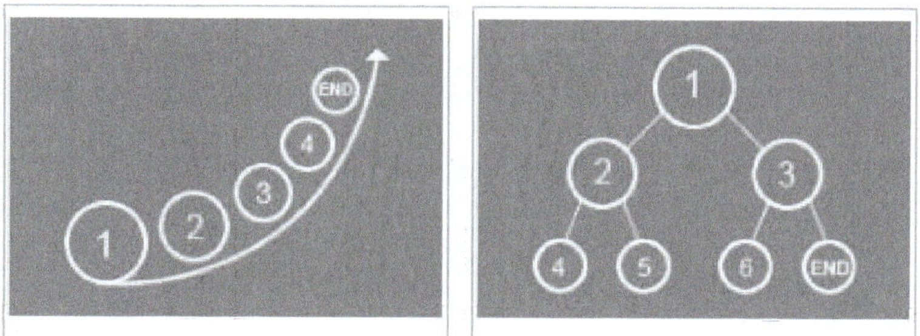

图2-76　Focusky中典型的思维导图模板

另外，我们还可以新建空白文档制作思维导图。例如，在复习黄土高原水土流失的原因时，笔者构建了如图2-77所示的结构图。

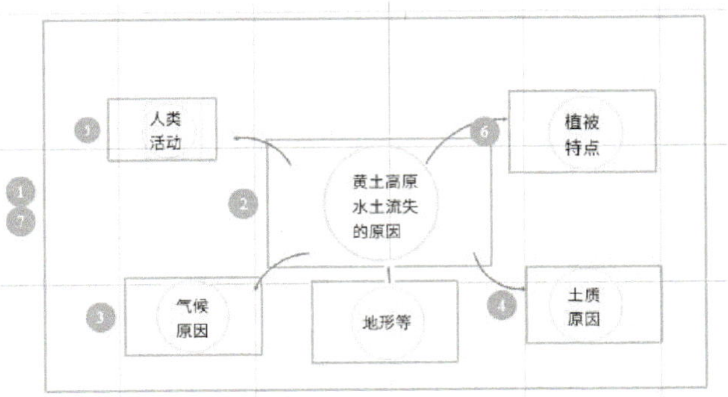

图2-77 思维导图式课件

第三节 Google Earth辅助教学

Google Earth是2005年6月由搜索引擎公司Google推出的一款虚拟地球的软件。该软件以三维地球的形式，把大量的卫星照片、航拍照片和3D图像组织在一起，实现从全新的角度来浏览地球。

一、操作界面

Google Earth的使用十分简便，其界面包含的内容大致包括菜单栏、搜索栏、位置视窗、图层视窗和工具快捷按钮[3]，操作界面如图2-78所示。下面对教学中常用的操作界面的部分功能进行说明。

图2-78 操作界面

(1)搜索面板——查找位置。

(2)显示/隐藏侧边栏——单击该图标可以显示或隐藏左侧边栏。

(3)添加地标——在当前视图中创建某个地标。

(4)多边形——绘制多边形。

(5)添加路径——绘制线条。

(6)添加图像叠加层——将图片贴到Google Earth中,覆盖原有的卫星照片。

(7)录制浏览——将浏览的过程记录下来。

(8)历史图层——可以看到不同年代的卫星图片。

(9)光照图层——显示太阳照射地球的景观。

(10)星际模式——在地球模式和星际模式之间切换。

(11)测量工具——测量距离或面积。

(12)地标面板——查找、保存、组织地标。

(13)图层面板——列出Google预设的地标集。

二、基本操作

Google Earth通过各种工具和图层发挥作用。本节就各种基本工具的使用方法进行说明,涉及的主要功能有定位、浏览、添加地标、添加路径、测量距离。

(一)定位

定位功能主要用于寻找目标位置。Google Earth界面左上角为搜索面板,单击“前往”,在输入框中输入地址即可。

(二)浏览

Google Earth的浏览方式有很多,如放大或者缩放视图、倾斜视图等。

(1)放大或缩放视图。使用鼠标滚轮即可实现。

(2)倾斜视图。按下Shift键,同时拨动鼠标滚轮,可以从0°到90°不同角度观察地形(图2-79)。

图2-79　不同角度的视图

（三）添加地标

找到准确地点后，可用建立地标的方法将该地点坐标信息保存下来。具体操作是在地址栏中输入地址，如淄博市，单击确定。然后单击“图钉”按钮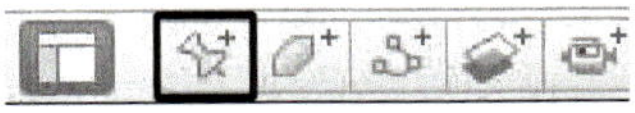，图钉会自动“钉”在淄博市的位置上。如果感觉地标的位置不合适，可以右键单击图钉，调整位置。

（四）添加路径

在Google Earth中，“路径”即线条。在地理图像媒体中，线可以用来表示路线、界线、等值线等。具体操作是单击图中添加路径按钮，在出现的属性栏对话框中设置样式即可。系统默认的颜色是白色，线条宽度是1.0。属性设置完后，切记不要单击“确定”，需要将图2-80所示的对话框移开，进入Google Earth界面，鼠标指针会自动变成一个白色的十字方框，拖动鼠标在地球上画出路径，最后点击“确定”即可。

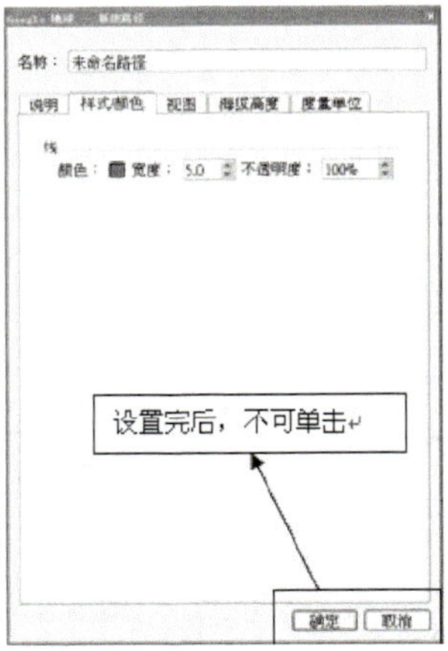

图2-80　添加路径属性对话框

修改路径时，将手型工具移动到想要修改的路径或者面状区域附近，单击右键，在出现的菜单中选择“属性”，所绘制的路径或图形同时会以红色节点的形式出现，用鼠标拖动节点即可修改形状。

（五）测量距离

测量地球表面两点之间的距离，单击标尺，鼠标会变成十字形，在所要测量的两点单击，即会显示距离。

三、典型案例

在经纬网、地球运动、地貌、天气与气候等内容的教学过程中可以利用Google Earth的相关功能辅助教学。需要说明的是，笔者在此仅提供解决问题的建议或思路供参考，在上课时教师需要根据情况灵活调整。

（一）在“经线和纬线”教学中的应用

1. 经纬线的形状、长度、指示方向

经纬线形状、长度、指示方向是经纬线性质的三个基本点，在学习这一知识点时，教师可以转动Google Earth，从不同角度给学生呈现不同范围的经纬网，如从图2-81中可以看出，经线呈半圆状，纬线呈圈状；经线等长，纬线以赤道为最长，向两极不断缩短。经线指示南北方向，纬线指示东西方向。

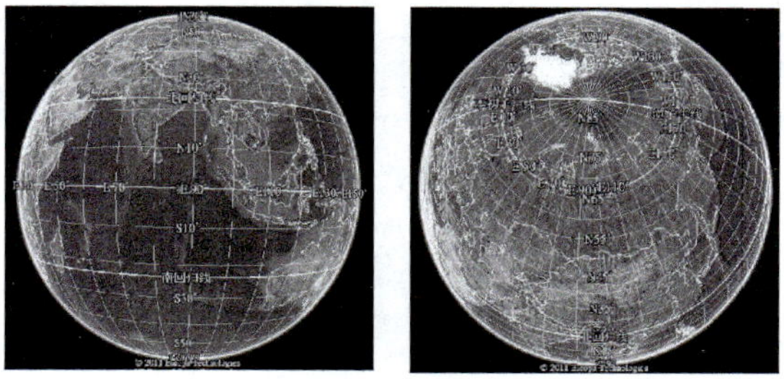

图2-81　不同角度的经纬网

2. 经纬线垂直

课本中呈现的经纬线多是曲线，如图2-82左图所示，初一学生很难理解两者相互垂直。在Google Earth中不断放大视图，可以让学生更清晰地观察经纬线的关系，如图2-82右图所示。

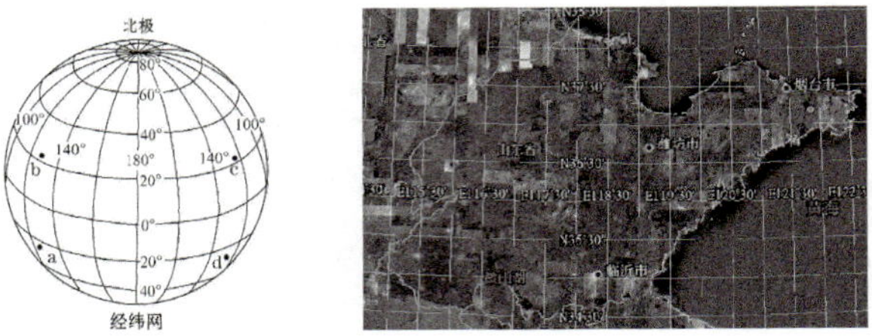

图2-82　经纬线相互垂直

3.东西半球的划分

东西半球划分是教学中的难点，我们可以利用Google Earth辅助教学建议如下：首先找出0°经线、180°经线和20°W、160°E，利用添加路径的方式，分别将0°经线、180°经线以及20°W、160°E组成的经线圈画出，如图2-83所示。思考为什么选择20°W、160°E而不是0°经线和180°经线组成的经线圈作为东西半球的划分界线。学生在分析的时候，一般可以看出由20°W和160°E组成的经线圈更能完整体现“半球”的概念，而0°经线和180°经线则穿过一些国家和地区，同一国家或地区分在不同半球不合适。

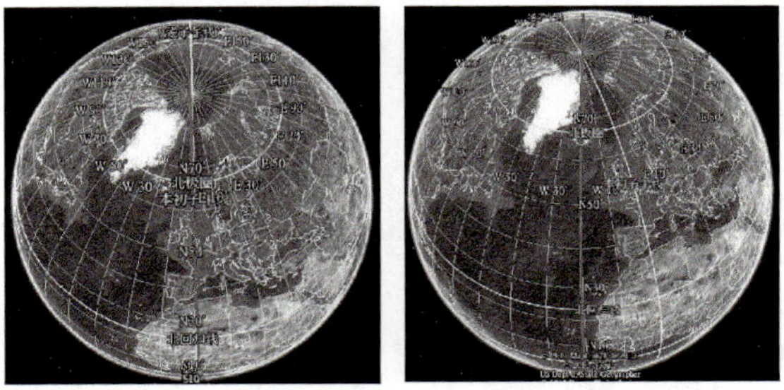

图2-83　0°经线和20°W经线

(二)在“地球的运动”教学中的应用

1.昼夜长短的变化

地球公转会引起不同地区的昼夜长短发生变化，可以利用光照图层，降低理解难度。利用光照图层，分别将时间设定在3月21日、6月22日、9月23日、12月22日，同时利用添加路径的方式添加晨昏圈，然后让学生观察不同时期的光照图，如图2-84所示，并总结昼夜长短的分布规律。

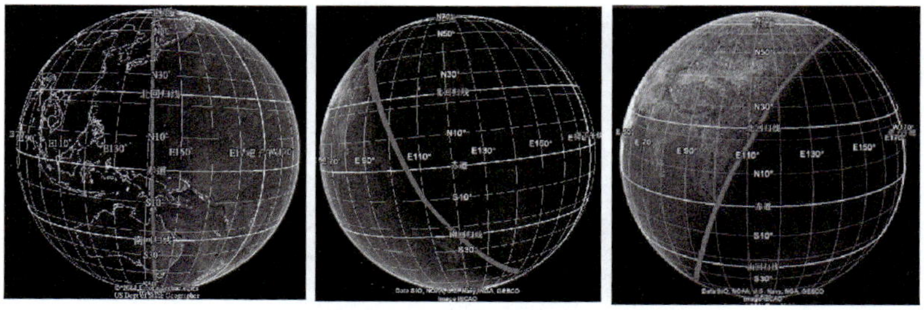

图2-84　不同节气的昼夜分布

2. 极昼极夜

地球公转会导致南北极出现极昼和极夜现象，为理解这一知识点，可利用光照图层，设定不同节气，然后转动地球仪从不同角度观察，如图2-85、2-86所示。

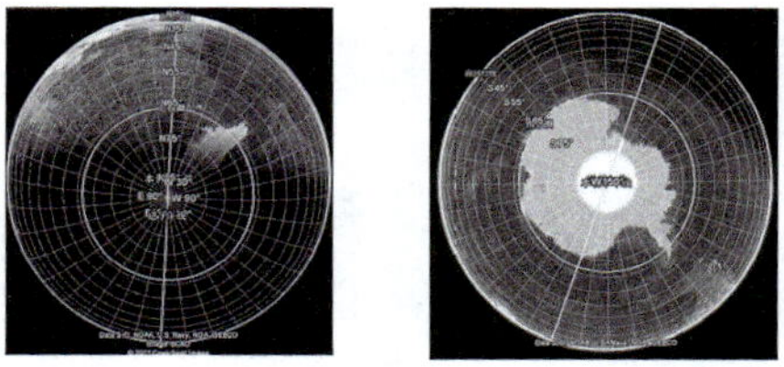

图2-85　冬至时两极的极夜和极昼状况

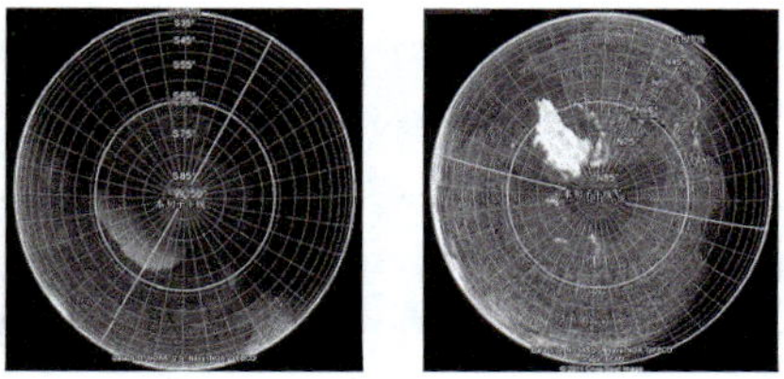

图2-86　夏至时两极的极夜和极昼状况

3. 日出时间不同

我国幅员辽阔，东西日出时间不同，为了让学生理解日出时间差异能够反映我国东西距离较长，教师可以利用光照图层，选择早晨7点左右，直观呈现此时我国东部已经日出，而西部还处于黑夜，降低教学难度。

（三）在"地貌"教学中的应用

1. 山脊与山谷

利用Google Earth能够较好地呈现山脊、山谷等地貌。首先找到某山区，利用shift键配合鼠标滚轮，选取合适的空间尺度，得到如图2-87所示界面，山谷、山脊清晰可辨。

图2-87 山脊、山谷

2. 典型地理事物

Google Earth界面能显示不同的地貌，图2-88为富士山、黄土高原、华北平原、塔里木盆地等典型的地理事物。

富士山　黄土高原　华北平原　塔里木盆地

图2-88 典型地理事物

（四）在“天气与气候”教学中的应用

1. 气温的分布

为了让学生感知不同纬度的气温差异，点击气象图层，拨动鼠标滚轮到一定视图范围内，点击气象符合即可显示该地气温。

2. 天气系统

天气系统包括锋面、气旋，锋面过境前后的天气状况会发生较大变化，Google Earth中的天气图层恰好可以体现近几天的天气情况。点击气象图层，拨动鼠标滚轮，将视图缩放到适当的大小，找到并点击相应地标，则会出现该地点的天气状况，如图2-89所示。从图中显示的气温与降水来看，该地区短期内有冷锋过境。

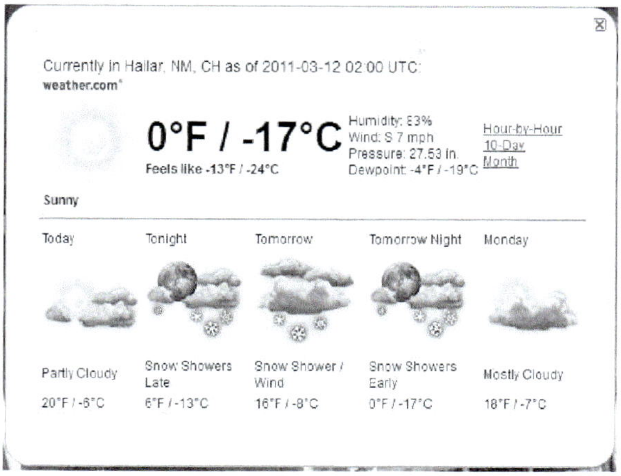

图2-89 某段时间呼伦贝尔地区的天气变化状况

四、校本课程开发

课程是我国基础教育改革的重点，实行国家、地方和学校三级课程管理，为教师开发课程提供了更大的空间。在《基础教育课程改革纲要（试用）》的精神指引下，校本课程的开发如雨后春笋般出现，满足了学生个性发展需求。当前地理教师在校本课程开发方面的研究，主要集中在以下两个方面。一是集中在校本课程开发的意义、形式、类型以及产生的问题与对策方面；二是集中在具体的案例方面。就具体研究案例而言，数量相对较少，且案例中人文素养类和知识拓展类偏多，科技素养类和生活技能类较少。

Google Earth是一款虚拟的地球软件，具有良好的搜索功能和显示功能，学生通过该软件可以从不同的空间尺度了解我们生存的地球。笔者在校内开设Google Earth社团，既能满足学生的兴趣，又能满足学校地理教学和学生地理学习的发展需要。笔者还编写了《玩转Google Earth》校本课程，下面就该课程的开发予以说明。

（一）教学目标

开发该课程的低级目标是通过操作Googe Earth，能从浅层次上认识我们所生活的地球，并为地理学习打下基础。中级目标是学生能够熟练操作Google Earth，了解不同地区的风土人情，增强学习地理的兴趣，降低地理重难点知识的教学难度。高级目标是培养学生乐于探究、勤于动手,培养学生获取新知识的能力、收集和处理信息的能力、分析和解决问题的能力、交流与合作的能力。

(二)课程纲要

为开设该校本课程,经学校课程委员会审定,教研组研究制定了课程纲要。课程纲要包括一般项目和具体方案。一般项目包括授课对象、课程类型、授课时间、授课节数等,具体方案包括具体的课程标准、实施建议、课程评价等。

1.一般项目

本课程的授课对象为初二学生;课程类型为科学素养类自选课;授课时间为每周一节,共17节。

2.具体方案

具体课程方案如表2-2所示。

表2-2 具体课程方案

模块名称	模块目标	具体课时
Google Earth工具栏的基本功能介绍	1.学会下载和安装Google Earth 2.通过观察,了解Google Earth的操作界面 3.通过对Google Earth界面的认识,产生学习兴趣	第一课时 初识Google Earth
基本操作	1.掌握利用导航和鼠标对地表进行不同角度的浏览 2.掌握在Google Earth中利用搜索快速定位	第二课时 1.熟悉Google Earth的浏览方式 2.快速定位
	1.掌握地标的添加方式,并进行个性化设置 2.掌握在Google Earth中根据需要创建线和面	第三课时 1.制作地标 2.创建线和面
	1.能够利用标尺测量不同地区间的距离 2.学会利用搜索功能,在Google Earth中根据需要查找行车路线	第四课时 1.测量距离 2.获取行车路线

续 表

模块名称	模块目标	具体课时
	学会利用星空模式，了解星座的形状，知道如何搜索天体，了解不同天体名称及其简况	第五课时 星空模式
	1. 利用光照模式，进行时间调整，观察不同时段的昼夜分布状况 2. 利用网格模块，了解经纬网的性质	第六课时 1. 光照模式 2. 网格模块
	1. 利用气象图层，根据需要查找不同地区近一周内的天气状况 2. 利用火山、地震图层，观察不同地区的地质运动	第七课时 1. 气象图层 2. 火山、地震图层
	1. 利用道路图层，查找需要的交通线路 2. 利用图片图层，进一步了解不同地区的状况 3. 利用 3D 建筑图层，从不同角度观察三维地标	第八课时 1. 线路搜索 2. 照片图层 3.3D 建筑
	学会添加图片和覆盖图	第九课时 添加图片和覆盖图
Google Earth 在地理学习中的应用	通过数字地球掌握温度带、东西半球划分，并在具体题目中熟练应用 Google Earth	第十课时 经纬网
	利用 Google Earth 掌握不同节气昼夜分布状况	第十一课时 地球运动
	1. 利用 Google Earth 掌握比例尺的大小与图幅以及内容详略之间的关系 2. 通过地形图层掌握等高线的判读与山脊、山谷等地貌的识别	第十二课时 1. 比例尺 2. 等高线
	1. 从宏观上感知地球海陆比例、大洲分界线、板块及其影响 2. 通过历史图像模块，判断热带雨林的破坏状况	第十三课时 1. 大洋和大洲 2. 热带雨林的破坏状况
	利用火山、地震图层，发现世界火山、地震带的分布规律，并进一步了解板块相关知识	第十四课时 火山、地震的分布规律
	1. 通过地形图层识别我国的三级阶梯，辨识不同的地貌，并在相关题目中应用 Google Earth 2. 通过地形图层、图片图层、道路图层等发现青藏高原高寒的特点	第十五课时 1. 地势地形 2. 高寒的青藏高原

续 表

模块名称	模块目标	具体课时
	1.利用添加线、面，寻找聚落 2.利用城市夜景观察中国城市分布，利用搜索功能寻找聚落，并利用地形、河流、道路等图层，呈现图像，分析聚落的形成条件及其形态与环境的关系	第十六课时 聚落与环境
	1.利用历史图像功能，还原地表颜色，分析我国降水分布规律，并就季风的影响范围划分出季风区与非季风 2.利用气象图层，判读我国冬季气温的分布规律	第十七课时 1.我国的降水分布规律 2.我国的季风区与非季风区 3.我国冬季的气温分布规律

3.课程实施建议

(1)实施方法：自主学习、小组合作、教师指导。

(2)实施形式：①集体训练、实践，共同参与某一内容学习。②分组训练、实践，把学生分成若干组参加训练、实践。

4.课程评价

课程评价旨在促进学生全面发展、教师不断进步和课程不断发展，所以应建立多样化的评价方式、多元化的评价体系，发挥评价的发展性功能。在本课程的评价过程中，我们以过程性评价为主，结果评价为辅，采用教师、同学、学生本人多元评价相结合的方式。在具体评价过程中，多采用正面评价，让学生不仅感受到取得成果的喜悦，而且体验到参与过程的充实，提高科学素养，为终生学习奠基。评价等级如表2–3所示。

表2–3　评价等级

评价内容		自我评价	小组评价	教师评价
活动参与情况	出勤			
	交流合作情况			
	活动参与热情			
活动过程	资料搜集整理			
	研究汇报形式			
活动效果	知识掌握情况			
	学习习惯			
	探究能力			

注：评价等级分A、B、C三等。

(三)教学实施案例

教学实施案例如表2-4所示。

表2-4 教学实施案例

<table>
<tr><td>单元</td><td colspan="3">第三单元</td><td>单元课时</td><td>8</td></tr>
<tr><td>主题</td><td>线路搜索、照片图层、3D建筑的应用案例</td><td>总课时</td><td>17</td><td colspan="2">第7课时</td></tr>
<tr><td>背景分析</td><td colspan="5">本部分内容属于Google Earth基本功能，通过本节课的学习能够为后面的应用打下基础；前面学生已对Google Earth部分功能进行了学习，能够对这节课的学习起到正迁移的作用；该内容对学生来说基本不存在难度</td></tr>
<tr><td>教学目标</td><td colspan="5">能够利用道路、图片图层查找需要的信息，能够利用3D建筑图层，感受不同地区的建筑形态</td></tr>
<tr><td>评价设计</td><td colspan="5">根据学生活动参与情况、活动过程以及活动效果进行过程性评价</td></tr>
<tr><td>教学环节</td><td colspan="4">教学活动</td><td>设计意图</td></tr>
<tr><td>[导入]

[学情预设]</td><td colspan="4">播放北京的宣传片并作如下承转：想到北京去旅游吗？动车算是非常快的，可从淄博出发也要花三个多小时，如果我们利用Google Earth，几秒钟就能到北京。现在就让我们出发吧
在地址栏中输入北京，并点击搜索
到了北京你最想去哪里看看呢
学生会说很多景点，如故宫、鸟巢等，让学生利用搜索功能，找到如下景点
 </td><td>让学生感受Google Earth寻找地点的快捷。
建立地标，培养学生动手能力，激发学生学习的兴趣</td></tr>
<tr><td>[承转]

[学生活动]</td><td colspan="4">找到之后，遗憾的是看不到具体的照片。不过没关系，Google Earth给我们提供了两种强大的功能，一种是图片图层，一种是3D建筑图层。让我们利用这两种功能欣赏北京的景点吧
学生阅读教材，了解“图片”功能如何使用。对于在学习过程中有困难的同学，让其与已掌握的同学相互交流（注：本节内容比较简单）</td><td>自主学习，展示交流。学以致用</td></tr>
</table>

续 表

教学环节	教学活动	设计意图
[学生活动]	学生掌握后，教师给学生留出一定时间，让学生利用“图片”图层和“360Cities”，浏览北京著名景区的景点(略)	自主学习，展示交流。学以致用
[教师引导]	现在在电影中，应用了一种新技术——3D技术，能够立体地呈现物体的形象，如果我们也能像看3D电影那样来看身边的建筑，效果肯定非常震撼。Google Earth提供了这种功能，现在让我们学习这一功能，从另外一个角度来欣赏北京的景点	
[学生活动]	学生阅读教材，并进行操作。对于在学习过程中有困难的同学，让其与已掌握的同学相互交流 教师给学生留出一定时间，让学生利用3D建筑图层观察北京 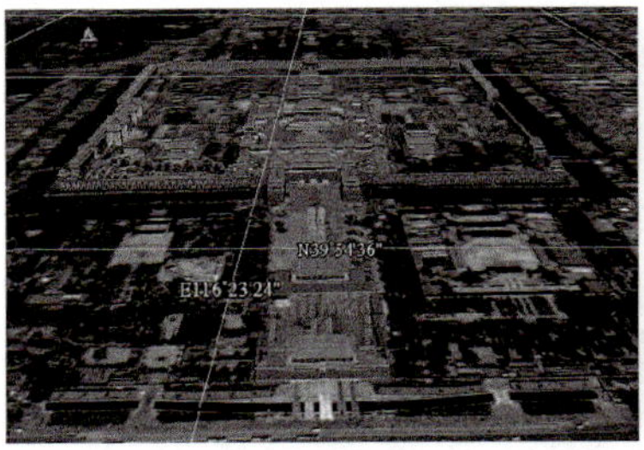   	自主学习，学以致用
[学生活动]	北京有这么多的景点，请设计一条旅游线路，串起你的北京之行。在这之前，先来学习一下线路搜索 学生按照教材的指导，学会线路搜索，并设计自己的北京之行	
[小结]	让学生谈利用Google Earth学习有关地理知识的感受以及本节课的所得	

(四)收获

开设《玩转Google Earth》校本课程，是我们对新课程改革下地理教学的一次大胆尝试。在教与学的过程中，教师和学生都有很多收获。

1.教学形式需要多样化

校本课程开设之初,笔者的教学形式较为单一,仅仅是告诉学生不同工具的使用方法。学生对这种教学方式一开始比较感兴趣,但是时间一长,兴趣有所降低。针对这一问题,笔者通过情境创设,弥补了教学形式单一的缺陷。上述内容中的“教学实施案例”就是其中一个较为典型的案例。

2.是否需要纸质版课本,值得商榷

最初,笔者认为在实际教学中没有纸质版课本,学生使用起来不够方便。但是在实际教学中,笔者发现电子版课本有好的一面,即不束缚学生的思维,能收获更多生成性的东西。例如,在学习建立地标时,初一的学生在找到青藏高原后,惊喜地发现了一些条带状事物,放大后看是河流,问道:“为什么青藏高原上有河流?”而这个问题是初二下册所要学习的内容。对于学生发现的这些问题,也是在编写教材时所始料不及的。设想,如果使用的是纸质版课本,内容固化,学生可能就不会发现和提出这些问题了。

3.开发课程使教师的课堂更加精彩

校本课程的开设是一个发展完善的过程,在提高学生的兴趣和能力的同时,教师应用 Google Earth 的能力也在不断提高。笔者在平时教学中应用 Google Earth 的次数在不断增多,开发出的新的应用案例也越来越多,在一定程度上使课堂更加精彩。

在新一轮课程改革中,地理教师应积极进行校本课程的开发和研究,围绕学校教育,不仅要将国家课程、地方课程校本化,还要整合各种资源,开发更适合学校学生实际的校本课程。确立优化国家课程、推进地方课程、开发学校课程的新的学校课程观,努力实现课程的优化和整合,全面推进新课程改革。

第四节 微视频的应用

微视频、微课、微课程是三个比较容易混淆的概念。微视频是指短则30秒,长不超过20分钟,内容广泛,视频形态多样,可通过多种终端摄录和播放的视频短片的统称[8]。微课是指按照新课程标准及教学实践要求,以教学视频为主要载体,反映教师在课堂教学过程中针对某个知识点或教学环节而开展教与学活动的各种教学资源的有机组合[9]。微课程与微课较为相近，尽管如此，微课程毕竟属于课程，具有课程的相关属性，包含课程设计、课程开发、课程实施及课程评价等方面内容[8]。就涉及范围而言，微视频最广。

一、微视频在新授课中的应用

微视频在教学过程中具有两大优势，一是可以满足学生个性化学习的需要，二是经过教师反复打磨，微视频的语言更加简练，逻辑性更强，可使教学过程更加紧凑，知识讲解更加连贯。要用微视频服务好教学，需要选好切入"点"，笔者认为可以在以下四"点"处使用：突破重难点、培养基本技能、体验过程与方法、塑造情感态度与价值观。

（一）突破重难点

我们可以将教学中的重难点专门挑出来，通过微课讲清、讲透并录制视频，化繁为简。就等高线一节来说，难点较多。其中，如何将地形通过等高线转绘到平面地图上是不少同学难以理解的知识点。我们可以通过微课，对这个知识点进行补充，让理解不透的学生借助直观的视频加深理解。具体教学过程分为三步：阅读课本、观看微课、及时反馈。

笔者首先让学生阅读课本，并思考等高线是如何将高低起伏的地表表达在平面上的。此时大部分学生一头雾水，所以接下来展示微课内容：等高线绘法示意图。视频一边直观展示等高线的制作过程，一边解说：在地图上，我们通过等高线可以知道地表的高低起伏，那么怎么绘制等高线呢？测得A、B、C、D四点的海拔高度为100米，将它们画在地图上。测得E、F、G三点的海拔高度为200米，也将它们画在地图上；测得H、I、J、K四点的高度为300米，再将它们画在地图上；最后测得L、M两点的海拔高度为400米，将它们画在地图上。这就是将地形通过等高线绘制在地图上的方法。

该视频的时间为48秒，但是通过48秒的时间，对等高线的制作方法进行了直观的解读，较好地解决了将地形通过等高线绘制在地图上这一难点。笔者将微课发给了学生，以方便尚未理解透的学生课下加深理解。为了解学生对该方法的理解情况，笔者给学生画了一个圆锥表示丘陵，让学生绘出100米、200米、

300米的等高线，并将其表示在地图上，学生反馈结果较好（图2-90）。

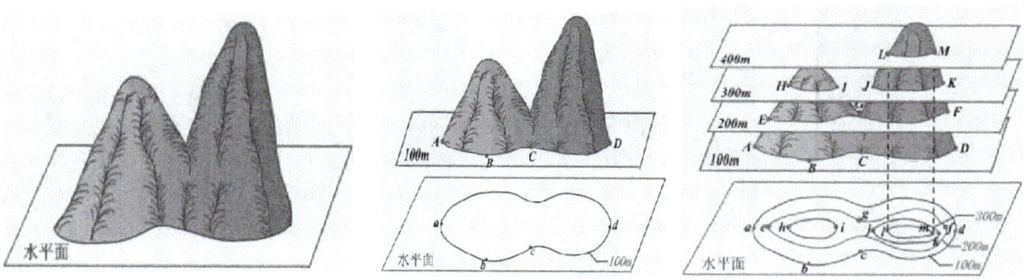

图2-90　等高线绘法示意

（二）培养基本技能

新课程标准提出的技能包括：“掌握获取地理信息并利用文字、图像等形式表达地理信息的基本技能；掌握简单的地理观测、地理实验、地理调查等技能。”[10]落实这一技能目标的最好方式是“一对一”的方法指导。微课可以突破时空局限，提供技能培训，达到教学目标。在2014年山东省优质课活动中，张华娟老师在讲授农业分布时，让学生在地图上绘制出我国不同农业部门的分布。为让学生了解如何规范绘制地图，张老师采用微课对学生进行指导。该微课由学生配音，以渔业为例予以说明，将绘制农业分布图分为四步，第一步设计图例，第二步了解部门特点，第三步选择需要的地图作为底图，第四步绘制图。通过微课提供绘制地图方法指导，学生直观了解了绘制地图的步骤，并利用教师提供的文字说明、图像等内容，规范地绘制出林业、种植业、畜牧业的分布图。

（三）体验过程与方法

地理实验是一种让学生体验过程与方法的途径。它能够让学生直观体验地理现象的产生与发展，感受地理事物的相互影响。但在做实验的过程中，教师要有较强的监管能力，学生也要有较强的自觉性。此外，一些不可控因素可能会对实验结果产生影响。录制实验微课，在避免上述问题的同时，同样能够给学生直观感受，体验地理事物、现象的发生发展过程。

在学习长江的治理时，为让学生体验湖泊的调蓄作用，以及围湖造田、退田还湖带来的影响，笔者呈现如下实验（图2-91）：

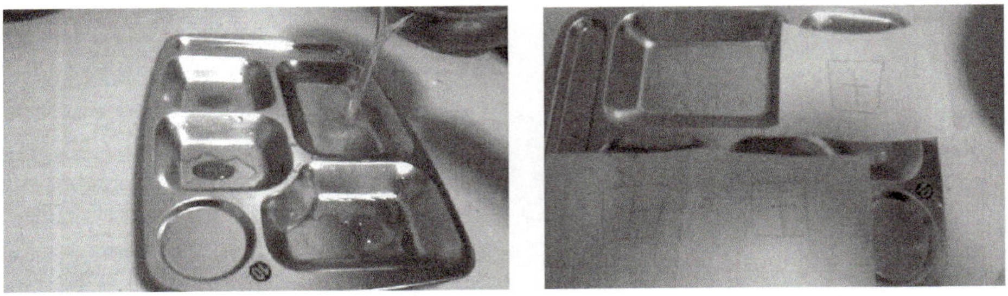

图2-91 演示实验

我们把餐盘的分格理解为河流旁边的湖泊，在遇到强降水时（开始往餐盘内加水），湖泊会起到什么作用？（分流一部分水）这就是湖泊的蓄洪功能。所以，我们的一个措施就是建立一些蓄洪区。可是近年来，由于人口增加，人们不断地围湖造田（播放下一个画面，餐盘被写有“田”字的纸片覆盖，表示围湖造田），当再遭遇强降水的时候，会出现什么情况呢？（淹没农田）所以我们应该怎样做？（退田还湖）教师拿走写有“田”字的纸片，代表退田还湖。虽然这次实验并非每一位学生都能参与，但是通过微课视频，所有学生都能够直观感受到湖泊在防洪过程中的蓄水作用，认识到围湖造田带来的影响以及退田还湖的必要性。

（四）塑造情感态度与价值观

新课程标准提出的情感态度与价值观目标主要是指能激发学生探究地理问题的兴趣和动机，养成求真、求实的科学态度，提高地理审美情趣，强化爱国主义情感，树立正确的人口观、资源观、环境观以及可持续发展观念[11]。要落实这一内容，教师单纯的说教往往效果一般，而通过纪录片中有深度的语言，精雕细琢的画面，在给学生带来视觉震撼的同时，自然而然就能塑造情感态度与价值观。下面就《水资源》中的某个片段予以说明。

在学习《水资源》一节时，教师播放《水脉》视频片段：

奔流的江河滋养着人类，让人类的繁衍与文明生生不息，然而，当人类无休止地向大自然索取地表水和地下水时，水，这一曾经充足、简单易用的资源正在变得稀缺、昂贵。当人们享受着用水的便利与畅快时，总难以相信，在这哗哗流淌的水流背后，枯竭的阴影早已逼近。

看完视频后，教师让学生谈谈感受。有的学生提到应该节约用水，有的学生说我们的水资源并不丰富。这段视频不长，却能给人一种水危机逼近的紧迫感。学生通过观看简短的视频，可以初步形成与自然和谐相处的观念，增强保护资源的意识。

二、微视频在复习课中的应用

当前对微课应用于课堂方面的研究多集中在新授课领域，对其在复习课中的应用研究相对较少，更缺乏相应的流程探讨。在复习《经线与纬线》时，笔者准备了经线的基本性质、纬线的基本性质、经纬线习题讲解等系列微课，将教学流程分为基础知识与强化练习两个大的环节（图2-92）。每一个大环节既能保证学生通过微课进行自主学习，又能保证学生通过交流讨论进行展示，从而实现知识内化，效果较好。

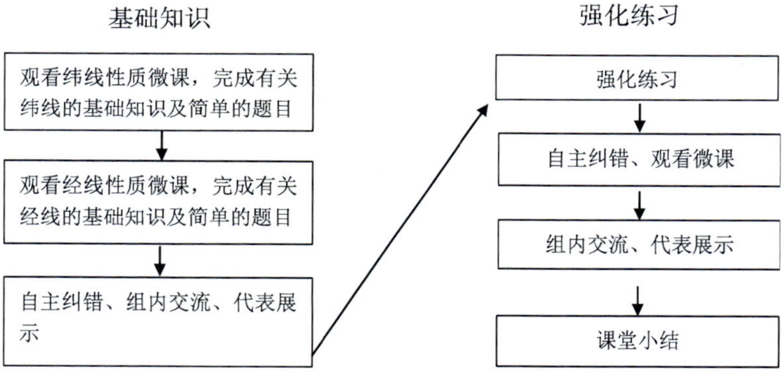

图2-92 教学流程

环节一：导入

师：地球拥有5.1亿平方千米的表面积，为了更好地研究它，人们发明了地球仪，在地球仪上有许多纵横交错的线。大家知道这些线的名称是什么，有什么作用吗？师生互动梳理出如下内容：

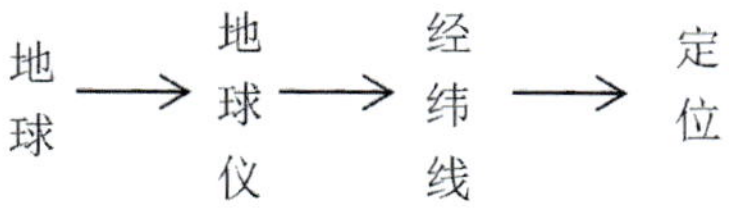

环节二：观看微课，梳理基础

本环节的教学目标是通过观看经纬线基本性质的视频，完成学案中的内容。笔者要求学生先看一遍问题,然后带着问题观看视频,并在学习过程中随时记录所需内容。因为纬线的基础知识及基础练习内容与经线的基础知识及基础练习内容具有较高的相似性,所以下面笔者仅呈现纬线的基础知识及基础练习内容。

【纬线基础知识】

请观察右图,回答有关纬线的问题。

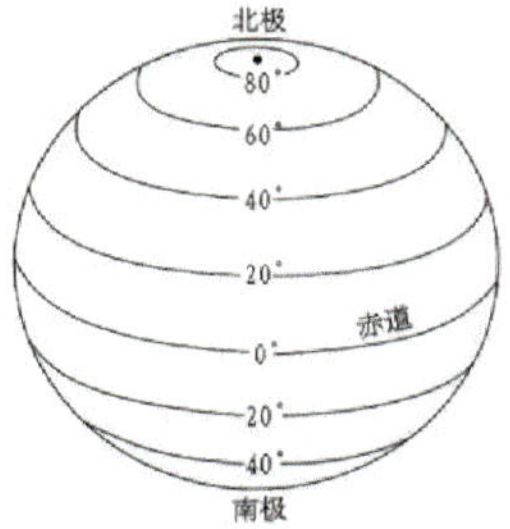

(1)纬线的形状是什么样的?

(2)南纬和北纬的符号分别用什么表示?

(3)纬线指示什么方向?

(4)北纬的度数值变化规律是什么?

(5)南纬的度数值变化规律是什么?

【纬线基础练习】

(1)关于地球仪上的纬线表述,不正确的是(　　)

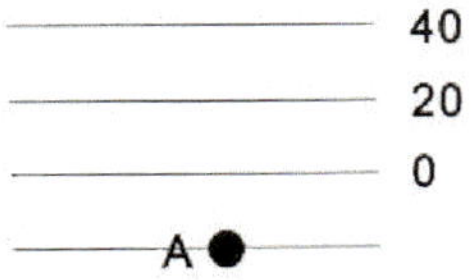

A.地球仪上能画出无数条纬线

B.地球仪上的纬线是一个半圆

C.不同度数的纬线长度不等

D.沿同一条纬线方向向前走,能回到出发地点

(2)写出A点所在的纬度:________。

环节三:自主纠错,交流展示

在上一环节中,学生看完视频后,接着做基础练习,正确率较高,但是仍然存在错误。所以,让学生先看文件包中的答案进行纠错。不理解的问题,在组内交流。通过这一步,绝大部分同学都能掌握基础知识。最后,笔者提问,并请学生展示。

环节四:练习反馈,实现内化

经过以上环节,学生已经掌握基础知识,接下来做进阶练习题目(略)。在学生做题过程中,教师观察学生可能存在的问题,并做好记录。学生做完题后,根据提前下发的文件包中的答案进行自查、自纠。然后根据需要,看题目讲解的微课,并及时记录所学的知识。

在学生完成以上环节后,考虑到学生的知识可能不牢固,甚至有理解不透彻的地方，笔者让学生在组内交流，通过交流讨论，进一步实现知识内化。具体分工是C、D层同学分别把1—3题讲给A、B层同学听。交流完毕，让处于不同层次的学生就两个题目进行展示讲解。最后，笔者与学生一起总结本节课内容。

整节课符合自主学习、合作学习理念。微课在这节复习课中的主要作用在于梳理基础知识和强化练习环节的重难点题目讲解。由于学生可以反复观看视频，并且以小组合作的形式进行讨论交流，学习效果得到了保证。

三、应用效果比较

当前在课堂中使用微课主要有三种典型做法，即“从头放到尾”“暂停+互动”“一对一”的方式。上述案例中，三种方式均有涉及。就效果而言，微课从头放到尾最为省劲，但形同走马观花，效果较差；最为理想的应该是“一对一”的方式，因为这种方式能够实现个性化学习，但对设备的要求较高。相比之下，在现实条件下“暂停+互动”的方式较为实用。为进一步分析三种方式的效果差异，笔者以《世界的气候》一节的复习课为例进行比较，为今后教学提供指导。

（一）研究对象

参加试验的三个班级为初三班级，班与班之间水平相当，普遍存在学习动力不足、基础知识掌握不牢、有畏难情绪等问题。就本节内容来说，虽然在初一学过，但课前对学生进行复习提问时发现，部分学生无法回忆热带四种气候类型的分布。对于气候类型的判断与描述，难度更大。

（二）研究方法

笔者选取《世界气候类型的分布》《气候类型及其特点的判读》两组微课，采用“从头放到尾”“暂停+互动”“一对一”三种不同的方式，分别进行教学，然后从学生反应角度进行对比分析。

（三）研究实施

三种方式中，将微课“从头放到尾”和“暂停+互动”的方式均在教室内进行，“一对一”的方式在学校的微机房内进行。三种方式的教学过程如表2-5、

2-6所示。

表2-5 《世界气候类型分布》三种方式的教学过程

方式	教学实施	学生反应
从头放到尾	上课地点选在教室。教师播放微课，中间不停顿，直至观看结束	教师先借助地图提问世界气候分布规律（简称“三条规律”）是什么，学生回答情况差强人意。然后让学生完成学案中的世界气候类型的分布问题，部分A、B层同学不能完整、准确地写出来，C层同学掌握较差
暂停+互动	上课地点选在教室。教师播放微课，并在每讲解完一条规律后，按下暂停键，借助地图，与学生互动，明晰气候类型的分布规律及其原因	待三条规律全部总结出来后，让学生完成任务单中的内容。组内A、B层同学掌握较好，部分C层同学也能掌握
一对一	上课地点选在微机房。教师通过极域系统将微课传至每台电脑上。在观看微课视频过程中，学生随时记录气候类型、记忆规律	A、B层同学掌握相对较好，部分C层同学也能掌握

表2-6 《气候类型及其特点的判读》三种方式的教学过程

方式	教学实施	学生反应
从头放到尾	上课地点选在教室。学生观看教师制作的微课，用时近十分钟，中间不停顿	因为微课时间较长，学生的注意力逐渐不集中。此外，在教室内播放微课视频，由于个人发音及音量不是特别有感染力，声音效果并不是特别理想。看完后，教师提问，效果较差。最后不得不重新“返工”。没有时间完成学案中的内容

续 表

方式	教学实施	学生反应
暂停+互动	上课地点选在教室。该环节的微课较长,所以教师把这一环节分成三个小环节,即以温定球、以温定带、以水定型。每个小环节的流程均是先学习微课,然后组内交流,进行展示,教师点拨	学生展示效果较好,有时间完成学案中的内容
一对一	上课地点选在微机房。教师提前说明要求:在观看微课的过程中,将重点内容记录下来,完成学案中的内容。 这一方式的基本环节是先自学,然后小组讨论,最后进行展示	自学环节,微课内容近九分钟,再加上学生自主记录时间,大约用时二十一分钟。相比而言,这种方式的参与面最高。但有少数学生在学习方法上存在一些问题。如有的学生为了完成任务,直接抄下视频中给出的气候类型的名称和特征,然后再看微课;有的学生仅仅是将视频看完了,没有记录内容。小组讨论环节,机房的微机排列方式和课堂内的排列方式不同,在一定程度上影响了学生的交流。此外,有些学生觉得,已经看完微课,答案也已经写在了学案上,讨论的热情不高 展示环节,学生基本能够说出温带海洋性气候、热带雨林气候、温带季风气候、地中海气候四种气候类型及其判断理由和特征。但存在判断错误或未理解透彻的情况。由于时间有限,没有进行习题反馈

(四)研究结果

从学生的反应来说,虽然“从头放到尾”的方式最为省劲,但效果不好。“一对一”的方式最为费时,但参与面大,学生的积极性高,但因微课内容较长,设计不够合理,缺乏反馈,掌握效果并不理想。采用“暂停+互动”的方式,在重难点处及时暂停,与学生互动,学生的掌握效果较好。

出现这样的结果与三种方式是否满足学生的需求有直接的关系。“从头放到尾”的方式与“一对一”的方式在满足学生个性化学习方面属于两个极端,“暂停+互动”的方式虽不能满足学生的个性化学习需求,但是通过其间的互动、反馈,能够满足大部分学生的学习需求。教学效果对比情况如表2-7

所示。

表2-7　三种教学方式的比较分析

教学方式	满足学生学习需求情况	教学效果
从头放到尾	教师按照自己的节奏授课，学生一个困惑没解决，又不得不进入下一个内容，结果造成学习困惑增加，两极分化严重	貌似省时省事，但是返工重来更浪费时间
暂停+互动	虽不能满足学生的个性化学习需求，但是通过其间的互动、反馈，能够满足大部分学生的学习需求	在学生观看过程中教师适时暂停微课播放，与学生互动，反馈效果较好
一对一	学生按照自己的步骤学习，教师给予学生个性化的指导	参与度最高，即使成绩比较靠后的学生，也被微课内容吸引。就知识掌握程度来说，好于第一种方式，与第二种方式不分伯仲，但用时较多

就微课设计来说，首先要符合学生的认知规律，容量不宜大，时间控制在四到五分钟较为合适。教师还应设置反馈与小结环节，这关系到整个微课教学的成败，对“一对一”的教学方式影响更甚。就三种教学方式来说，“从头放到尾”的方式最不利于学生掌握知识。在保证有高质量微课的条件下，如果条件有限，不能实现“一对一”教学，可以在教室内采用“暂停+互动”的方式。如果条件允许，在采用“一对一”的教学方式时，教师可以设置小组合作、反馈展示等环节，教学效果会更好。

（五）反思

第一，在教室集体使用微课与“一对一”使用微课，孰优孰劣？

这一问题需要具体问题具体分析。从理论上来说，“一对一”更利于学生掌握知识，只要时间足够即可。但是在实践中，就本节课来说，“一对一”的方式效果并不比在教室集体使用微课效果好。笔者认为，之所以出现这样的结果，微课质量是重要的影响因素。如果笔者将《气候类型及其特点的判读》的微课分成三个小的微课，即以温定球、以温定带、以水定型，学生学完一个微课后，即与学生进行互动，或者是组内互动，然后进行展示，效果会更好。

着眼于信息技术的发展,“一对一”方式相比“暂停 + 互动”方式更有优势。就当前来说,不少学校具备智慧教室,“一对一”方式更有利于获得数据,通过数据精准掌握学情,以便采取相应的措施。例如,推送试题,结合系统反馈的数据,了解学生的掌握情况,然后确定哪些题目需要讲解,哪些学生需要进行重点辅导。

第二,在教室使用微课与教师直接讲解,孰优孰劣?

当前教师大多是在教室内使用微课。既然在教室内授课,为何要用微课,而不是教师直接讲解?两者效果孰优孰劣?笔者认为,微课的语言更加精炼且不失幽默与生动,尤其是实验类的内容能够突破时空的限制,演示效果会更好,更有利于学生理解和掌握知识。笔者认为,只要教师能够在微课中处理好重难点,与学生进行互动,在教室内使用微课,效果要比教师直接讲解好。

第三,微课教学与“三板”应用相结合,效果如何?

微课教学具有集成性、直观性、生动性的特点,且表现形式丰富多样,有利于学生掌握知识。微课在应用过程中基本上是人机互动,且微课最后多设置有小结环节。这在一定程度上减少了教师板书的机会。但是“三板”教学在教师与学生的互动中能够吸引学生的注意力,具有不可替代的作用。微课作为重难点知识的一种突破方式,在学生观看微课后,教师可以就微课内容与学生互动,并适时通过“三板”进行总结,使重难点更加突出。

参考文献:

[1]杨剑.利用 ArcGIS 轻松绘制光照图[J].中学地理教学参考,2011(11):27-28.

[2]谢友根.基于 CorelDRAW 的地理绘图技能突破[J].中学地理教学参考,2011(10):22-23.

[3]张维堂.应用 Microsoft PhotoDraw 绘制地理示意图的实例示范[J].中学地理教学参考,2011(5):25-27.

[4]王秉建.例谈如何利用 Mapinfo 快捷制作专题地图[J].中学地理教学

参考,2010(5):32.

[5]于庆军.Illustrator在地理教学中的应用[J].中学地理教学参考,2009(11):38.

[6]蒋小润.地理知识图形化教学的理论与实践[J].中学地理教学参考,2010(11):4-15.

[7]袁启木.巧用Google Earth、Global Mapper和Surfer绘制等高线地形图[J].中学地理教学参考,2010(11):32-34.

[8]于蓉,孙小娟.微课及其在地理教学中的实践策略[J].中学地理教学参考,2015(11):25-27.

[9]胡铁生."微课":区域教育信息资源发展的新趋势[J].电化教育研究,2011(10):61-65.

[10]中华人民共和国教育部.义务教育地理课程标准(2011年版)[M].北京:人民教育出版社,2011.

[11]李家清.地理课程与教学论[M].武汉:华中师范大学出版社,2010:201-202.

第三章　课例研究

很多学者认为，课例研究较早兴起于日本，因对日本的教育教学和教师专业发展具有显著促进作用而被世界各国研究者关注。近年来，随着研究视野的开阔，我国的课例研究形式逐渐多样化。

本章选择的课例研究形式包括磨课、同课异构、基于观评课的教学诊断。磨课过程可以通过集合众人的智慧，对课堂环节、要素进行观察和诊断，提出建设性意见，从而改进教学行为。同课异构是指同一内容由不同教师根据自己的理解备课并授课。授课教师的知识结构、授课理念不同，课堂所采取的教学方法就有差异，因此教学效果可能也有较大差异。基于观评课的教学诊断，是指用现场观课和借助视频课例来记录真实的课堂教学情境和过程，对教学过程进行分析、诊断，发现教师教学特色和存在的问题，并提出改进策略的教育活动。

第一节　磨　课

磨课是将集体教研的目光从静态的教案预设转移到生成性实施教案的动态课堂，聚焦真实而具体的关键问题，以教师群体的智慧和力量，对课堂教学进行有主题的观察、分析、诊断的教研过程[1]。本节选取《人类的聚居地——聚落》、《长江的开发与治理》、《农业》、北方地区的《自然特征与农业》、《降水的变化与分布》、《自然灾害复习课》六节课的磨课案例予以说明。

课例一：《人类的聚居地——聚落》

本节课的课程标准要求是：运用图片描述城市景观和乡村景观的差别，举例说出聚落与自然环境的关系。笔者结合学情确定本节课教学目标。其中,知识与技能目标是根据资料,描述不同类型聚落的景观差异;举例说出影响聚落形成的主要因素,进而了解聚落的主要分布地区,培养学生综合分析问题的能力和表达能力。过程与方法目标是根据资料,通过地理观察的方法说出城市与乡村的差异,运用地理归纳的方法和地理分析的方法得出聚落与环境的关系。情感态度与价值观目标是通过分析聚落与环境的关系,树立正确的人地协调观。下面从导入、城市与乡村的差异、自然环境影响聚落的形成、聚落反映自然环境几个方面来说明磨课过程。

(一)导入

初次试讲时,笔者呈现多幅聚落景观图后说道:“图中所展示的是不同聚落的景观,今天我们就来学习聚落的相关内容。”

评课教师认为笔者的导入没有新意,且有些牵强、突兀。笔者试图对导入部分进行修改,尝试使用复习导入、悬念导入等。复习导入即先复习世界人口的分布,然后话锋一转:“不同地区的人口密度不同,但总有一定的居所,今天我们就来学习人类的聚居地——聚落。”悬念导入即给学生呈现“众”字,让学生说其含义,通过提示让学生知道,当众多的人聚在一起,必然需要一定的居所,从而导入新课。

权衡之后,笔者最后采用了开门见山式的新课导入,具体如下:

师:本节课我们学习聚落(板书“聚落”),人们是怎样来定义聚落的呢?

生:人类的聚居地。

师:了解人类的聚居地,先从了解我们自身的聚居地开始。(启动Google Earth,打开准备好的地标,视图瞬间转到学生的家乡。看到自己熟悉的村庄和自己的学校,学生兴奋不已。)

师:我们刚才只是浮光掠影地看了一下我们的居住地,但是对于聚落分类、形成以及特征等还不清楚,下面我们就来进一步了解聚落的相关知识。

该导入通过Google Earth让学生直观感知自己的家乡,让学生知道本节课是围绕着聚落的分类、形成、特征,以及聚落与环境的关系来展开,能够较好地抓住教学的主线,但美中不足的是,学生对聚落概念的理解并不透彻。为此,笔者作如下调整:“今天老师带大家去一个既熟悉又陌生的地方。”播放

Google Earth界面下的视频，呈现学校及周边地区的地理事物，并提示学生注意观察有哪些地理事物，然后提出问题："以上所看到的就是我们聚在一起，居住的地方。我们给它起个名字叫什么呢?"(聚落)该导入通过"一个既熟悉又陌生的地方"，激发学生的兴趣。在浏览了我们居住地的周边环境后，用"我们聚在一起，居住的地方"紧扣"居住地"，较好地解释了聚落的概念。

(二)城市与乡村的差异

对比法能够较好地区分不同事物的特点。在对比城市聚落和乡村聚落时，笔者采用了和以往课例中相同的做法，即给学生一个表格，让学生从人口密度、交通、建筑、对景观的改变大小等方面，对比城市聚落和乡村聚落。

评课教师对笔者的这一做法提出质疑，即笔者直接给出固定表格，在一定程度上限制了学生的思维。笔者接受建议，在后期教学中让学生自己列表，将城市聚落和乡村聚落的不同点呈现出来。让笔者意外的是，这一做法收到了良好的效果。学生除了列举出笔者预设的内容外，还想到了城市聚落与乡村聚落在绿化环境、教育水平、经济水平、就业机会等方面的不同。

笔者认为，之所以在后期的教学中收到了良好的效果，是因为将问题由封闭性变为开放性，使学生有更多的思考空间。这一点让笔者联想到在扬州市高中青年教师地理教学竞赛中，有一位老师在讲授《水循环》一课时，其授课受到了专家的一致好评。其中最大的亮点就在于他打破了既往的列表形式，而是呈现出以下列表(表3-1)。没有框架的开放性设计视角，给学生提供了拓展思维的机会，收到了良好的效果，也将探究学习氛围推向了整堂课的高潮。

表3-1　不同水循环的对比

类型	海陆间循环	海上内循环	陆上内循环
角度1			
角度2			
角度3			
角度4			

(三)自然环境影响聚落的形成

案例是一种引导性的材料,能为教学创设新的学习情境。通过开放性的案例教学过程,学生可以习得"知识与技能",感悟地理学习的"过程与方法",并能在教学过程中体验到学习的愉悦,促进"情感态度与价值观"的养成。

试讲"聚落形成与环境的关系"这一环节时,笔者选取的案例如下:①图3-1中甲、乙、丙、丁四个地方形成聚落的优势各是什么?②哪个聚落的优势最大?为什么?③如果让你在图中西南角的区域中规划一个聚落,你会将它布局在什么地方?④你还知道哪些形成聚落的有利条件?笔者认为,本案例的选取具有一定的开放性,特别是第三问,让学生在图中规划聚落,既能将前面的知识学以致用,又能让学生在"规划"中体会成就感,实现情感的升华。

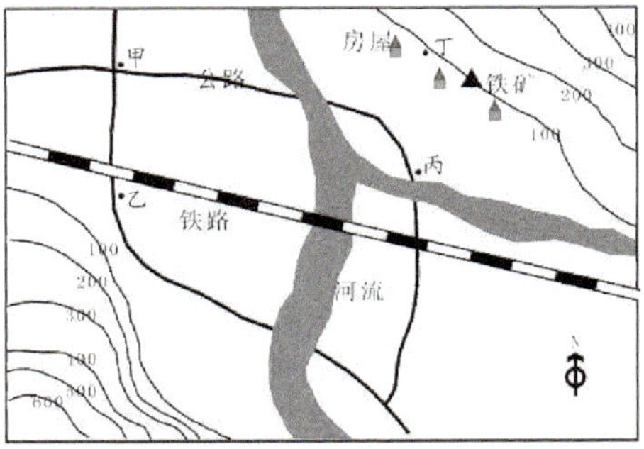

图3-1 聚落与环境的关系示意

笔者选取的这一案例意在让学生分析各要素对聚落形成的作用。在后期试讲中发现,将鲁教版课本中的图片稍加修改(图3-2),同样可以达到预期效果。

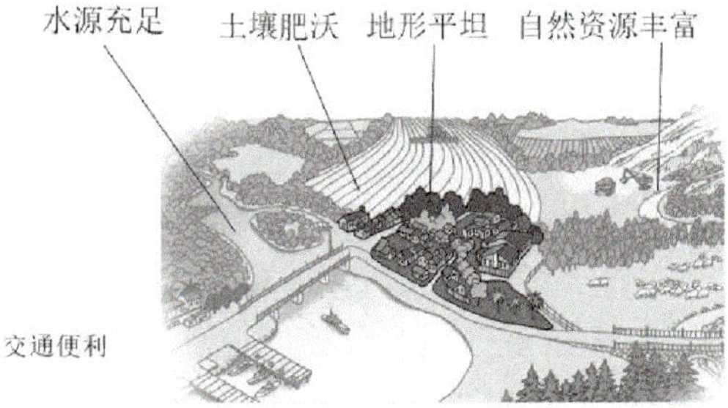

图3-2 聚落形成与发展的有利条件示意

师:城市和乡村虽然存在很多差异,但是当人们选择居住下来的时候,通常会考虑一些共同的因素。让我们走进自然，寻找理想家园。这里有一处理想家园：地形平坦、土壤肥沃、自然资源丰富、水源充足、交通便利。请同学们思考各要素对聚落形成的影响。

（学生思考，并讨论展示。教师根据学生的回答进行引导。）

师：除了以上自然条件外，还有一种重要的自然条件，它看不见摸不着，但是真实存在，大家知道是什么吗？

生：气候。

师：同学们从图中能看出这一地区的气候有什么特点呢？

生：温暖湿润。

师：如何看出？

生：植被茂盛、水源丰富。

与最初案例相比，该案例对课本内容进行了二次开发，有利于学生借图分析，培养从图中提取地理信息的能力，进而培养学生的地理核心素养。

（四）聚落反映自然环境

上述教学环节体现的是自然环境对聚落的影响，即人地协调观念中“地对人”的影响，为进一步渗透人地观念中“人对地”的影响，警示学生珍惜自然环境，实现“人地和谐”，笔者增设了以下环节。

师：自然环境影响聚落的形成，但是如果人类不珍惜、不保护自然环境，会出现怎样的情况呢？发源于两河流域的古巴比伦，是四大文明古国之一，是西方文明的摇篮之一，被称为“伊甸园”，今天却是这副模样（呈现废墟图片）。其间巴比伦经历了什么呢？请同学们阅读下面的文字：

由于人们滥伐森林，过度放牧，导致水土流失，河流携带的泥沙使河床不断升高，进一步造成河流淤塞和河水泛滥。最终这块肥沃的土地上洪水横流，田园荒芜，古巴比伦也被掩盖在泥沙之下。环境影响聚落，聚落反映环境，让我们走进聚落，寻找环境的烙印。

图3-3和图3-4是两幅聚落形态图片，大家能否描述这两种聚落形态的差异？

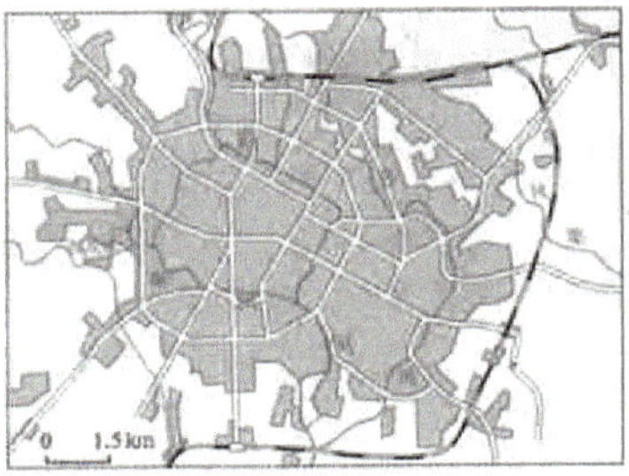

图3-3 团状聚落

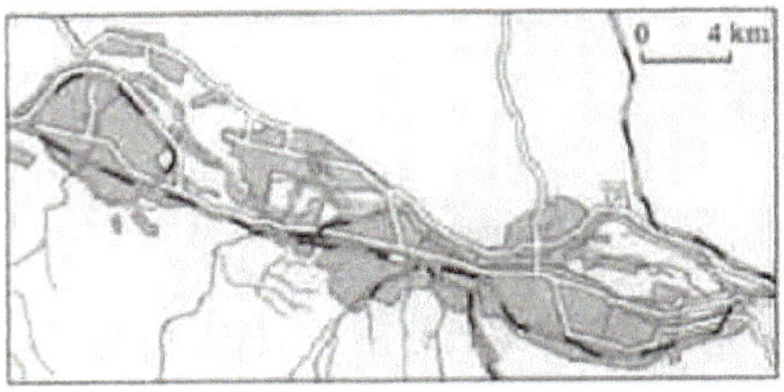

图3-4 带状聚落

笔者选用这两幅图是考虑到鲁教版课本给出了山谷、河流以及平原地区的聚落景观图片。山谷、河流等地的聚落呈现带状，平原地区的聚落呈现团状。如果照本宣科，那么就缺少探究性。笔者在阅读人民教育出版社2004年版高中地理第二册的城市空间部分时，发现上述两幅图能较好地针对初中的这一内容设置一个探究性问题，于是呈现上述两幅聚落形态图，让学生描述它们的形态差异，并思考影响聚落形态的地貌分别是什么。笔者认为，这样能使问题具有更好的思维性和探究性。在学生回答出两地一处位于平原、一处位于山区后，笔者利用Google Earth进一步验证大家的观点。最初设计时，笔者选取的是淄博市平原地区的聚落形态，青藏地区的条带状聚落形态，以及望江县沿河流分布的条带状聚落形态。但考虑到学生对于这些地区并不熟悉，且笔者所在的淄博市便具备不同地形及其影响下的聚落形态，所以利用Google Earth找到淄博市两处典型的不同地形影响下的聚落，印证学生的猜测。

课本中还重点提及西亚民居和东南亚高脚屋与自然环境的关系，这一部分内容笔者前后试讲均未作较大变动。

最后环节，为进一步拓宽学生的知识面，笔者呈现爱斯基摩人的冰屋、黄土高原的窑洞，并且让学生就与之有关的感兴趣的话题进行提问。冰屋受到了青睐，学生提出了一系列的问题，例如：冰屋为什么是圆形的？为什么那么矮？住在冰屋里冷不冷？人们会不会在冰屋内生火做饭？做饭时冰屋会不会融化？冰屋是怎么做成的？

评课教师认为学生的提问环节具有较好的生成性，把课堂气氛推向了高潮，值得肯定，但是笔者犯了越俎代庖的错误，即学生每提出一个问题，笔者便给出解答。针对这一情况,笔者在后续课堂中将问题的答案留给学生,当学生回答出现卡壳时再进行适当的引导,效果不错。

(五)结课

结课环节,我作如下陈述:聚落因人而建,因人而兴,也会因人而灭,前面我们提到了古巴比伦的兴衰,下节课我们将会进一步学习世界及我国典型的聚落。

课例二:《长江的开发与治理》

在送课下乡活动中,笔者选取了《长江的开发与治理》作为授课内容。本节课的课程标准要求是:运用地图和资料,说出长江的主要水文特征以及对社会经济发展的影响。笔者结合学情确定了本节课的教学目标。其中,知识与技能目标是通过阅读地图,了解长江的概况,并归纳出长江的水文特征;通过资料说出长江在水能、航运、灌溉等方面对社会经济发展的巨大作用。过程与方法目标是掌握如何分析河流特征的方法,提升综合分析地理问题及现象的能力。情感态度与价值观目标是了解自然环境对河流水文特征的影响,以及河流水文特征与河流开发与治理的关系,树立正确的人地协调观。下面从导入、长江概况及水文特征、长江的开发、长江的问题与治理等方面说明磨课过程。

(一)导入

“一磨”时利用从网上下载的《长江之歌》视频导入,但该视频无法条理清晰且全面地体现长江的开发与治理等内容。“二磨”时自制视频,内容包括长江的发源地、流经地区不同河段的状况,以及对沿岸地区的贡献,包括灌溉、养殖、航运、发电等,配乐采用《长江之歌》钢琴曲。为了让学生在导入环节便对长江在社会经济上的利弊有一个整体认识,“三磨”时增加了长江的忧患如洪涝灾害、水污染等内容。导入语修改如下:请同学们观看一段有关长江的视频,写出长江在社会经济发展中有哪些贡献,存在哪些忧患。在学生回答后,笔者作如下引导:对于长江带来的诸多资源,我们要合理开发,对于长江的各种忧患,我们要全力治理,实现与长江的和谐相处。本节课我们就来学习长江的开发与治理。

（二）长江概况及水文特征

承转：河流流经地区决定河流的水文特征，进而影响河流的开发与治理。下面，我们先来了解长江流经地区的基本概况和水文特征。

“一磨”时设计以下问题，让学生先独立思考，然后组内交流。

（1）看课本第47页，在图2.34中找出长江发源山脉，注入的海洋。

（2）看课本第47页，在图2.34中找出长江上、中、下游的分界点。

（3）看课本第7页，找出长江干流流经的省份。

（4）看课本第25页，找出长江流经的地形。

“一磨”时发现，若每一位同学自学后都回答一遍问题，则会花费较多时间。考虑到这一内容难度较小，所以“二磨”“三磨”时让组内每位同学分领一个任务自学，然后在组内采用接力法依次回答问题。水文特征的处理方式基本未作调整，即通过师生互动，从水量、结冰期、汛期三个方面得出长江的水文特征。

（三）长江的开发

承转：一条河流的水文特征会影响到它的开发利用。长江水量大、流域面积广、没有结冰期且汛期时间较长，千百年来为流经地区的经济发展做出了巨大的贡献。刚才同学们已经提到了它的各项贡献，下面我们进一步分析它的水能开发和航运功能。

对于长江的水能开发，“一磨”时笔者给出《我国三级阶梯分布图》以及《干湿地区分布图》，让学生分析长江水能丰富的河段及其原因。考虑到语言过于直白，学生对长江的水能没有概念，且这一问题适合使用小组合作的形式完成，“二磨”时作如下引导：根据勘查和计算，长江水能蕴藏量在理论上约为2.68亿千瓦，年发电量1万多亿度，其中，三峡大坝发电可供应我国大部分省市。长江因为水能丰富被誉为“水能宝库”。那么长江水能为什么丰富？这些水能又主要集中在长江的哪个河段？请采用坐庄法，结合下面材料予以说明。材料包括《长江流经地区剖面图》《我国三级阶梯分布图》《我国降水量分布图》。然后，笔者播放三峡的视频，让学生进一步了解三峡及其功能。

对于长江的航运功能,“一磨”时设计的问题是:我国河流特别多,而长江的航运价值最大,你能说明原因吗?学生照本宣科,没有挖掘出气候、地形、干支流和铁路线对其航运功能的影响。“二磨”时,笔者先用激光笔指到长江剖面图中的上游,引导如下:通过刚才的学习,我们知道长江的上游落差大,适合水利开发,(然后移动激光笔到长江的中下游)中下游地形平坦,水流速度慢,适合发展航运。长江因为航运发达被誉为“黄金水道”。假设长江“移居”到秦岭—淮河以北,那么它还会是黄金水道吗?请结合《我国降水量分布图》和《我国温度带分布图》予以说明。再假如长江变成了这样(笔者用Photoshop删掉众多的干支流和南北铁路线),与现在的长江比较,谁的航运功能更强大?此处使用站立分享法来处理这一启发性问题,即所有同学起立,其中一名同学发表观点,同意该同学观点的同学坐下,不同意的同学坚持自己的观点,并说明理由,其他同学做出评价。通过对比,学生能够轻松地把气候因素挖掘出来,能够理解南北方河流的流量差异、汛期差异、有无结冰期及其对河流航运功能的影响。通过比较带有干支流和铁路线的长江与没有干支流和铁路线的长江,学生自然会得出干支流与铁路线对长江航运的贡献。

(四)长江的问题与治理

承转:浩荡的长江为我们做出了巨大的贡献,但是它也存在洪涝灾害、水污染等问题。除此之外,它还有哪些问题?分布在哪些河段?请大家阅读课本,找出答案。

在针对不同河段的问题提出治理措施时,“一磨”“二磨”时笔者作如下引导:上游流失的泥沙在中游的荆江段淤积最厉害,你能从荆江治理图中找出原因吗?(荆江段河道弯曲)笔者呈现一幅笔直的河道与荆江河段作对比,按照这一思路,人们通过人为改变流向来解决问题,这一措施叫作裁弯取直(呈现荆江裁弯取直的图片)。此外,千百年来,治水通常有两种思路,一种是以加固堤防为代表的“堵”(呈现加固堤防的图片),另一种是疏导。笔者让学生通过图3-5认识治理荆江的措施,然后依次就上游的水土流失和中下游的水污染治理予以说明。

图3-5 荆江的治理

（图片来源：《地理（八年级 上册）》，人民教育出版社2012年版，第47页）

为了更好地发挥小组合作的作用，“三磨”时笔者在组内分工如下：D、E层同学思考长江水污染的治理，C层同学思考长江水土流失的治理，A、B层同学结合课本第49页图文资料，找出荆江、川江的治理方式。合作环节采用接力法进行组内说明。展示环节，C、D层同学能够轻松地说出水污染、水土流失的治理措施。关于荆江和川江的治理，根据图3-5，A、B层同学多提到裁弯取直和建立大坝、进洪闸、节制闸、控洪闸等。笔者引导，说明进洪闸、节制闸、控洪闸是蓄洪区的不同闸口，然后播放自制的视频，并设问：我们把餐盘的分格理解为河流旁边的小型湖泊，在遇到强降水时，河流旁边的小型湖泊会起到什么作用？（分流一部分水）这就是湖泊的蓄洪功能。可是近年来，人们不断地围湖造田（播放视频），当再遭遇强降水的时候，会出现什么情况呢？（农田被淹没）所以我们应该怎样做？（退田还湖）通过观看视频，学生较好地理解了湖泊（蓄洪区）的作用。

（五）结课

结课环节未作调整，用下面的话实现情感的提升：自1998年我国在长江中游实施退田还湖政策以来，人们越来越意识到，不给水出路，水就不给人活路，人与自然理应和谐共处。要让长江得到喘息，得到修复，可能要经历一个漫长的过程，但愿我们能与长江缔结永久的和平，但愿我们能把这片浩浩荡荡的水域完好地留给自然，传至后世。

课例三:《农业》

在2016年山东省德育课例展评活动中,笔者讲授《农业》一节。本节课的课程标准要求是:举例说明因地制宜发展农业的必要性和科学技术在发展农业中的重要性。笔者结合学情确定本节课教学目标。其中,知识与技能目标是能够因地制宜合理布局农业,并能举例说明科技兴农;学会读图、用图的基本方法,培养运用地图分析、解决实际问题的能力。过程与方法目标是初步学会运用地理资料处理地理问题的方法;培养善于从生活中发现地理问题,并运用所学地理知识综合分析、解决问题的能力。情感态度与价值观目标是增强家国情怀,培养因地制宜的意识,落实人地协调观素养。下面从导入、因地制宜发展农业、学以致用布局家乡农业、科学技术发展农业等方面说明磨课过程。

(二)导入

考虑农业和生活关系密切,导入环节选用生活化的材料。“一磨”时,笔者呈现《舌尖上的中国》的片头视频,作如下引导:看完视频,你的舌尖动了吗?美食是不同食材相遇后产生“裂变”的结果(呈现不同食材的图片)。食材虽然不同,但是都来自同一个部门(呈现与之对应的不同的农业部门),这个部门是什么?(农业部门)我们常说“靠山吃山,靠海吃海”,这不仅仅是顺应自然的生存之道,更是一种因地制宜的变通。今天我们将进一步学习如何因地制宜发展农业,相信大家一定会收获很多。

评课教师建议导入环节的材料应进一步贴近主题与生活。“二磨”时,笔者呈现家乡的农特产,如马踏湖的咸鸭蛋、“沂源红”苹果,让学生继续说出家乡的农特产,但学生对家乡的农特产知之甚少。考虑到外出讲课,当地学生可能也会出现这种情况,为避免冷场,笔者又作了调整。

“三磨”时,笔者呈现榴梿图片及人们吃榴梿的样子,作如下引导:榴梿,有的人觉得难以下咽,有的人则嗜之如命。前段时间,我女儿问了我一个有关榴梿的问题(播放视频):“爸爸,榴梿真是太好吃了,我想把这个榴莲子种在院子里,可以吗?”笔者设问:同学们,你们说榴梿能在我们这里种吗?

生:不能。(从气候方面说明原因)

师:同学们虽然没有学习发展农业要因地制宜,但是生活已经让大家有了这种意识,那就是要把农业或者农作物布局在合适的地方。下面我们延续刚才解决问题的方式,继续学习《农业》的第二课时,相信大家会对因地制宜有更多的了解。

修改后的设计通过女儿问榴梿的种植导入,紧扣因地制宜的主题,贴近生活,体现了课程标准"学习对生活有用的地理"的理念,激发了学生兴趣,并为后面"科技兴农"环节埋下伏笔。此外,开门见山地说出了因地制宜的概念,让学生对其有所了解,为后面的学习作铺垫。

(二)因地制宜发展农业

1.根据自然条件因地制宜发展农业

"一磨"时设计了"畅谈家乡农业""布局家乡农业"两个环节。"畅谈家乡农业",提示学生从土地利用类型、农产品、农业类型三个角度说明家乡农业。"布局家乡农业",参考课本相关内容,根据因地制宜的原则,在济宁市地形图(图3-6)上A、B、C三地布局农业生产:生产各类蔬菜、小麦、水稻;发展林果业种植,如桃子、梨;发展水稻和渔业养殖。

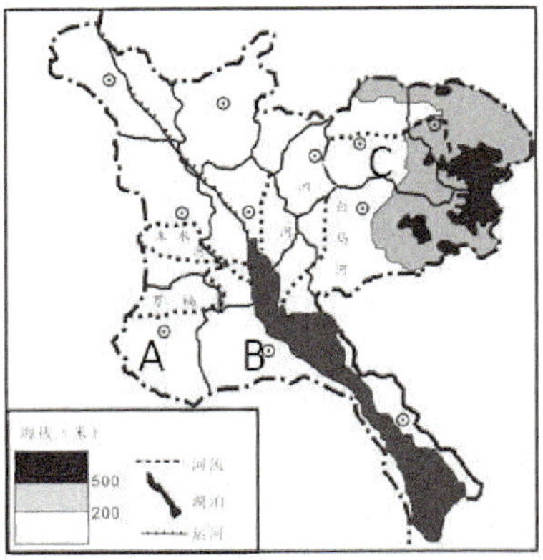

图3-6 济宁市地形示意

评课教师认为,在学生尚未学习因地制宜概念和内容的情况下,就要用这些知识处理问题,不符合教学规律,将该内容放在"学以致用"环节更为妥当。考虑到课程标准的要求是"举例说明因地制宜发展农业的必要性",再结合课本内容（“农业生产与光、热、水、土等自然条件关系密切。我国各地自然环境存在很大差异，每个地区都有发展农业的优势与不足。把要发展的农业生产部门或农作物，布局在适宜它发展或生产的地区，以充分利用当地自然条件的优势，这是因地制宜的重要内容之一”），笔者遂改为：给出内蒙古高原、横断山区、长江三角洲地区的资料，思考农业发展。下面以内蒙古的农业发展为例予以说明。

资料1：西北地区年降水量分布图（图略）。

资料2：牧草即使在水分较少的条件下也能旺盛生长，既可用于发展畜牧业，也可防风沙。

问题1：内蒙古主要适合发展什么类型的农业？

问题2：内蒙古是否适合大力发展种植业？

展示环节，学生认为内蒙古地区适宜发展畜牧业，因为该地降水少，牧草生长良好，适合发展畜牧业；但不适宜发展种植业，理由是发展种植业容易发生土地沙漠化。笔者呈现以下事实材料，证明学生观点的正误，同时总结出宜牧则牧的原则：近年来，乌兰察布退耕还牧工程进行得如火如荼。这里曾经有一种发财模式——“投入80万，开垦3000亩，三年净赚40万”，但短短几年后，这里不断受到风沙侵扰，粮食也大面积减产，不得不退耕还牧。

修改后的设计重在让学生理解自然地理环境对农业生产的影响，培养综合思维，真正理解因地制宜的必要性，树立正确的人地协调观，较好地落实课程标准内容。

2. 根据社会经济条件因地制宜发展农业

“一磨”时，根据农民思考的几个问题：“市场上有需求吗？我的技术水平能达到吗？交通运输方便吗？国家政策鼓励吗？”采用案例分析的方式突破，即呈现有关市场、政策、交通、科技等要素的案例，让学生结合材料分析、归纳、总结出这些因素。如关于政策方面的材料如下：

材料：2004年以前，我国粮食产量波动很大，为此，国家出台了一系列政策与措施，避免了种粮难、增产不增收的现象。这些政策和措施极大地调动了农民种粮的积极性，近几年粮食播种面积大幅度提高，截至2013年，我国的粮食产量实现了“十年增”。我国粮食实现“十年增”的主要原因是什么？

评课教师认为，该设计类似高中地理中对农业区位的分析，且因为案例零散，再加上学生对政策、市场等因素还不够了解，教学效果较差。后期磨课，笔者通过剪辑某农业公司发展双孢菇种植的视频，将各种社会要素整合到一个案例中，让学生看完视频后结合材料进行分析，效果较好。以下为视频文字材料。

材料1：公司总经理说：“我们这个项目是利用农作物秸秆种植双孢菇食用菌项目，企业发展到今天，感谢国家给予的优惠政策，区委区政府的大力支持，以及二十里铺街道办事处和区农业部门的大力支持。”

材料2：公司总经理说：“我们种植的双孢菇品相好、质量高。所以我感觉这个市场还是非常大的。”

材料3：双孢菇工厂化生产是一种新型的，采用高科技控制的产业化生产。设备先进，如可控温、控氧、控湿、控二氧化碳浓度的智能空调等。

该视频材料包含了市场、政策、技术等信息，较好地反映了因地制宜发展农业的社会条件这一内容。最后，让学生思考课后活动题：位于我国东南沿海某区域的小雨，家住城郊，向村里建议减少水稻种植面积，改种蔬菜、花卉，发展鱼、肉生产，请从村支书的角度分析小雨的建议是否合理。该环节意在让学生充分认识到根据社会条件因地制宜发展农业的必要性，有利于树立正确的人地协调观，落实课程标准内容。

(三)学以致用布局家乡农业

在了解了因地制宜的必要性后，笔者呈现济宁市地形图，让学生合理布局金乡、鱼台、泗水的农业部门。后期磨课时考虑到地形对三地农业具有较大影响，为了让学生更好地认识三地的地形特点，笔者利用Google Earth截图呈现三地地形特点。

每当学生展示完一处的农业布局，笔者即加入印证环节，分析学生的布局是否合理。例如，学生说明金乡县适合发展种植业及原因后，笔者即呈现以下材料：金乡县有2000多年种植大蒜的历史，有“中国大蒜之乡”之称；还拥有20万亩无公害蔬菜基地，30多个品种常年应市，其中圆葱10万亩，有“中国圆葱之乡”之称。金乡人民培育的“金谷”牌小米,是明清两代贡品,位居中华“四大名米”之首。

修改后的设计通过Google Earth截图呈现地形地貌及河流分布等信息,为学生提供了较好的地理实践素材及真实情境。在学生展示成果后,教师依次呈现三地的实际情况进行实证,强化了学生的人地协调观念。

(四)科学技术发展农业

设计之初笔者认为“科技兴农”环节重在通过展现科技在农业发展中的应用,增强学生的民族自信心和自豪感。基于此,“一磨”时呈现济宁市农业发展的相关数据,然后通过“济宁农业的发展是中国农业发展的一个缩影”承转到新中国成立以来的农业发展上:通过几代人的努力,我们创造了“用不足世界10%的耕地,养活了约占世界20%的人口”的奇迹,我国的农业逐渐由传统农业向现代农业转变,其中农业科技功不可没。然后笔者播放简短视频,让学生简单了解科技兴农。为让学生了解因地制宜的必要性以及我国粮食安全的严峻性,笔者呈现图文信息:科技进步、粮食增产的背后,粮食安全问题依然存在。中国的耕地资源不断减少,土地沙漠化面积不断扩大。西北地区适合发展畜牧业,为什么不能大量增加放牧的数量?我国耕地面积不断减少,我们是否可以在长江中下游平原围湖造田,增加耕地面积,发展水稻种植?该环节的设计意在让学生认识到因地制宜的必要性。最后,笔者播放达里诺尔湖冬捕的丰收场面以及铺设羊胡草让洄游的鱼产卵的视频,让学生认识到保护环境、与自然和谐相处的重要性,并用下面的话作为结束语:只有人地和谐的因地制宜才是真正的因地制宜,只有因地制宜加上科技的力量,我们才能享受到播种的快乐和丰收的喜悦,以及人与自然和谐相处的美好。

评课教师指出,“科技兴农”部分仅播放了一个视频,处理得比较仓促,并且视频中所提到的农业科技水平较低,最大的问题是没有体现课程标准的要求——“举例说明科学技术在发展农业中的重要性”。基于以上问题,笔者重新调整了设计。

笔者借板书(图3-7)引导:通过刚才的学习,同学们对因地制宜有了更深的了解。如果我们把因地制宜比喻成一只鸟,那么这只鸟要想飞得更高、更快,就需要借助科技的力量。

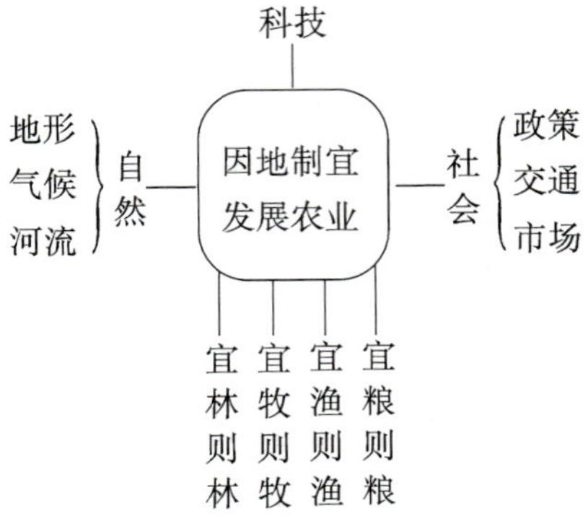

图3-7 板书

笔者播放“一磨”时关于科技兴农的视频,并提问:从中可以看出科技给农业提供了哪些便利? 学生回答后,笔者接着陈述:农业科技不断进步,在目前互联网+的大背景下,农业的智能化也得到了发展,如智能温室(呈现互联网+农业的智能温室的相关内容),农业还发展到了太空,如太空育种(呈现太空育种图片)。最后呼应导入:现在你觉得榴梿可以在北方种吗? 有的学生从自然角度分析认为“不能”,有的学生从科技角度分析认为“可以”。笔者用“很多热带植物已经在北方的大棚中安家落户”这一信息,让学生进一步认识了科技的力量。为让学生正确认识科技兴农的地位与作用,笔者陈述如下:近年来,科技发展对我国农业的贡献率已经超过了50%,但是和发达国家相比,还有一定的差距。我们必须依靠科技的力量,继续大力发展高产、优质、高效、生态、安全农业,加快我国从农业大国向农业强国迈进的步伐。

该环节从一般的农业科技到互联网+农业,再到太空育种的阐述,不断刷新学生对科技兴农的认识。学生从最初对因地制宜的理解,到对因地制宜还可以借助科技实现“超越”的认识,提升了对人地观念的认识层次。

(五)结课

结课环节,笔者试图实现德育渗透与情感升华。加涅认为,“建立态度和情感升华的最可靠的方法之一,是利用一系列包含人的模仿的学习条件,即人的榜样示范”[2]。农业科学领域的模范非袁隆平莫属。笔者最初设计时想通过对袁隆平农业成就的说明,反映我国农业的成就。考虑到其他参赛老师可能也会这样设计，为避免雷同，笔者决定用讲故事的方法，把教育意图隐含在友好的毫无拘束的气氛之中，使学生受到启发。于是挖掘出袁隆平的粮食梦作为结课内容：最后我们不得不提到一位可敬的人——袁隆平。袁隆平说："我曾经做了一个梦，梦见水稻长得像高粱一样高，稻穗长得像扫把一样长，米粒长得像花生米那么大，几个朋友坐在水稻下面乘凉。"1961年，袁隆平开始研究杂交水稻；至2006年，袁隆平研发的杂交水稻累计推广种植面积达到56.4亿亩，累计增产5200多亿千克。现已80多岁的老人，仍然在田间地头忙活着。今年（2016年），他来山东了。他要用科技的力量，利用青岛的盐碱地种植水稻。目前来看，我国内陆尚有15亿亩盐碱地，其中有2亿亩具备种植水稻潜力。试种、推广成功后，可增产粮食500亿千克，多养活约2亿人。这不仅仅是袁隆平的粮食梦，更是中国人共同的梦，让我们以这节课向科技兴农的追梦者们致敬！

课例四：北方地区的《自然特征与农业》

本节课的课程标准要求是：运用地图简要评价某区域的地理位置；在地形图上识别某区域的主要地形类型，并描述区域的地形特征；运用资料比较区域内的主要地理差异。笔者结合学情确定教学目标。其中，知识与技能目标是：运用北方地区范围图，说出北方地区的位置和范围；分析北方地区四大地形区的自然环境特征，初步学会区域分析的一般方法；举例说出北方地区农业生产方式、主要物产及分布；掌握北方地区气候、地形、自然景观等自然地理特征。过程与方法目标是：学会描述一个区域的地理位置特点的方法；通过多媒体辅助教学形式、小组展示等激活课堂氛围，激发学习兴趣；通过考察北方四大地形区的自然环境特征及自然环境特征对农业发展的影响，分析、概括整个北方地区的自然环境特征。情感态度与价值观目标是：理解自然环境对农业生产的影响，树立因地制宜发展农业的理念。下面从导入、北方地区的自然特征、北方地区的农业、结课等方面说明磨课过程。

（一）导入

"一磨"时呈现北方地区的地形、土壤、气候等对农业产生影响的视频，让学生观看视频，并写出视频提到的主要信息。有的同学提及北方的农业，有的同学提及北方的地形、土壤、河流等。笔者作如下引导：农业生产受到自然环境的影响，本节课我们先来学习北方的自然特征，再学习北方的农业。

“二磨”时，师生通过梳理图3-8所示的区域地理的学习内容，引出本节课的重点——学习北方地区的自然特征与农业。

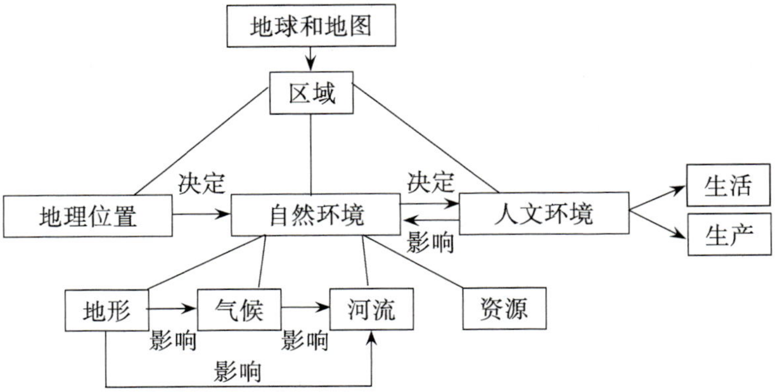

图3-8 区域地理核心概念

这一方式虽有利于学生构建知识体系，但趣味性不够。

(二)北方地区的自然特征

该环节内容主要包括北方地区的地理位置、地形、土壤、气候。考虑到开学初已学过位置专题，且学生对中国的地形相对熟悉，而对于气候内部的差异存在理解上的难度，于是将北方地区的位置、地形、土壤作为自学内容，将重点放在北方地区气候差异的学习上。具体设计如下：

1.北方的地理位置及地形、土壤特征

“一磨”时，学生结合图完成基础知识，内容包括北方地区的地理位置、主要地形区、山脉、河流、不同地形区土壤颜色。完成后笔者呈现答案，同桌互相批改，记忆1分钟时间，然后同桌互查对方答错的内容。为了解学生的掌握情况，笔者让学生分别说出三个地形区的名称，设问：由此可以得出北方的地形以什么为主？不足之处在于，学生对于不同地形区土壤颜色认识不足，笔者未作进一步解释。

“二磨”时，笔者呈现东北的黑土，课堂气氛开始活跃起来，但由于没有说明黄土与黑土存在差异的原因,学习过程仍表现为机械记忆。

"三磨"时,笔者将东北的黑土和华北的黄土装在两个烧杯中,在教室里走了一圈,然后设问:大家知道哪种是我们华北平原的土壤,哪种是东北平原的土壤吗?并作如下引导:土壤颜色不同,有多种影响因素,其中之一是气候差异,也就是说,华北、东北虽同属温带季风气候,但存在差异。下面我们一起了解北方地区的气候特征。

通过该环节,学生直观感受了华北与东北土壤颜色的差异,认识到造成该差异的原因之一,为接下来的学习作了铺垫,可以说是一举三得。

2.北方的自然环境——气候

笔者给出以下问题让学生分组完成:

(1)比较分析齐齐哈尔、石家庄、延安三地气候的共同特征。

(2)分析石家庄和齐齐哈尔的气候差异,说明原因。

(3)分析石家庄和延安的气候差异,说明原因。

(4)结合我国四大地理分区、温度带、干湿地区的分布图,说明北方地区的温度带和干湿地区有哪些。

考虑到四个问题联系较少,"一磨"时采用了切块拼接法,具体分工如下:C层同学负责第一题,A层同学负责第二题,B层同学负责第三题,D、E层同学负责第四题。学生独立思考2分钟后简要记录答案,然后负责相同题的学生组成"专家组",讨论出正确答案后,回到本组为其他同学讲解。

合作过程中存在三个问题:一是到位时间较慢;二是各个"小专家"的答案不统一;三是有的"小专家"能理解该问题,但讲不清楚。

"二磨"时,针对到位慢的问题,笔者提前告知各"专家组"的位置,并规定移动时间为10秒。其中,D、E层同学留在原位。为了让"专家"在交流过程中能够减少意见不同带来的阻力,笔者提前制作好微课,让学生回家提前观看。为了让"专家"能够回到小组把问题讲明白,在他们达成共识后,让他们先两两讲解,直到对方听明白为止。

了解了北方气候的差异后,笔者陈述:由于东北地区气候冷湿等原因,土壤的腐殖质比较多,所以形成了肥沃的黑土。华北平原的土壤来源于黄土高原,所以是黄土。解释土壤颜色差异的原因,让学生知其然并知其所以然。

（三）北方地区的农业

该环节主要包括北方地区农业发展的条件和北方地区的农产品两部分内容。

在过渡到第一部分内容“北方地区农业发展的条件”时，“一磨”时的承转比较生硬：以上我们已经了解了北方地区的自然环境，下面我们来学习北方地区的农业。该承转割裂了自然环境与农业之间的联系。“二磨”时调整如下：以上我们已经了解了北方地区的自然环境，这些环境要素有的为农业发展提供了有利条件，有的成为农业发展的限制性因素。请同学们从课本中找出影响农业发展的有利条件和限制性因素。为更好地理解这些因素而不是仅仅停留在知识的记忆上，“三磨”时笔者让学生在找出有利和不利条件时，结合图3-9予以说明，从而较好地培养了学生的读图能力，加深了他们对知识的理解。当学生根据图中信息指出“降水集中在夏季，春季降水少形成春旱”时，笔者进一步引导学生思考春旱的成因及解决措施。

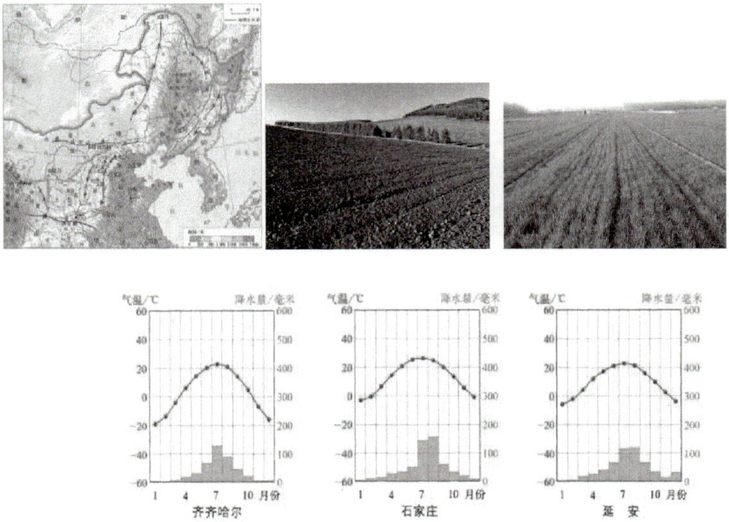

图3-9　北方的自然环境

（图片来源：《地理（八年级　下册）》，人民教育出版社2012年版，第9-10页）

对于第二部分内容“北方地区的农产品”，“一磨”和“二磨”时，笔者和学生一起梳理北方地区的主要农作物，如粮食作物、油料作物、糖料作物等。后来发现，学生虽然知道北方地区的油料作物主要有大豆、花生，但是容易记错分布地区。所以，“三磨”时笔者设计如下活动环节：让学生先阅读课本，然后将相应的作物布局在合适的地理区域，并将南方和北方的一些农作物名称打印在卡纸上，找一名同学上台用磁力球将其粘贴在地图上相应的位置。这一活动提高了学生的积极性，巩固了有关农产品分布的知识。

（四）结课

“一磨”时，笔者用的是组际接力法进行总结，即让一组的D层学生说完后，其他组的D层同学接力进行说明。为了更好地掌握知识，“二磨”时使用了复述通行证的方式，即A层同学说明自己的观点，B层同学先复述A层同学的观点，再表达自己的观点。这一方法能够较好地锻炼学生倾听的能力，同时能够通过复述进一步强化知识。当然越往后复述内容越多，有的同学会记不清前面同学回答的内容。“三磨”时使用的是复述通行证和组际接力法相结合的方式，即每位同学只说一个内容，这样可以保证学生能瞬时记住前面同学所说的内容，为了避免再次出现记不清的问题，可以简单记录前面同学的观点。这样既通过接力扩大了学生的参与面，又通过记录复述巩固了知识。最后，师生共同梳理北方地区的自然特征与农业图式（图3-10）。

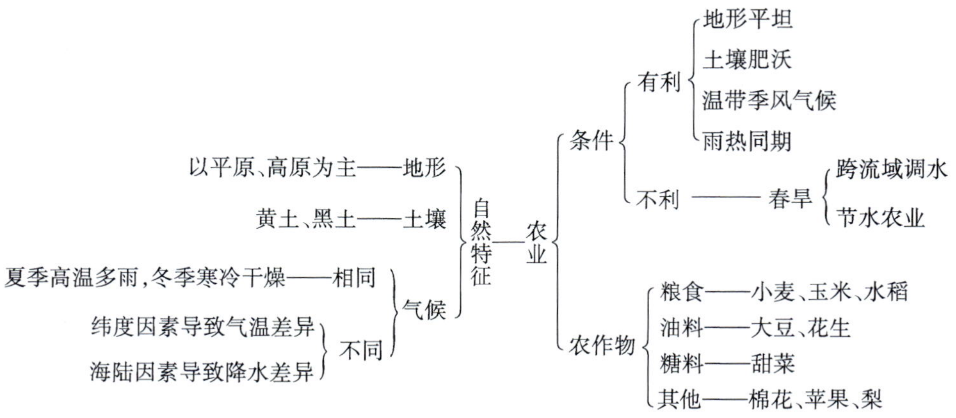

图3-10　北方地区的《自然特征与农业》图式

课例五：《降水的变化与分布》

在教学新秀评选活动中，笔者帮助本校参赛选手杜老师共备这节课。本节课的课程标准要求是会读世界年降水量分布图,归纳世界降水分布特点;运用降水量资料,绘制气温曲线和降水量柱状图,说出降水随时间的变化特点。因为在“世界的气候”部分,还要求举例说明纬度位置、海陆分布、地形等要素对气候的影响,所以本节课还应落实这一目标内容。结合学情,我们确定了本节课的教学目标。其中,知识与技能目标是:了解降水、降水量、降水量柱状图、等降水量线、降水分布图等概念;运用降水资料绘制降水量柱状图,说出降水随时间变化的特点,提高实践能力和分析能力。过程与方法目标是:阅读世界年降水量分布图,归纳世界降水的分布特点,理解影响降水分布的主要因素。情感态度与价值观目标是:知道降水与人类生产和生活的密切关系,形成人地和谐的观念。下面从导入、降水量的测量、降水的时间变化、降水的空间分布等方面说明磨课过程。

(一)导入

最初的设计是通过谜语的形式导入,如“千根线万根线,掉到地上都不见”等,但是这样设计难免落入俗套。考虑到恰逢“双十一”,而雨雪天气会造成快件滞留现象,于是创设以下情境。

师:同学们,老师上课之前看到这样一则新闻,今年的“双十一”网购节交易金额再创新高。可是,这几天要想尽快拿到自己的快递,却不那么容易。请同学们看一幅天气预报图(图略),然后思考我们的快递会被什么天气耽搁在路上。

生:降雨、降雪。

师:从大气中降落的雨、雪、冰雹等,我们统称为降水。其中,降雨是降水的主要形式。

原本设计在此处引入课题,但是为了让学生进一步理解降水对人们生活和生产的影响,于是提问:降水过多或过少分别会带来哪些影响?在学生深入理解降水影响人们生活和生产的基础上引入课题,效果较好。

(二)降水量的测量

在学生说出一系列降水过多或过少带来的影响后,引入降水量的测量。教师作如下陈述:降水的多少对人们的生活有重要的影响,人们把单位时间内的降水划分为四个等级。分别是哪四个等级呢？教师呈现图片，学生依次说出小雨、中雨、大雨、暴雨。那么如何测量降水量呢？学生根据教师提出的问题“找出测量降水量的基本仪器和单位是什么”，阅读课本中的材料。由于这一内容可以渗透地理实践力的培养，于是加入展示雨量器及其用法的环节。教师用喷水壶现场演示降水，用同屏的方式，让学生观看大屏幕，然后读出雨量器中降水的刻度。

（三）降水的时间变化

1.承转设计

最初设计如下：测得降水量如何为我们所用呢？人们绘制了降水量柱状图来直观体现降水量的时间变化（教师呈现图片）。然后进入绘制降水量柱状图的绘制环节。后来考虑到降水数据是研究季节变化与空间分布的重要依据，为让学生更全面地认识降水量数据的用途，教师作如下引导：根据测量的降水量，人们把不同地区的降水量绘制成等降水量线，直观体现降水的空间分布。人们还把一个地区不同时间的降水量绘制成了降水量柱状图，直观体现降水的时间变化（呈现降水的时间变化图和世界的降水量分布图）。现在我们先来学习降水量柱状图的绘制。

2.绘制、判读、描述降水量柱状图

此处采用微课教学法，学生绘制降水量柱状图后进行展示（图3-11）。然后教师在此基础上作如下引导：我们不仅要学会绘制降水量柱状图，还要会读出其中的时间变化，请同学们采用接力法，完成课本中的课后活动题：

（1）该地哪几个月份降水量较多？

（2）该地哪几个月份降水量较少？

（3）该地降水的季节变化有什么特点？

在学生展示后，教师根据降水量的多少，告诉学生不同的降水量用什么词描述，如>100 mm的为多雨，50 ~ 100 mm的为湿润，30 ~ 50 mm的为少雨，<30 mm的为干燥，并让学生描述图示降水量不同季节的表述方式，然后设问：是否每个地方都是夏季多雨，冬季少雨呢？呈现图3-12，比较A、B两地的降水季节分布有什么不同，并设问：哪种降水与我们家乡淄博相似？实现知

识与生活的联系。

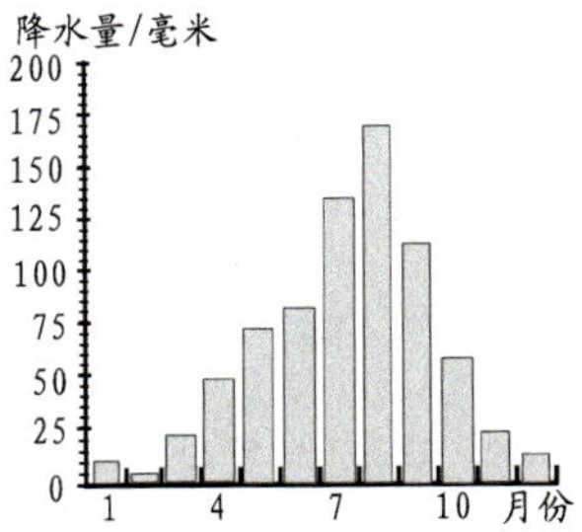

图3-11 北半球某地降水量柱状图

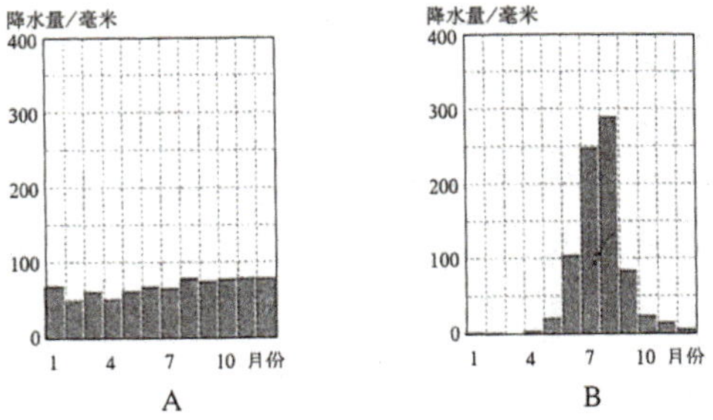

图3-12 降水季节变化的地区差异

为体现不同类型降水的季节差异，最初设计了对年雨型、少雨型、冬雨型气候进行说明，并让学生通过连线强化练习，后来考虑到40分钟的课堂时间紧张，于是略去了连线环节。

(四)降水的空间分布

1.承转设计

最初的设计是：前面我们已经学习到有的地方降水多，有的地方降水少，那么世界范围内的降水有没有规律可循呢？让我们进入模块三——降水的空间分布。考虑到前面提到降水量可以用来绘制降水量柱状图和等降水量线分布图，所以对承转的方式进行了调整：利用降水量我们可以绘制降水量柱状图，从中可以了解降水的时间变化。我们还可以把相同地区的降水量连起来，绘成降水量分布图来学习降水的空间分布规律。接下来，我们通过完成课后活动题，学习世界降水的空间分布规律。

2.读图分析归纳降水量分布

阅读课本图3.24，思考以下问题并归纳降水分布规律：①赤道附近各地的年降水量大多在多少毫米以上？两极地区的年降水量大多在多少毫米以下？②南、北回归线附近，大陆东岸年降水量大约是多少毫米？大陆西岸年降水量大约是多少毫米？③在中纬度地区，从沿海到内陆年降水量有什么差别？最初试课时发现学生在定位时容易出错，特别是中纬度的沿海和内陆，以及回归线的大陆东岸和大陆西岸。后来我们进行了调整，首先通过世界地图帮助学生明确不同地区的位置，然后再进行分析，效果较好。

3.降水量分布的影响分析

最初设计时仅是读图找出不同地区降水差异,缺少对影响因素的分析。后来在学生展示过程中,学生每展示一个问题,教师便加入对其影响因素的分析。如学生在展示完赤道和两极地区的降水差异后,教师播放热水杯盖上盖子后形成水滴的视频,说明成雨的原理:水汽上升,遇冷凝结。然后根据热胀冷缩的原理,就赤道和两极地区的降水形成原因说明纬度对降水的影响。在学生展示中纬度沿海和内陆的降水差异后,教师询问原因,学生能够轻松地得出靠近海洋的地方降水多,距离海洋远的地方降水少,从而归纳出海陆因素。在学生展示回归线穿过的大陆东岸和西岸降水差异时,教师作适当引导:虽然有的地方临近海洋,但是降水少,原因在高中地理中有详细说明。为了让学生了解地形对降水的影响,教师播放世界的干极和雨极视频,并设问:为什么乞拉朋齐会成为"雨极"?学生一般会想到海陆因素,实际上还与地形等有关。教师适时解释并呈现地形雨的动画,说明迎风坡降水多,背风坡降水少。

最后是总结与练习环节。

课例六:《自然灾害》复习课

在淄博市督导活动期间,学校安排一名年轻教师出课。笔者与该教师共备了《自然灾害》一节的复习课。本节课的课程标准要求是:了解我国是一个自然灾害频繁发生的国家。对应的教学目标如下:知道自然灾害的分类及常见的自然灾害,了解我国自然灾害的主要特点;能够运用地图说出我国气象灾害和地质灾害的地区分布,了解自然灾害的成因及危害,了解我国的防震减灾措施及取得的成就。下面就本节课导入与重难点突破环节的磨课过程y予以说明。

(一)导入

由于复习时间较紧,教师通常采用开门见山式导入。由于2019年台风利奇马对淄博的影响较大,且考虑到近年来地理会考常就时事进行考查,所以本节课借助利奇马的视频导入。在播放台风利奇马视频后,让学生思考:台风属于什么自然灾害？它是如何分布的？

在学生回答后，教师作如下引导：刚才我们看到的台风属于气象灾害，我国是一个自然灾害多发的国家，那么我国常见的自然灾害有哪些？它们是如何分布的？今天我们一起来复习第二章第四节《自然灾害》。教师板书如图3-13所示。

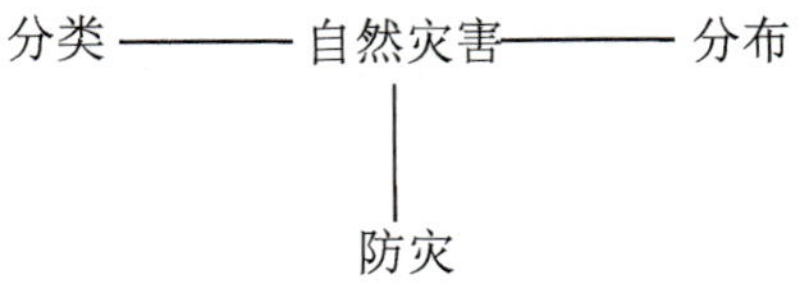

图3-13 板书

（二）自然灾害的概念及分类

授课教师最初设计的是通过自主学习课本第56和57页内容后思考自然灾害的概念，并注意自然灾害的三个特点：自然、异常变化、造成损失。然后由学生说出自然灾害的分类，如气象灾害包括干旱、洪涝、台风、寒潮，地质灾害包括地震、滑坡、泥石流。

概念是抽象的，概念教学应该通过直观的方式让学生感知地理事物。笔者建议呈现课本中台风、洪涝、干旱、地震、滑坡、泥石流等自然灾害的图片，然后设问：我国是一个自然灾害多发的国家，你能说出这些自然灾害的名称，并对它们进行分类吗？学生自然会将六种自然灾害分成地质灾害与气象灾害两大类。考虑到寒潮与冬季风有关，干旱、洪涝均与夏季风有关，笔者建议在此基础上进一步分类，即将寒潮、干旱、台风进一步分成由冬季风和夏季风带来的灾害，然后出示不同季节风向示意图，设问不同季节发生的气象灾害，从而达到加深理解、强化练习的目的。

（三）自然灾害的分布及成因

自然灾害的分布是本节课的重难点，最初设计得相对简单，即通过切块拼接法，让学生根据课本第58和59页中国主要气象灾害、地质灾害分布图和第60页活动题，思考滑坡和泥石流、寒潮、干旱、洪涝分布的主要地区和原因。具体要求如下：

（1）任务分配：A层同学——滑坡和泥石流；B层同学——寒潮；C层同学——干旱；D、E层同学——洪涝。

（2）A、B、C、D、E层同学分别组成“专家组”，讨论。

（3）小组长为庄主，组织“专家组”讨论，要求组内统一答案。

（4）“专家组”同学两两互讲，直到能够准确说出答案。（2分钟）

（5）“专家组”回到本组向其他成员讲解。（4分钟）

（6）随机选组进行展示。

作为复习课，这样的任务设计难度太小，因为这几道题目的内容学生均记过笔记，只要一翻笔记即知，所以在后期磨课中对该环节进行了优化。一是调整A、B、C层同学负责的问题任务，二是在学生展示后对问题进行拓展。其中，A层同学的问题改为：云南、台湾地震频发的原因是什么，滑坡和泥石流分布在哪些地形区，原因是什么？这样就避免出现主要分布在西南地区这一观点，而是会考虑四川盆地、黄土高原及其发生这类灾害的原因。教师为A层同学每人提供一张地形模型图，作为辅助教具。B层同学的问题改为：思考寒潮影响较大的地区和影响较小的地区及其原因，山东是否会受寒潮影响？这样设计能够帮助学生理解离冬季风源地近的地区受寒潮影响大，反之影响小。山东是否受寒潮影响这一问题，则有助于学生结合家乡情况进行思考，学以致用。C层同学的问题改为：干旱主要发生在哪些地区，原因是什么；季风具有不稳定性，南方地区是否也有干旱？这样设计有利于学生明确受夏季风的影响，旱灾不仅分布在北方地区，也分布在南方地区。

在学生展示环节，针对学生提到的自然灾害作进一步延伸。如学生在展示旱灾的分布并说明原因时，让学生进一步思考，我国西北地区自然特征较为干旱，但是不是自然灾害的多发区，并通过这一点说明灾害具有突发性的特点。在学生展示完洪涝分布及原因后，让学生进一步思考北方地区是否有洪涝，然后引出洪涝和干旱的原因均由夏季风的不稳定所致。在学生说完寒潮的分布后，让学生思考，冬季我国四川盆地为什么比同纬度的长江中下游平原更加温暖，从而明确地形对冬季风的影响以及寒潮的影响范围。学生在分析滑坡、地震、泥石流分布时，会提到黄土高原也是滑坡、泥石流多发地区，教师引导学生明确黄土高原的水土流失属于生态环境问题，不属于自然灾害。学生在分析我国西南地区地震频发及其原因时,会提到地形、降水的影响等,教师让学生进一步思考台湾省是不是自然灾害频发的地区,并从地形、降水、地震带的分布角度予以说明,从而对所学知识进行迁移与深化。

(四)防灾减灾

通过研究历年中考试题发现,该节内容主要考查自然灾害的分类与分布,较少考查防灾减灾内容,所以最初的设计只提到了在遇到泥石流时如何正确逃生。考虑到防灾环节也可以实现知识的前后联系,且对学生进行防灾技能培养是非常必要的,于是在后期磨课中加入关于台风、滑坡、泥石流、干旱、洪涝的相关题目,进一步完善学生的认知结构。具体问题设计如下:

(1)防台风。

在台风利奇马过境时,我们采取了哪些防护措施?

这一问题采用随机问答的形式,由于亲身经历过,再结合教师的配图,学生能够轻松应答。

(2)泥石流逃生。

2004年7月5日,云南德宏傣族景颇族自治州发生特大洪涝泥石流灾害,在当地政府的努力救援下,62名游客全部脱离危险,被安置到安全地段。

从地形要素看,图3-14甲中B、C、D、H四地中最容易发生泥石流灾害的是(　　)

A.B地　　B.C地　　C.D地　　D.H地

图3-14中乙为一段等高线地形图,实线为等高线(单位:米),虚线为泥石流路线,若此时游客正好位于O点,则其正确的逃生路线是(　　)

A.①　　B.②　　C.③　　D.④

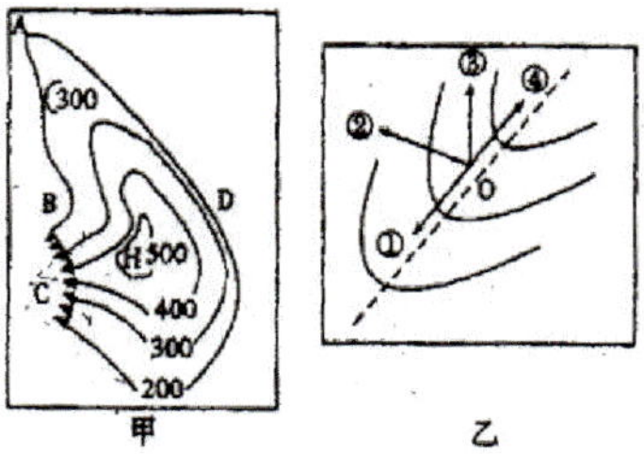

图3-14

该题以泥石流的发生和逃生为背景，考查了等高线的相关知识。为了让学生了解更多真实情境下的逃生措施，教师播放泥石流逃生办法的视频，开阔学生视野，效果较好。

(3)我国长江流域水灾频繁，如何有针对性地防灾呢？请将图3–15补充完整。

原因	防洪对策
水土流失是导致中下游地带洪涝灾害加剧的重要原因之一	①________
围湖造田使天然湖泊面积减少，蓄洪能力降低	退耕还湖
降水量大且集中，多暴雨	②________
河道弯曲，泥沙淤积严重，泄洪不畅	裁弯取直

图3–15

(4)华北地区每年春季都会发生春旱，请根据图3–16说明春旱产生的原因以及可以采取的措施。

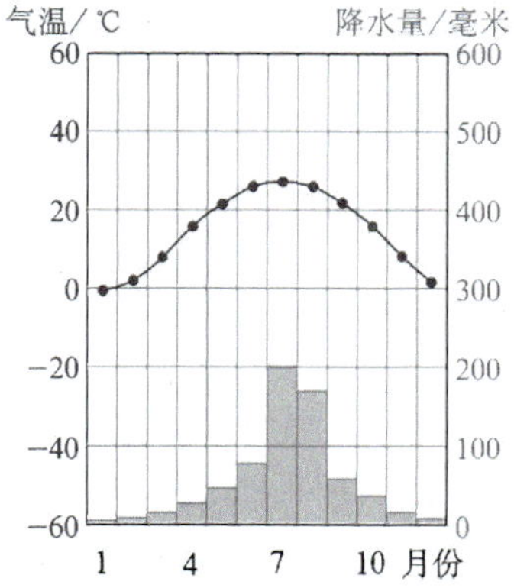

图3–16　华北地区气温和降水量

第(3)题属于《河流》的复习内容，目的在于巩固前面所学的知识。第(4)题属于七年级下册内容，由于间隔时间较长，学生可能遗忘较多，无法正确表述，教师需要结合图文资料予以说明。

(四)总结与巩固提升

通过总结环节,学生可以进一步梳理思路,完成知识建构。仅从课本来看,这节课内容不多,但是如果把知识前后联系起来,那么这节课涉及的内容就较多。总结环节使用思维导图的方式能够较好地厘清知识间的联系与区别。教师提供图 3-17 所示的板书,学生在此基础上完善思维导图。

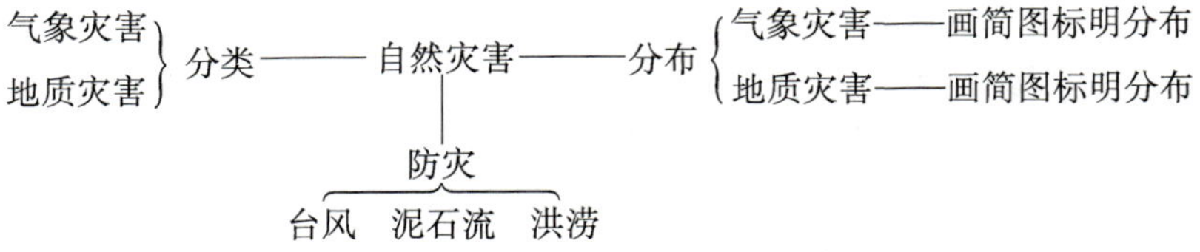

图 3-17　板书

第二节　同课异构

同课异构是一种常用的教研方式。本章选取《黄河的治理与开发》《巴西》两节内容进行对比说明。课例选自省级优质课、部级优质课及《地理教学》《中学地理教学参考》《地理教育》相关文献。在梳理相关内容过程中,笔者只选取具有代表性的观点和做法。其中,《黄河的治理与开发》一节突出教学环节的横向对比,《巴西》一节因为选取的案例具有较为完整的情境,为避免情境破碎化,采用整节对比的方式。

课例一:《黄河的治理与开发》

《黄河的治理与开发》是鲁教版《地理(七年级　上册)》第二章第三节《河流》中的一部分。该节内容的授课过程方法多样,为梳理当前一线教师符合新课程理念的优秀做法,找出案例背后的教学规律,更好地指导后期教学,笔者参考了部分省级优质课、部级优质课以及相关文献资料,试图对各个环节进行横向对比,并提出建议。

(一)导入

常见的导入方式是通过展现黄河的直观形象导入[3-6],如通过呈现黄河不同河段的景观图或视频等导入。为拓宽思路，笔者选取“关联章节”“关联事物”“关联人物”三种导入方式予以说明。

1.关联章节导入

关联章节导入即通过前后章节的对比、联系导入。例如，考虑到《长江的治理与开发》和本节所学内容在知识结构、学习方法上具有相同之处，教师用下面的方法导入：我们中华民族有两条母亲河，一条是长江，另一条是什么？（黄河）上节课我们以长江为案例，从地理的视角探寻河流与人类的关系，这节课让我们以黄河为案例，继续深入探寻河流与人类的关系。利用前后章节的联系导入，既有利于回顾前知，又能为新课作铺垫。

2.关联事物导入

关联事物导入即用与所学主题有关的地理事物导入。例如，同学们，你们知道我国最年轻的土地在哪里吗？就在我们山东省，而且我们山东省的面积在不断地扩大，你知道这是为什么吗？[7]相信通过本节课的学习我们就能找到答案。该导入以乡土素材为背景，从黄河塑造家乡平原这一影响切入，既能激发学生的学习兴趣，又能为接下来的学习作铺垫。

3.关联人物导入

关联人物导入即用与所学主题有关的人物导入。例如，我们临沂古圣先贤众多，今天我就给大家介绍一位当今名人。他叫杨同杰，是沂水县的一名教师。他从2000年开始，自费对长江黄河进行考察，他出版的《热血追寻——杨同杰自费黄河科学考察日记》，被认为是黄河的百科全书。虽然我们暂时无法跟随他科学考察的脚步，但是我们能够感受到他对母亲河的赤诚之爱。我们也是中华儿女，也有保护母亲河的责任。为了将来能够更好地保护母亲河，今天让我们一起走近黄河，来了解我们的母亲河。该导入以家乡名人杨同杰保护黄河导入，通过讲述其经历，既能增加学生对家乡的自豪感，又能渗透德育教育，提升学生保护黄河的责任感。

（二）黄河的概况

关于黄河的概况，常见的教学方式是教师呈现有关概况的图片，学生结合学案中的问题自主学习，然后通过师生互动依次说明。其中，下面这位教师的学案[8]比较有借鉴意义。

(1)请在下图中勾画出黄河干流，黄河干流的形状像中国汉字“____”。

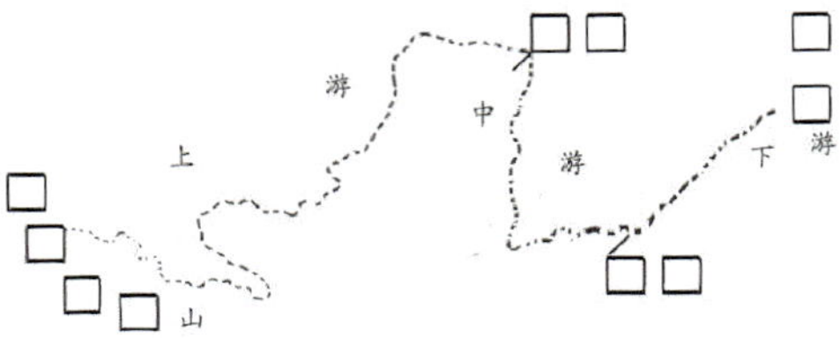

(2)在上图中标出黄河的发源地和入海口。

(3)阅读中国行政区划图，写出黄河干流从源头到入海口流经的省级行政单位。

青				内蒙古			鲁

(4)在上图中标注出黄河上、中、下游分界地点的名称。

教师让学生通过画、找、填等自学过程，扩大参与面，提高学习的有效性。从内容上来说，教师若增设流经的地形区、干湿地区等知识点，学生对黄河概况的了解则更全面。

(三)黄河的贡献

黄河的贡献主要包括提供灌溉水源、水能开发、发展渔业、塑造平原、提供旅游景观等，笔者从地理原理教学的策略角度，选取“例—规”“规—例”两种典型教学法予以说明。

1.“例—规”教学法

“例—规”教学法，从事例到结论的推理过程，其一般程序为：教师引导学生观察有关地理原理的具体实例或现象；然后通过分析、比较，认识这些地理事物的特征；最后再抽象、归纳出地理事物和现象的本质特征[9]。教师出示水电站图片，让学生思考如何在黄河沿岸布局水电站。学生通过讨论，在板图上标出水电站的位置并说明理由。教师出示宁夏平原图片，让学生猜猜是哪里的景色，并设问宁夏平原地处干旱区，为什么会有“塞上江南”的景观。之后，呈现“黄河祭祖”“壶口瀑布”等图片，说明华夏文明与黄河提供的旅游资源[10、11]。教师通过“例—规”教学法，借助对水电站的位置、“塞上江南”的景观以及旅游资源等地理现象的分析，得出开发黄河的方式及地理规律。

2.“规—例”教学法

“规—例”教学法，从结论到事例的演绎过程，其一般程序为：教师先给出有关地理原理的定义或结论，然后分析、解释这些地理事物的特征，进而举例说明地理原理的适用范围[9]。教师告知学生一条河流流经地区的自然环境会影响它的水文特征，在学生分析得出黄河的水量、含沙量、结冰期等水文特征后，教师进一步陈述：一条河流的水文特征，对流经地区的政治、经济、文化发展等都有重大影响。黄河水量虽然小，但是它的贡献非常大，学生结合呈现的图片思考黄河的贡献。通过“规—例”教学法，学生掌握了影响黄河开发的因素以及开发利用的方式。接下来，教师采用“例—规”教学法，呈现干湿地区图，分析河套平原和宁夏平原处于干旱地区，却能成为“塞上江南”的原因，并让学生在图中找出三门峡、小浪底，分析这些水电站主要分布在什么河段以及原因。教师利用“例—规”教学法，通过对宁夏河套平原成因以及水电站分布的分析，完成对地理成因和地理规律的分析和归纳。

（四）黄河的忧患与治理

黄河的忧患包括上游的荒漠化，中游的水土流失，下游的“地上河”及洪灾，以及不同河段的凌汛、水污染等问题。结合诸多文献及视频，从地理教学的“过程与方法”角度来说，有两种典型的做法，一种是地理观察—地理分析—地理综合，另一种是地理类比—地理观察—地理分析。

1. 地理观察—地理分析—地理综合

地理观察即通过运用各类地图、示意图、视频资料，直接或间接观察地理事象和地理过程[9]。地理分析是指把地理对象分解成若干组成部分，分别进行考察和研究的方法[9]。例如，在“忧黄河”环节，教师让不同小组分析黄河上、中、下游存在的问题，并依据课本中提供的图片资料，思考其自然和人为原因。这一内容的教学采用的便是地理观察和地理分析的方法。学生提到上游存在荒漠化、凌汛，教师利用微课重点说明产生凌汛的原因。学生提到中游存在水土流失，并从土质、降水两个方面分析原因，教师引导学生进一步从植被的人为破坏方面分析水土流失的原因。学生提到下游的问题有水污染、凌汛、地上河，教师播放地上河形成的视频，帮助学生进一步加深理解。最后，教师通过地理综合的方法，将分析所得相互联系，形成一个整体的认识，呈现图3-18，与学生一起梳理不同河段的问题。

- 上游
  - 荒漠化——气候干旱、过度放牧
  - 凌汛——由较低纬度流向较高纬度河段
  - 水污染
- 中游
  - 水土流失——降水集中且多暴雨，植被破坏严重
  - 水污染
- 下游
  - 地上河——中游的大量泥沙在下游淤积，形成地上河
  - 凌汛
  - 水污染——污染排放

图3-18　黄河不同河段问题及原因

在“治黄河”环节，教师创设宁夏回族自治区相关政府工作人员要在全国黄河治理会议上做关于治理黄河的报告的情境，让学生角色扮演，准备发言。学生根据黄河各河段存在的问题，提出治理措施，师生总结如表3-2所示，引导学生得出治理黄河的关键是治沙，随后呈现山西吉县东城小流域治理前后的照片，说明治理成效。

表3-2　黄河不同河段治理措施

河段	问题	治理措施
上游	荒漠化	加强生态环境建设
	凌汛	爆破
	水污染	防治水污染
中游	水土流失	黄土高原地区开展水土保持综合治理，修建大型水利枢纽
	水污染	防治水污染
下游	地上河	加固黄河大堤
	凌汛	爆破
	水污染	防治水污染

2. 地理类比—地理观察—地理分析

地理类比即通过对比两类事物的属性，特别是内部关系相同、相似或相反的属性，获得借鉴的思维方法[9]。这一环节的教学，已有相关研究[6,8,10,11]提及“会诊黄河”的思路，即将黄河当作“人”，参照人类各种疾病，将黄河各河段的问题进行类比，针对问题提出“会诊”方案。地理类比的方式比较通俗易懂，能够激发学生的学习兴趣，也能加深其对知识的理解与应用。在类比后，通过地理观察和地理分析的方式，借助资料分析黄河不同河段的问题。虽然设计思路相同，但在问题设计上略有不同。例如，症状一：原先我的发质很好，但后来皮肤变得越来越干，并不停地脱发，最终导致秃顶。思考：头发是什么？(植被)皮肤是什么？(土壤)这是什么病？(土地荒漠化)这种病多发生在黄河哪个河段？(上游)教师一共呈现上述四个特点的症状。笔者认为，这种设计方式所需时间较多。因为单就每一种症状来说，先思考是什么现象，再思考出现在什么河段，难度就比较大，四组问题加起来，可能会导致在单位课时内无法完成教学任务。相比之下，下面这种处理方式比较好操作：教师将学生分成四组，每组选择黄河的一个“病症”进行探究，如胸闷(凌汛)、大量脱发(荒漠化)、腹泻(水土流失)、脚肿(地上河)等；学生自学课本，分析以上“病症”发生的地点及其成因。这种方式将症状与具体的问题对应起来，能够减少学生思考的时间，然后各组学生针对问题通过查阅资料提出解决方案，加快课堂教学节奏。

(五)结课

结课意在巩固知识与技能，突出过程与方法，提升情感态度与价值观。经过观摩、比较，笔者认为以下两种结课方式比较具有代表性。

1. 呼吁保护与治理黄河+总结知识+巩固练习

教师作如下陈述：“新中国成立以来，国家对黄河的治理成效显著，使人水更加和谐，但是黄河的治理需要我们一代又一代人的持续努力。”然后，师生结合课件梳理知识，最后完成相关练习。

2. 总结知识方法+辩证认识黄河功过+呼吁保护与治理黄河

教师通过课件呈现本节课的知识结构，与学生一起梳理本节课所学知识，总结自然环境对水文特征的影响，以及水文特征对黄河开发利用的影响，然后作如下引导：它有功，也有过，但它是中华文明最主要的发源地，是我们的母亲河，每个人都有保护母亲河的责任和义务，让我们都参与到保护母亲河的行动中来。然后呈现不同地区的中学生在3月9日“母亲河保护日”保护母亲河的照片，并引用杨同杰的话：“我考察的目的就是要动员更多的人参与‘保护母亲河’行动，这也是我毕生的理想和追求。”愿我们的母亲河早日浊水变清流，越来越美丽。

两种处理方式既各有侧重，又有相同之处。有别于方式2，方式1设计了练习环节，有利于强化巩固知识。在总结知识方法环节，方式2中教师与学生顺着自然环境影响水文特征，水文特征影响开发利用方式的思路进行总结，既有宽度，又有深度。两位教师均通过知识的总结渗透着人地协调观：黄河的各种水文特征为人类的开发利用提供了自然条件，而人类的开发利用体现了人对自然环境的影响。此外，相比方式1中教师提出通过不断治理，实现人水和谐，方式2则通过辩证认识黄河的功过，呼吁保护和治理黄河，在培养情感态度与价值观方面做得更到位。

课例二：《巴西》

区域地理部分的教学，教师通常按照位置、地形、气候、河流、工业、农业、交通、城市的思路进行授课，但是这样容易导致各个要素之间的割裂。相比之下，在学生习得区域地理的学习方法后，采用情境教学法和任务驱动教学法，能够收到良好的效果。《巴西》是人教版《地理（七年级 下册）》第九章第二节，笔者选择情境教学和任务驱动教学的两个典型课例予以说明。

（一）情境教学课例

区域地理的教学多创设旅游情境，通过旅游见闻串联知识点。该课例借助巴西奥运会创设情境，将大量混血种人的社会、巴西的地理位置、巴西的自然环境、发展中的农业、发展中的工业等知识点串联起来。

1. 导入

教师通过提问2016年奥运会的举办国后，设定与主人公小陈一起去巴西看奥运会的情境，然后播放巴西奥运会宣传片，其中涉及巴西的自然风光及其特色人文景观，如足球、桑巴舞等。

2. 大量混血种人的社会

师：小陈到了巴西后，去朋友卞卡家做客并看到她的全家福。他们的肤色和血统有什么特别之处？谁是混血种人？（学生读图回答）

卞卡给小陈呈现巴西的人口结构图。在教师引导下，学生读图得出巴西人口的特点。教师进一步设问：巴西为什么会有这么多的混血种人呢？通过"卞卡爷爷说历史"环节，播放巴西被殖民历史视频，得出原因。

师：巴西是一个人种构成复杂的国家，来自世界各地的文化相互融合，形成了独具特色的巴西文化。你能说出这些巴西文化的符号吗？学生根据课本回答，教师播放有关巴西足球、桑巴舞、狂欢节等视频，让学生再次感受多元文化。

3. 巴西的地理位置

师：经过以上的学习，你们想去巴西旅游吗？这样的出国旅行，一定要做好充分的准备，让我们结合自己学过的地理知识，想一想穿衣攻略。师生互动解决以下问题：从半球来看，巴西位于南北半球中的哪个半球？从温度带来说，巴西主要位于哪个温度带？如果我们这里是冬季的话，那么巴西是什么季节？结合南美洲的气候类型，分析巴西的气候类型主要有哪些？

4. 巴西的自然环境

师：看奥运会期间，小陈想自制一张关于巴西地理位置和自然环境的明信片。这是部分作品（巴西的轮廓），剩余的部分咱们来帮帮他。（学生通过小组合作在图上标出重要的纬线、濒临的大洋、最大的河流、两大地形区等地理信息，并进行展示）

师：小陈是个有心人，他想突出巴西自然地理的世界之最，包括世界上面积最大的高原，世界上面积最大的平原，世界上流量最大、流域面积最广的河流。（学生通过抢答的方式完成该内容，并通过师生互动进一步总结得出巴西大部分处于热带、气候湿热、地形平坦的特点）

5. 发展中的农业

师：为了给家人带点特产，看完奥运会后，小陈决定让卞卡给他当参谋，选购一些当地的农特产。巴西居世界首位的农产品有哪些？这些农产品都不方便携带，我们可以携带农产品的制成品，那么这些出口创汇的制成品有哪些？（学生阅读课本后回答）请大家观看有关巴西咖啡的视频。（播放视频并通过课件依次呈现不同农作物的分布地区）巴西的农产品主要分布在两大地形区中的哪个地形区？（学生读图回答）

6. 发展中的工业

教师呈现课本中"20世纪以前，巴西几种重要农矿产品的开发"图片，说明二战前后的经济变化。教师创设跟随卞卡的爸爸到巴西的大城市游览，参观当地有代表性的工厂的情境，并呈现与工业有关的活动题：明确矿产符号的名称，找出矿产资源的分布。学生从图中找出主要城市的位置，以小组为单位将矿产资源的标识粘贴到黑板上巴西的轮廓图中，进而得出结论：巴西的矿产资源非常丰富。教师呈现旅行日记（表3-3），学生补充完整。

表3-3 巴西工业部门与原料分布的关系

城市名称	工业部门	附近的原料
里约热内卢		
圣保罗		

最后环节，教师还提及热带雨林的开发与保护。

【课例评析】

本节课采用了"一境到底"的情境设计，现从创设情境的"连续性""合理性""适度性"三个角度予以说明。

"连续性"是指由情境引出问题，由情境实现过渡。从"连续性"角度来说，该课例通过到巴西看奥运会的情境将知识串联起来。其中，围绕出行前的准备串起位置、气候知识；通过创设到卞卡家做客、卞卡爷爷讲历史串起巴西的人种和文化由来；通过选购农特产串起巴西的农业和地形知识；通过观光了解当地自然景观和工业发展。总体来说，本节课情境连续性较好。

合理的情境更容易让学生接受，代入感更强。本节课的设计有个别内容值得商榷。如在"巴西的地理位置"环节设置"熟知气候巧穿衣"内容，但在确定位置和气候后，教师并没有进一步让学生思考如何穿衣。此外，这一内容与前面的情境存在冲突，即前面的情境是已经跟随主人公小陈到了巴西，此处却突然设问到巴西旅游如何选择合适的衣服。笔者建议可以将这一内容放在开头，即播完视频后，要跟随主人公去巴西旅游，此时进入“熟知气候巧穿衣”环节。这样到达巴西后，来到卞卡家看全家福等内容的设计也就顺理成章了。

适度的情境创设能够协调好情境与内容的数量关系，做到情境数量少而精。在“发展中的农业”环节，笔者认为了解巴西咖啡的视频可以略去。从时间成本来说，这一内容用时偏多，从内容设计来说，笔者建议代之以让学生结合气候类型图和地形图分析巴西高原农业生产的有利条件，从而紧扣课程标准：运用地图和其他资料，联系某国家自然条件特点，简要分析该国因地制宜发展经济的实例。在学生分析后，教师再指出这些农产品不方便携带，可以购买制成品，然后使用课本上的内容进行过渡：“巴西盛产木材、甘蔗、咖啡、天然橡胶、黄金和金刚石等农矿产品。其中一些农矿产品的出口，尤其是咖啡的大量出口，给巴西带来了源源不断的外汇，为工业的发展提供了较为丰厚的资金。19世纪末，巴西开始了工业化进程。二战后，巴西工业化的步伐加快。经过几十年的建设，巴西逐渐发展成为一个工农业大国。”这样既说明了工农业发展之间的关系，也较好地说明了巴西工农业发展的历史。

（二）任务驱动教学课例

任务驱动教学即学生在教师的引导下，围绕一个任务，以教师事先设置的问题为动力，利用教师提供的学习资料和自己准备的资料，进行自主探索和小组互动合作的学习，在完成设定任务的同时，形成一次完整的学习实践[12]。在学生基本掌握学习区域地理的方法后，教师可以通过任务驱动教学的方式，让学生自学其他章节内容，从而提高学生的自学能力、思维能力、解决问题能力和协作能力等。

1. 导入

师：首先来看一段视频，看谁能捕捉到更多的地理信息。（视频内容为巴西风光、足球、桑巴舞、狂欢节）把刚才提到的所有信息汇聚到一个国家，是哪个国家？（巴西）让我们走进巴西，系统学习巴西的地理知识。

2. 自主学习

师：大家想一想学习国家地理一般从哪几个方面入手？

生：位置、地形、气候、河湖、植被、资源、经济、人口、城市、交通。

教师板书如图3-19所示：

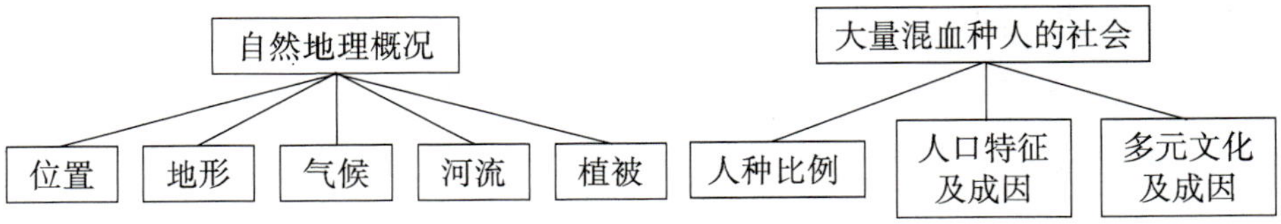

图3-19 板书

教师呈现自主预习内容：阅读课本第82、83、85页文字与图片内容，结合学习目标，明确主要内容，用不同的符号标记、圈划。

根据学案初步解决下列问题：

(1)认识巴西的地理位置、地形、气候、河流、植被等自然地理要素。

(2)了解巴西的人种构成及人口特征。

(3)完成达标训练。

教师板画南美洲地图，标出主要纬线、两大洋、主要城市、地形区、河流(图略)。

学生自学过程中，教师巡视，了解情况，及时给予指导。自主学习结束前，组长查看组员是否完成训练，适时给予指导。最后，课代表根据完成情况记录小组评价表。

3. 小组合作

小组交流完成三个任务：订正学案的答案；根据巴西自然地理的五个方面，结合老师的板图，以小组为单位，一个人负责主持，五个人对照老师的板图，分工进行讲解，要求组长做好分工；根据自学的人文地理知识，设计三到四个问题，串联梳理相关知识，互动问答。

4. 展示交流

展示之前，先处理学案中的问题。小组代表说出有疑问的地方，由其他小组成员帮忙解决。教师随意抽取一个小组上台对照板图讲解巴西自然地理。讲解前，教师提醒学生指图讲解。讲解中，教师及时点拨指导，以下为典型片段。

【片段一】

生1:我来说一下巴西的地形,巴西的两种主要地形是高原和平原。

师:你可以直接说出板图中字母所在的地区吗?

生1:A所在的地区是平原,即亚马孙平原,B所在的地区是高原,即巴西高原。其中,亚马孙平原是世界上面积最大的平原,也是全部位于热带的平原。巴西高原是世界上面积最大的高原,而世界上最高的高原是青藏高原。

生2:我来展示一下巴西的河流,巴西的河流主要是亚马孙河。

师:你手指的位置对吗?

生2:(发现错误,立即纠正)亚马孙河是世界上流域面积最广,水量最大的河流,长度位于世界第二,仅次于尼罗河。

组长:有没有同学知道世界第三长河是哪条河?

生3:长江。

【片段二】

学生展示完后,教师追问:亚马孙河是世界世界上流域面积最广、水量最大的河流,为什么。

生4:因为它位于世界上面积最大的平原——亚马孙平原。

师:因为位于世界上面积最大的平原,亚马孙河就成为世界上流域面积最广、水量最大的河流了吗?

生4:这里属于热带气候,降水充沛。

师:热带沙漠也是热带气候啊,难道这种气候就能形成大河吗?

生4:它主要是热带雨林气候。

师:这种气候的特点是什么?

生4:高温多雨。

师:所以河流的水量怎么样呢?

生4:水量大,有利于形成大河。

【片段三】

学生上台后,教师引导:现在你们是老师,我是助手,下面通过你们设计的问题来学习巴西的人文特点,看看你们的问题设计是否有效。其他同学可以补充。

生1：我设计的问题是巴西有哪些人种？这些人种所占的比例有多少？

生2：白种人占一半多，黑白混血种人约占40%，黑种人约占6%，印第安人不到1%，还有少数黄种人。

生1：黄种人都是哪些人？

生2：大多数是日本人和华人。

师：当地的土著人种是什么人种呢？

生：印第安人。

这一环节的每个问题都由学生提出，学生回答，教师及时纠正并针对学生的设问进行优化指导。

5.学以致用

师：以下是中国小朋友小陈昨天晚上给远在巴西圣保罗的笔友发的一封E-mail，你能找出其中的错误吗？

卞卡：你好！很晚了，不知道你睡觉了没有？愿我的问候能越过大西洋来到你的身边……你们的国家有世界上最大的平原、高原和热带雨林，还有世界上长度最长、水量最大的河流……

生1："太晚了，不知道你睡觉了没有"有问题，中国与巴西之间有11个小时的时差，小陈发E-mail时，巴西还是中午。

生2："越过大西洋"有问题，中国和巴西之间隔着的是太平洋，而不是大西洋。

……

6.结课

教师通过设置基础总结和找易错点的活动完成结课。

（1）基础总结。

学生先用一分钟的时间思考本节课的收获，然后教师用"热""大""多"三个关键字总结学习内容："热"，热带面积最大的国家，位于热带，以热带气候为主；"大"，拥有面积最大的高原和平原，是拉丁美洲面积最大的国家，也是人口大国；"多"，混血人种多，人种的种类多，文化多元。

（2）找易错点。

该环节学生独立思考一分钟，然后抢答，教师针对易错点给予积极评价、点评和指导。以下内容为学生总结的易错点：人口特征是混血种人，但是所占比例不是最高的；亚马孙河是第二长河、第一大河；半球位置，巴西全部位于西半球，但不全部位于南半球；巴西高原是最大的高原，但不是最高的高原；巴西的西边没有临海；巴西通用葡萄牙语。

师：今天我们学习巴西还有一个重要的任务，即通过学习巴西了解整个拉丁美洲的人种特点，巴西是整个拉丁美洲的缩影。学习完本节课，你们还有什么疑问？

学生提出疑问：巴西利亚是巴西的首都，为什么奥运会不在巴西利亚举办，而在里约热内卢举办呢？

最后教师引导拓展：我们学习地理不仅要从课本上学习，还要通过其他途径学习。教师给学生提供以下视频，让大家课后观看：《金砖之国》（巴西篇）、《里约大冒险》、《冲出亚马孙》、《南美野生大地》。

【课例评析】

本节课属于典型的任务驱动教学，学生通过自主学习、小组合作、展示交流等方式完成学习任务。笔者从课堂参与、课堂组织、学生发展三个角度对本节课进行评析。

（1）课堂参与。要想让学生广泛参与，教师要根据不同层次学生的学习水平考虑任务布置、问题设计、活动设计等环节。导入环节，通过播放视频，让学生捕捉地理信息，使所有学生都有话可说。自主学习环节，通过明确的任务要求，让学生认识巴西的地理位置、地形、气候、河流、植被等自然地理要素，了解巴西的人种构成比例及人口特征，保证全体学生积极学习。合作学习环节，通过组长帮忙解决组内同学的问题，直至绝大部分同学完成后，再小组交流，解决难点问题，发挥兵教兵的作用，提高学生的参与率。结课环节，在基础总结和找易错点活动中，教师都先让学生自主思考一分钟，再总结说明，保证学生有独立思考的时间，从而更加积极地回答问题。

（2）课堂组织。要想使学习过程有序推进，教师需要制定一定的规则。自主学习环节，教师布置任务明确，注重学习方法指导，从而确保自主学习有序推进。合作环节，教师布置三个任务，为使合作不流于形式，合作规则再明确一些会更好。如教师让学生根据巴西自然地理的五个方面，结合老师的板图，以小组为单位，一个人负责主持，五个人对照老师的板图，分工进行讲解，要求组长做好分工。笔者认为由教师对组内成员的任务进行分工效率更高，如B层学生负责巴西的地形、C层学生负责位置、D层学生负责气候、E层学生负责植被。教师分配有利于提高合作效率，且有利于将难度大的问题分配给成绩好的学生，难度小的问题留给成绩相对差一些的学生，保证每位学生都能完成任务，提高积极性。

(3)学生发展。学生的发展取决于课堂活动与问题设计。在活动设计上，本节课的自主学习、合作学习、展示交流、结课环节设计均有利于学生的发展。自主学习能够培养学生的独立思考能力和自学能力。其中，设计三到四个问题把巴西的人口、农业、工业串联起来，这对学生的知识与能力要求很高，既要求学生能够掌握课本的基本内容，又要求学生能够根据理解提出有价值的问题。合作学习，既培养组长的组织能力，又培养其他学生的协作能力。在展示环节，组长能够组织本组同学按照先后顺序说明，并且能在同学回答完毕后，积极组织其他同学进行补充、评价；组员能够指图说明组内讨论结果。这都体现出教师平时注重对学生能力的培养。结课环节，教师让学生独立思考找易错点，让学生自己提出问题，培养了学生独立思考的能力和提出问题的能力。

第三节　基于观评课的教学诊断

基于观评课的教学诊断是根据现场观课或借助视频课例来记录真实的课堂教学情境和过程，对教学过程进行分析、诊断，发现教师教学特色和存在的问题，并提出改进策略的教育活动。本节结合《陆地与海洋》的复习课，从课前、课中、课后三个阶段说明观评课的操作流程和方式。

一、现场观课与视频课例

借助观课量表，现场观课是较好的教研方式，但是现场观课存在统计不全、不细的情况。杨南昌、刘晓艳等认为：视频研究可以捕捉到用纸、笔无法记录的细节及丰富数据；能再现事件，提供更接近于真实事件的研究数据；同时收集到的视频数据可以被永久保存，这就为大范围共同体的共享与合作研究提供了便利；另外，视频数据能以慢速或快速方式进行播放，能满足研究者细致分析、检查记录等要求[13]。但是仅通过视频课例观课而不借助现场观课，仍然存在一定的局限性。笔者认为，较好的方式是现场观课与视频观课相结合，从而保证准确而全面地采集信息。

二、观评课流程

较为完整的观评课流程应该分为课前、课中、课后三个环节。其中，课前需要确定观课主题，并通过阅读文献等制作观课量表，召开课前会议。课前会议主要内容是出课教师说课、明确观课任务、了解观课量表、确定观课位置。课中认真观课。课后在观课量表的基础上，结合视频进一步完善观课统计结果，然后出课教师说授课，最后结合视频、量表分析评课。课堂观察流程及实践操作要点如图3-20所示。

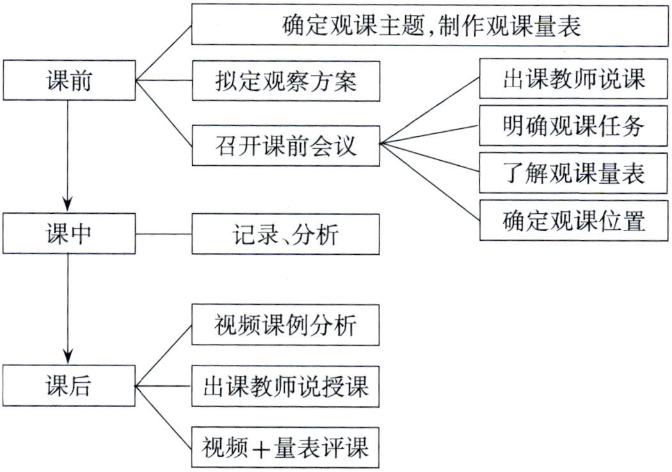

图3-20　课堂观察流程及实践操作要点

（一）课前准备

1. 确定观课主题，制作观课量表

观课一般选择一个或几个主题。观课主题源于学科教学过程中普遍存在的问题，同时需要顾及观课教师的专业观课能力。围绕观课主题，制作观课量表。

观课量表制作方面，华东师范大学的崔允漷教授及其团队与余杭高级中学合作研制出的第一个听评课框架——LICC模式获得了广泛认同。其中，L为学生学习（Learning），I为教师教学（Instruction），CC分别为课堂性质（Curriculum）和课堂文化（Culture）。每一个维度又进一步分解为5个视角，在此基础上再将每个视角分成3～5个观察维度[14]，经过实践，最终确定出课堂观察的框架，包括4要素20视角68观察点（表3-4）。

表3-4　课堂观察的4要素20视角68观察点

维度	视角	观察点举例
学生学习（L）	（1）准备；（2）倾听；（3）互动；（4）自主；（5）达成	以“达成”视角为例，有3个观察点： （1）学生清楚这节课的学习目标吗？ （2）预设的目标达成有什么证据（观点/作业/表情/板演/演示）？有多少人达成？ （3）这堂课生成了什么目标？效果如何？
教师教学（I）	（1）环节；（2）呈示；（3）对话；（4）指导；（5）机智	以“环节”视角为例，有3个观察点： （1）由哪些环节构成？是否围绕教学目标展开？ （2）这些环节是否面向全体学生？ （3）不同环节/行为/内容的时间是怎么分配的？
课堂性质（C）	（1）目标；（2）内容；（3）实施；（4）评价；（5）资源	以“内容”视角为例，有4个观察点： （1）教材是如何处理的（增/删/合/换）？是否合理？ （2）课堂中生成了哪些内容？怎样处理？ （3）是否凸显了本学科的特点、思想、核心技能以及逻辑关系？ （4）容量是否适合该班学生？如何满足不同学生的需求？
课堂文化（C）	（1）思考；（2）民主；（3）创新；（4）关爱；（5）特质	以“民主”视角为例，有3个观察点： （1）课堂话语（数量/时间/对象/措辞）是什么样的？ （2）学生参与课堂教学活动的人数、时间怎么样？课堂气氛怎么样？ （3）师生行为（情境设置/叫答机会/座位安排）如何？学生间的关系如何？

注：资料来源于崔允漷《课堂观察：走向专业的听评课》，有改动。

其中，学生学习角度又可以细分为5个视角（表3-5）。

表3-5　学生学习纬度[15]

视角	观察点举例
准备	课前准备了什么？有多少学生做了准备？ 怎样准备的(指导/独立/合作)？学优生、学困生的准备习惯怎么样？ 任务完成得怎么样(数量/深度/正确率)？
侧听	有多少学生倾听老师的讲课？倾听多长时间？ 有多少学生倾听同学的发言？能复述或用自己的话表达同学的发言吗？ 倾听时，学生有哪些辅助行为(记笔记/查阅/回应)？有多少人发生这些行为？
互动	有哪些互动/合作行为？有哪些行为直接针对目标的达成？ 参与提问/回答的人数、时间、对象、过程、结果怎么样？ 参与小组讨论的人数、时间、对象、过程、结果怎么样？ 参与课堂活动(小组/全班)的人数、时间、对象、过程、结果怎么样？ 互动/合作习惯怎么样？出现了怎样的情感行为？
自主	自主学习的时间有多少？有多少人参与？学困生的参与情况怎么样？ 自主学习形式(探究/记笔记/阅读/思考/练习)有哪些？各有多少人参与？ 自主学习有序吗？学优生、学困生情况怎么样？
达成	学生清楚这节课的学习目标吗？多少人清楚？ 课中有哪些证据(观点/作业/表情/板演/演示)证明目标的达成？ 课后抽测有多少人达成目标？发现了哪些问题？

对于现有的观察量表，可以采取拿来主义，但是在使用过程中，可能只是比着葫芦画瓢，要想制作适合自己的量表，离不开文献学习和实践经验两大基础，需要经过分析设计、使用修订、正式使用三个阶段。例如，笔者通过阅读文献制作教与学行为时间分配观课量表(表3-6)。

表3-6　教与学行为时间分配(一)

行为类别	时间(分钟)	百分比
教师教		
学生学		
师生互动		

该量表将课堂教学行为分为教师教、学生学、师生互动三个方面，但是不够细致。另外，在使用过程中，笔者发现这样不便于统计，而结合教学活动转

化记录进行统计更为方便，于是将教学活动分为五类：教师讲解（A）、学生讲解（B）、师生互动（C）、小组讨论（D）、学生自学（E）（表3-7）。

表3-7　教与学行为时间分配（二）

行为类别	时间（分钟）	百分比
教师讲解		
学生讲解		
师生互动		
小组讨论		
学生自学		

在得到各种教学活动时间后，即可结合教学内容观察各种活动发生和转换的频率，对每种活动的内容在时间上进行累加，观察课堂主要采用了何种教学活动形式，并对时间管理、分配是否合理进行分析。

表3-8　教与学行为时间分配（三）

<table>
<tr><td>模块</td><td>行为类别</td><td>时间</td><td>百分比</td></tr>
<tr><td rowspan="3">导入</td><td>教师教（A）</td><td></td><td></td></tr>
<tr><td>学生讲（B）</td><td></td><td></td></tr>
<tr><td>师生互动（C）</td><td></td><td></td></tr>
<tr><td>教学活动转化</td><td colspan="3"></td></tr>
<tr><td>模块</td><td>行为类别</td><td>时间</td><td>百分比</td></tr>
<tr><td rowspan="5">模块一：××××</td><td>教师教（A）</td><td></td><td></td></tr>
<tr><td>学生讲（B）</td><td></td><td></td></tr>
<tr><td>师生互动（C）</td><td></td><td></td></tr>
<tr><td>学生自学（D）</td><td></td><td></td></tr>
<tr><td>小组讨论（E）</td><td></td><td></td></tr>
<tr><td>教学活动转化</td><td colspan="3"></td></tr>
</table>

2. 拟定观察方案

确定主题与量表后拟定观察方案，说明如何开展观察工作。观察方案一般包括观察时间、地点、上课教师、教学主题、活动背景、观察主题、任务分工、

观察记录要求、观察后续工作及有关说明等内容[16]。例如,某次活动的观察方案如下:

(1)时间:2019年12月23日。

(2)地点:八(9)班。

(3)上课教师:林慧。

(4)教学主题:《陆地与海洋》。

(5)观课教师:地理合作体观察成员。

(6)活动背景:我校自建校以来,努力探索合作学习,为了促进年轻教师较好掌握合作学习,并在地理教学中打造有效课堂,举行此次课堂观察活动。

(7)观察主题:合作的有效性、问题的设计、教师的评价与反馈。

(8)任务分工:林慧提供班级座次表,并标注学生所处不同层次;杨修志负责观察合作学习的有效性;亓玉花负责观察问题的设计……

(9)观察记录要求:使用手机录制整个过程,并另外录制合作学习有效性的视频片段。问题的设计以及教师的评价与反馈使用画"正"的方式记录次数。

(10)评课后每位观课教师整理自己的建议及截取的典型视频片段,交给林慧老师,林慧老师负责整理教学设计及教后反思。

3. 召开课前会议

作为观评课的一个重要程序,课前会议的目的是让观课教师提前了解所观察课例的设计,明确观察点,了解观察量表的使用方法和意义,明确观课过程中需要注意的地方,以及观课的位置等,非常必要。

课前会议(2019年12月31日):

(1)说明观察方案。

(2)林老师说课(略)。

(3)林老师与观察者交流(略)。

(4)主题说明。

(5)量表说明。

我校自建校以来,努力推行合作学习,其中重点在合作策略与教学内容的结合。为了规范合作策略的使用,在平时的教学中出示合作策略时还需要有详细的操作步骤。合作学习有效性观课统计如表3–9所示。

表3–9 合作学习有效性观课统计表样式

主题	策略选用是否得当	参与程度	合作技能	探究类合作效果	讲解类合作效果	检查类合作效果	问题描述

说明：

（1）参与程度：A.每位成员都能参与其中，B.只有部分成员参与，C.成员普遍不积极。

（2）合作技能：A.合作技能较强，B.合作技能一般，C.合作技能较差。（合作技能指注重尊重、赞美、倾听、反馈等）

（3）探究类合作效果：A.讨论得出相对准确的答案，且组员能够准确表述；B.讨论得出相对准确的答案，但组员不能准确表述；C.讨论得出的答案不准确。

（4）讲解类合作效果：A.优生讲解清楚，组员理解到位，并能准确表述；B.优生讲解清楚，组员理解不到位，不能准确表述；C.优生讲解不清楚，组员理解不到位。

（5）检查类合作效果：A.检查双方能够牢固掌握知识，B.检查双方有一方能牢固掌握知识，C.检查双方掌握情况均不好。

（6）问题描述是指合作过程中出现的问题或影响合作效果的现象。例如：合作过程中部分成员不参与，开小差；讲解过程中只顾自己讲，语速过快，声音过低；等等。

（二）课中观察

教师课中观察时需要把手机调成静音，找好观课位置，在观课过程中尽量少走动，不与其他听课教师窃窃私语，以免影响学生听课。在记录过程中，听课教师一般需要连续记录内容，所以不宜当场花太多时间对现象进行分析或做出判断，以免影响记录，遗漏一些重要的信息。为准确记录细节内容，除了笔录，还需要用手机等录制视频片段。此外，为了对整节课做整体分析，听课教师最好有专人负责录制整节课的视频。

（三）课后会议

课后会议主要内容包括授课教师结合授课情况分析得失，观课教师进行评课，并给出建议。为了保证评课效果客观、全面，可以在研讨前预留二十分钟时间，由观课教师整理观课记录，然后结合视频对观课结果进行分析，并提出建议。下面从笔者参与观察的合作学习有效性的维度予以说明。

本节课林老师使用了两个合作策略，一是在教学六大板块名称时使用了两人互查的方法，二是在教学地理事物变化规律时使用了坐庄法。我从合作策略名称、合作步骤是否详细、合作的规则意识等方面，针对合作效果进行说明。从两人互查六大板块名称及阿拉伯半岛属于哪一板块来看，合作步骤有名称，有要求，有时间限制，比较规范；学生合作的规则意识较强，一人完成后，另外一人进行说明；通过提问、检查，成绩相对较好的同学能回答上来，成绩相对较差的同学容易把阿拉伯半岛错认为是亚欧板块。合作过程中的问题主要表现在两个方面：一是在合作过程中，学生状态有些懒散；二是学生虽然看图，但是效果不好。对于这些问题，我建议制定规则，要求学生快速起立，规定检查时间，如每人一分钟，指着课本上的图说出六大板块的名称，以及阿拉伯半岛属于哪一个板块。从使用合作策略讨论运用板块构造理论分析地理事物的变化规律来看，合作步骤有名称，有要求，有时间限制，比较规范；学生的合作规则意识不强，表现为在合作过程中没有按照教师规定的合作要求进行交流；经过讨论，能够得出相对准确的答案，但成绩不好的组员不能用板块构造理论准确表述地理事物的变化规律。我认为合作效果不好的原因在于，这一问题讨论价值不大，大部分学生经过前面的记忆掌握了部分内容，能够说出正确答案，但是没有严格按照教师指图说明的指令进行合作。我建议通过组内强弱搭配，先由成绩不好的学生指图说明，如果不能准确表述，再由成绩较好的学生指图讲解，然后由同桌指图复述。附：合作学习有效性观课统计（表3–10）。

表3–10 合作学习有效性观课统计

主题	策略选用是否得当	参与程度	合作技能	探究类合作效果	讲解类合作效果	检查类合作效果	问题描述
六大板块的名称与分布	两人互查，选择得当	A	B			A	（1）合作过程中，学生状态有些懒散。（2）教师的指令需要调整，学生虽然看图，但是效果不好
		组内每位成员都参与	有的小组两人未使用合作技能			大部分学生能回答上来	
地理事物变化趋势	坐庄法，选择得当	A	B	B			问题讨论价值不大，大部分学生经过前面的记忆掌握了部分内容，能够说出正确答案，但是没有严格按照教师指图说明的指令进行合作
		组内每位成员都参与	组内成员有意识使用合作技能	组内有2/3的学生能说出相对准确的答案，部分组员不能准确表述			

参考文献：

[1]邹春红，刘仙玲．教师如何研课磨课[M]．北京：中国轻工业出版社，2018：3.

[2]张丽英．地理情感态度与价值观的理论研究与实践[D]．武汉：华中师范大学，2005.

[3]孟东红．“黄河”一节CAI教学设计[J]．地理教学，2001（11）：27–28.

[4]宋赛萍．“黄河”一节的四个活动[J]．地理教学，2011（1）：25–26.

[5]赖宇荣．“黄河”一节愉快教学浅探[J]．地理教学，2001（5）：25–26.

[6]陈国防,蒋晓雯."黄河的治理与开发"教学设计[J].中学地理教学参考,2014(8):48.

[7]李卫."滔滔黄河"一节的教学实践及反思[J].地理教学,2012(13):30-31.

[8]樊洁."黄河"教学过程设计[J].地理教学,2016(10):37-39.

[9]李家清.地理课程与教学论[M].武汉:华中师范大学出版社,2010.

[10]祝斌,蒋莉丽.新课程背景下两种教学设计的比较——以"黄河的治理与开发"为例[J].中学地理教学参考,2016(8):34-36.

[11]居加莉."黄河的治理"一课的反复教学实践与反思[J].地理教学,2011(23):22-23.

[12]于海英.任务驱动教学让地理课堂绽放光彩[J].中学地理教学参考,2015(5):16.

[13]李晶.教师专业发展中的视频研究[D].南昌:江西师范大学,2012.

[14]崔允漷.论指向教学改进的课堂观察LICC模式[J].教育测量与评价(理论版),2010(3):4-8.

[15]沈毅,崔允漷.课堂观察:走向专业的听评课[M].上海:华东师范大学出版社,2008:105.

[16]李杰.历史课堂观察的方法与策略[M].北京:北京师范大学出版社,2013:50.

第四章　考试研究

考试是教学工作的重要环节之一。通过考试，学生可以巩固知识，反思学习状况；教师可以评价学生，优化教学方式；学校可以评估教学，促进教学改革。为在教学中取得优异成绩，笔者从真题研究、背诵资料研究、教法研究三个方面，讨论备考过程中的一些做法。

第一节　真题研究

真题是命题专家智慧的结晶，对备考具有重要的指导作用。为更好地把握出题规律，科学备考，笔者以2016—2018年淄博市初中地理会考试题为例，从考点、地图、背景材料、选项设置四个方面进行分析，为备考提出相应建议。

一、考点

研究考点最好的做法莫过于整理和研究双向细目表，常用的双向细目表如表4-1所示，从中可以看出知识的考查目标、分值、试题形式、试题难度，有利于把握考试的规律、特点以及变化趋势，从而提高复习的针对性和有效性。下面以课程标准中“运用地图说出我国铁路干线的分布格局”为例予以说明。

表4-1　2016—2018年淄博市初中地理会考试题双向细目表(部分)

课题	课程标准	年份	考查目标	分值	试题形式	难度	试题大意
交通运输	运用地图说出我国铁路干线的分布格局	2016	应用	1分	选择题	★★★	呈现黄土高原地图,设计从淄博站去西安最便捷的铁路线路
		2017	记忆	1分	选择题	★★	呈现山东省示意图,设问横贯山东东西方向的铁路线名称
		2018	应用	2分	非选择题	★★★★	呈现局部地图,设问从兰州向西北的铁路线名称,经兰青向西、西南方向所到达的省份的行政中心

从表4-1中可以看出,2016—2018年对我国铁路格局的考查呈现三个梯度。其中,2017年考查的是知识记忆,难度较小。2016、2018年考查的是知识应用。相比之下,2018年除了考查铁路线之外,还考查了图外铁路线经过的行政区的行政中心,难度更大。可以预测,今后可能会考查铁路线经过地区的自然环境或人文环境特点。

针对考查特点及其变化趋势,除了做相关练习题,我们还可以通过以下四种方式复习“运用地图说出我国铁路干线的分布格局”。第一种方式是在区域地图上添加经过该区域的铁路线,反复记忆,做到能指图说出铁路线的名称。第二种方式是通过默绘,做到大致绘出铁路线分布,准确标明起止点以及穿过的重要城市。第三种方式是教师给出起点和终点,让学生设计线路,通过应用进一步强化线路记忆。第四种方式是同桌之间相互配合,一位同学把书翻到铁路线分布图,另外一位同学把书翻到不同的地理分区,然后指图说出铁路线经过区域的特点。通过以上四种方式,学生能够较好地达到考查要求。

二、地图

地图是地理学科的第二语言,为考查学生地理思维的深度与广度,常将地理信息隐藏在图中。一般来说,空间尺度越大的地图,区域特征越明显,更容易把握地理信息;空间尺度越小,区域特征越不明显,获取信息量相对较少，区域定位有一定难度。表4-2为2016—2018年淄博市初中地理会考试题区域地图数量及空间尺度分析。

表4-2 2016—2018年淄博市初中地理会考试题区域地图数量及空间尺度分析

年份	区域地图数量	区域图像呈现完整性
2016	7	图像均为考查区域的完整地图，如考查台湾省即呈现台湾省全图
2017	9	1幅区域地图尺度较小
2018	10	5幅区域地图尺度较小

从表4-2中可以看出，近年来图像考查方面最大的特点是区域地图的空间尺度不断缩小，数量有所增加，分值占比不断增大。例如，2018年第17题（图略）：

（1）在两图所示地区中，图甲更丰富的资源是（　　）。（1分）

A.劳动力资源　　B.水能资源　　C.耕地资源　　D.水资源

（2）兰州和西宁两城市中，位于青藏高原的是________，与本省其他地区相比，说明该城市附近地区能够大规模发展种植业的有利自然条件。（3分）

（3）写出黄河在图甲地区的一项忧患________，对应的解决措施是______。（2分）

三道题目均涉及空间定位：要正确判断甲地水能资源丰富，需要判断该地位于阶梯交界处；要分析西宁适合大规模发展种植业的有利自然条件，需要知道西宁位于湟水谷地；要写出黄河在甲地的忧患，需要确认甲地位于黄河的上游。为提高准确定位的能力，学生需要进行阅读小尺度地图的专题训练，归纳辅助定位的方法。例如，就本题来说，可以借助祁连山确定甲地位于阶梯交界处；根据西宁的地理位置，确定其处于湟水谷地；根据黄河的干流形状判断甲地黄河的河段。我们由此归纳出可以通过山脉、省级行政中心、河流等地理事物辅助定位，此外，还可以利用经纬网、区域轮廓等辅助定位。

三、背景材料

时事信息具有时代性特点，通过挖掘时事信息中的地理元素，把握科学性原则，使其成为命题素材，能够激发学生的学习兴趣。2016—2018年淄博市初中地理会考试题时事背景材料统计情况如表4-3所示。

表4-3 2016—2018年淄博市初中地理会考试题时事背景材料统计

年份	材料数量	背景文字字数	分值	题型
2016	4	157	5分	选择题
2017	4	291	15分	选择题
2018	7	315	28分	选择题(3分),非选择题(25分)

从表4-3中可以看出,时事背景材料数量在逐年增多,分值占比在增大,题型由选择题转向选择题和非选择题兼有,并且文字阅读量也在不断增大。为应对这一变化,教师可以让学生关注和了解国内外大事。教师需要在此基础上设计题目,从地理角度解读时事,学以致用。例如,2019年考试说明要求考查亚洲、东南亚、日本的相关知识,结合2019年5月在北京召开亚洲文明对话大会,笔者设计一组试题如下。

材料一:2019年5月15日,亚洲文明对话大会在中国北京开幕,来自亚洲47个国家以及世界其他国家和国际组织的代表共同出席大会。会议聚焦"亚洲文明交流互鉴与命运共同体"主题,共商亚洲文明发展之道,共话亚洲合作共赢大计。

(1)亚洲文明对话大会在中国北京开幕,体现北京的城市职能( )。

A.政治中心 B.经济中心 C.国际交往中心 D.文化中心

(2)亚洲文明对话大会开幕时,地球运行在图中的( )。

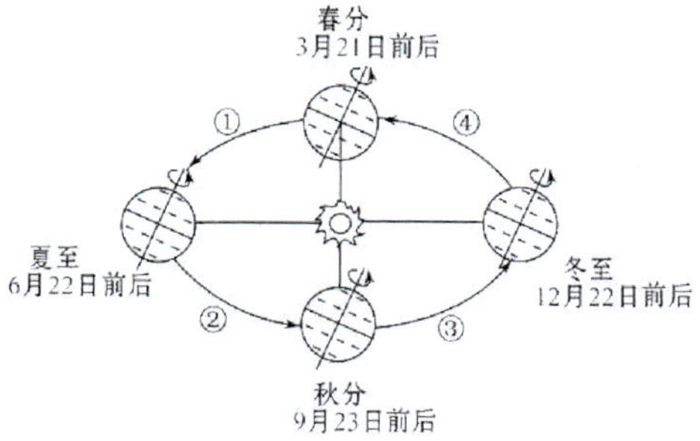

A.①段 B.②段 C.③段 D.④段

材料二:习近平主席在追溯各个国家的文明起源时,提到了河流在文明发展中的作用。广袤的亚洲大陆用甘甜的河水浇灌出不同的文明形态,如亚洲的黄河和长江流域、印度河和恒河流域、幼发拉底河和底格里斯河流域,以及东南亚等地区孕育了众多古老文明，彼此交相辉映、相得益彰，为人类文明进步做出了重要贡献。请结合材料完成(3)～(6)题。

(3)下列关于亚洲河流的特点，叙述不正确的是(　　)。

A.日本的河流具有短急的特点　　B.叶尼塞河初冬有凌汛

C.中南半岛上河流大多自南向北流　　D.西亚地区河流稀少

(4)东南亚中南半岛上的大城市分布在____________和____________，原因是______________________________。

(5)下列属于东南亚地区民居的是(　　)。

A

B

C

D

(6)请选择其中一种民居，分析其与当地自然环境的关系。

本组试题依据课程标准要求，围绕亚洲文明对话大会，考查北京城市职能、地球运动、亚洲气候、河流、民居等知识，并考查学生的地理学科核心素养。如考查不同区域的河流、气候、民居特点，旨在评价学生的区域认知；考查气候与农业发展，旨在评价学生的综合思维；考查民居与自然环境的关系，旨在渗透人地协调观。以时事材料为背景的题目，为备考注入了新的活力，激发了学生的学习兴趣，提高了学生的应考能力。

四、选项设置

近年来，淄博市地理会考的选择题选项设置突出基础性、综合性、灵活性，避免死记硬背知识。为提高复习效率，我们需要认真研究选择题的选项。备考过程中，笔者发现逐个击破每个选项和改编选项、强化练习是两种比较可取的做法。

(一)逐个击破选项

选择题的选项通常涉及2到4个知识点。在做题过程中，学生往往出现能够选出正确选项，但是对其他选项不甚了解的状况。针对这一现象，教师需要让学生逐个击破选项,即说明每个选项正误的理由,并对错误的选项进行分析。这样有利于学生深入思考不同选项,发现并解决知识盲点问题。部分学生不会的或拿不准的可以在小组内交流,进一步扫除知识结构中的盲点。小组内无法解决的问题,最后由教师解答,以下题为例。

读我国长白山区某地等高线地形示意图,完成下题。

对图示地区开发利用方式的叙述,合理的是(　　)。

A.在图示地区的南部重点发展柑橘种植业

B.在②地附近地区培育天然橡胶林

C.在①地附近地区发展探险漂流运动

D.在甲地建设全年日出观景平台

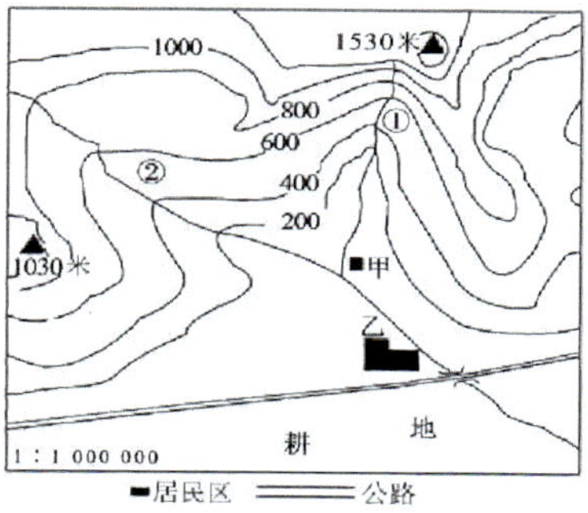

长白山区某地等高线地形示意图

该题目选项涉及等高线的三个考查方向,有的学生肯定选项C是正确的,但是不能理解选项D提到的建设全年日出观景平台需要的条件,也不知道为什么A、B选项是错误的。为更好地突破知识上的盲区,教师可以引导学生逐个排查各个选项,实现深度纠错。

(二)改编选项,强化练习

为保证试卷讲解效果,巩固所学知识,笔者将选项作适当调整,改编成变式练习,教学效果较好。如上题,笔者将其改编如下:

(1)在图示地区的南部重点发展的粮食作物、油料作物和糖料作物分别是________、________、________。

(2)②地附近地区适合培育____________。(植被类型)

(3)①②两条河流中水能更丰富的是________。

(4)请在图中标出适合建设全年日出观景平台的地点。

原题A、B选项考查因地制宜发展农业,阅读题干、准确定位是做对题目的关键。把握这一思路,改编时笔者让学生回答在该地适合种植的各种农作物有哪些,目的在于培养学生认真审题的习惯,进而回顾东北地区的农作物、植被类型。原题C选项考查的是坡度对流速的影响,进而比较河流①②中哪一条更适合探险漂流。把握坡度对流速的影响,笔者将其拓展到流速对水能的影响,即让学生思考两条河流中水能更丰富的是哪一条。原题D选项考查日出观景平台的建设位置,即应该选择在高处,而非图中南部的平原地区。把握这一思路,笔者将选择题改编为在图中标出适合建平台的位置。这就要求学生不仅要知道观景平台适合建在什么地方,还要从图中确定合适的位置。

调整选项,改编成变式练习,能够避免题海战术,同时促进学生深入思考,让学生意识到题目并不是简单做完就可以,还可以进一步深度挖掘其中信息,延伸相关的知识,形成更完整的认知结构。

第二节　背诵资料研究

近年来地理试题越来越侧重考查地理学科核心素养。如果说核心素养是上层建筑,那么基础知识的理解与掌握就是构建上层建筑的基石。为让学生牢固掌握和理解基础知识,教师通常会给学生提供背诵资料。笔者认为,要使背诵资料更有使用价值,更贴近考试,在整理背诵资料时,需要把握紧扣课程标准与考点、图文结合、知识整合的原则,在使用过程中,可以采用“背诵+默写”“背诵+标注+强化”“小组竞争”等形式。下面通过案例具体说明编制原则和使用方式。

一、编制原则

(一)紧扣课程标准与考点

课程标准是命题的依据,双向细目表是命题的蓝图,整理背诵资料一定要紧扣课程标准与考点。研究发现，区域地理部分通常会考查区域的山脉、地形区、河流、海域、干湿地区、温度带、行政区等内容。根据这一考试特点，笔者在整理背诵资料时设置了“地理事物”环节，如图4-1所示。内容涉及西北地区的主要山脉、地形区及其所属的温度带、地势阶梯。

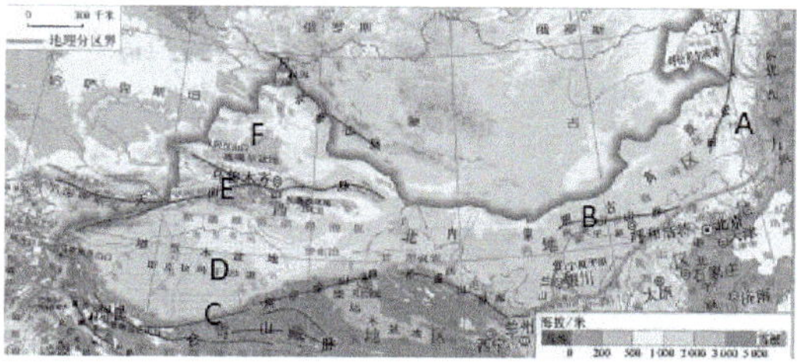

山脉 A 大兴安岭 C 昆仑山 E 天山
地形区：B 内蒙古高原
D 塔里木盆地（暖温带）
F 准噶尔盆地（中温带）
西北地区地形以高原和盆地为主，位于第二级阶梯

图4-1 西北地区地形

（底图来源：《地理（八年级 下册）》，人民教育出版社2012年版，第73页）

（二）图文结合

图文结合能够使知识条理清晰，重难点突出，符合地理学科特点，适合学生理解记忆。

就西北地区的《自然特征与农业》一节来说，地理要素间的联系比较多，如西北地区的自然环境特征是干旱，其成因与海陆位置以及地形因素有直接的关系，而干旱又直接影响区域内的植被、河流、农业生产等地理要素。为体现区域综合性的特点，笔者使用地理图式（图4-2），力图使知识脉络清晰、重难点突出。

【自然特征】

海陆因素：深居内陆，距海遥远
地形因素：有山脉的阻拦

导致 干旱 影响

植被：从西向东的变化依次是草原-荒漠草原-荒漠
原因：从东向西降水逐渐减少
河流：河流少，多为季节性河流
水文特征：汛期出现在夏季，流量小，有结冰期

【农业】

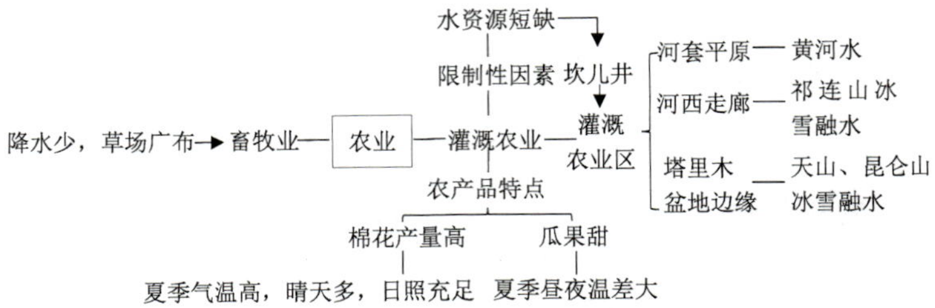

图4-2 《自然特征与农业》地理图式

为全面检查学生的掌握情况，背诵资料打印两份，一份带有答案，另一份为重点内容的填空形式。这样方便学生之间相互帮助检查背诵情况，也方便家长督促、检查。

(三)知识整合

整理背诵资料时，我们既可以按照章节整理，也可以将知识进行整合，穿插部分专题内容，下面以农业专题为例予以说明。《地理(七年级 上册)》涉及中国的农业，《地理(七年级 下册)》涉及四大地理分区的农业，具体包括农业概况、发展条件、出现的生态环境问题以及治理措施。因为这一内容涉及面广，知识庞杂，笔者将其进行系统整合。其中，图4-3重点呈现农业概况，如不同农业区的分布、代表性的农产、耕作制度等。图4-4清晰呈现不同地理分区农业发展的有利条件、不利条件，以及在发展农业过程中出现的生态环境问题和治理措施。

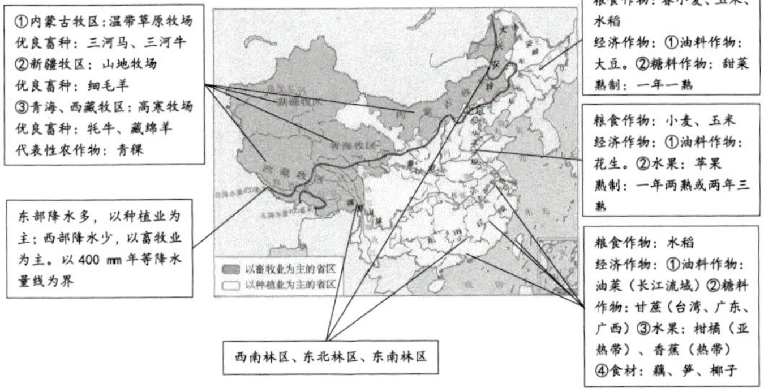

图4-3 农业概况

区域	项目	内容
东北农业商品基地	有利条件	自然条件：①地形平坦，土壤肥沃（黑土地）；②温带季风气候，雨热同期 社会经济条件：①农业科学技术水平高；②地广人稀，本地粮食消费少
东北农业商品基地	不利条件	①春秋易受寒潮影响 ②热量不足，只能满足作物一年一熟
东北农业商品基地	生态问题与措施	问题：湿地锐减 措施：停止开荒；恢复湿地，建立三江自然保护区
华北旱作农业区	有利条件	①地形平坦，土壤肥沃（黄色土壤） ②温带季风气候，雨热同期
华北旱作农业区	不利条件	问题：春旱 解决措施：跨流域调水，发展节水农业

内容	项目	区域
气候：①夏季昼夜温差大，有利于瓜果作物糖分的积累；②夏季气温高，晴天多，有利于棉花的生长和采摘 地形平坦；有稳定的灌溉水源	有利条件	西北灌溉农业区（河西走廊）
水资源短缺 措施：发展节水农业；节约用水	不利条件	西北灌溉农业区（河西走廊）
问题：过度放牧导致土地荒漠化 措施：退耕还林还草，合理放牧	生态问题与措施	西北灌溉农业区（河西走廊）

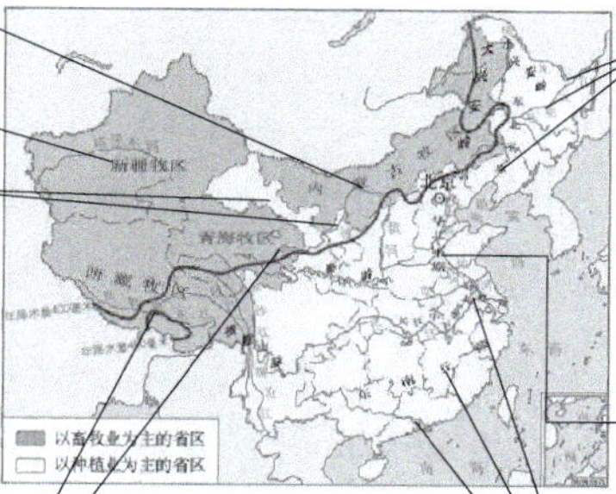

青藏高原河谷农业区（湟水谷地、雅鲁藏布江谷地）		
有利条件	不利条件	生态问题与措施
作物品质优良的条件：①日照时间长有利于光合作用；②气温低，作物生长期长；③昼夜温差大，有利于作物养分积累 种植业分布在河谷的有利条件：①雅鲁藏布江、湟水谷地海拔低，气温高；②谷地地形平坦，土壤肥沃；③雅鲁藏布江、湟水谷地提供丰富水源	热量不足	问题：草场退化，荒漠化加剧 措施：退耕还牧、禁采砂金、全面禁猎、休牧育草

南方水田农业区（长江中下游平原、东南丘陵、珠江三角洲）	
有利条件	不利条件
①地形平坦 ②亚热带季风气候，雨热同期 ③河湖密布	人多地少；受台风、暴雨造成的洪涝灾害影响

图4-4 农业发展条件及可持续发展的问题与措施

（底图来源：《地理（八年级 上册）》，人民教育出版社2012年版，第93页）

二、使用方法

背诵资料是知识精华，凝聚教师的心血与智慧。为高效使用背诵资料，笔者从三个方面说明使用方法。

（一）背诵+默写

使用背诵资料最常见的方式是背诵+默写，这是最有效的落实方式。这一任务可以作为家庭作业在家中完成，也可以在课堂上完成，还可以在临考前将背诵资料默写一遍，并用红笔订正，找出知识上的盲点。

（二）背诵+标注+强化

有的教师认为课堂上默写会浪费较多时间，考虑到说的速度比写的速度要快，建议采用背诵+标注+强化的方式，即让学优生先背，学困生在检查学优生背诵的时候注意标出学优生记错的地方，并告之正确答案。在检查完下一个知识点后，再检查上一个知识点出错的地方，强化记忆。

这样做一方面可以使学困生注意力集中，另一方面可以强化记忆。学优生背诵完再由学困生背诵，方式同上。

（三）小组竞争

背诵资料最大的问题是没有趣味性，所以，学生在背诵的时候往往心不在焉。因此，我们可以加入小组竞争机制，刺激学生强化记忆。例如，规定满分为3分，错一个地方扣0.5分，最后取组内平均分作为小组积分。

当然，每一种方式都存在缺陷：比如有的教师认为让学生回家背诵然后默写，很多学生可能会直接抄写；比如要求学生背诵+标注+强化，学生可能并不标注；再比如小组之间竞争时，学生可能会为了提高积分包庇同学。这三种情况都可能存在，所以教师在使用时要灵活调整，提升复习效果。

第三节 教法研究

复习的目的在于实现学生知识的结构化，从而保证在考试过程中顺利提取知识。本节就知识结构化的策略进行说明，并选择课例《自然灾害》《地理位置》《试卷讲评》，说明章节类复习课、专题复习课和试卷讲评课的典型做法。

一、知识结构化

不论是皮亚杰的“图式”理论，布鲁纳的结构发现学习，还是奥苏贝尔的有意义学习理论，都强调教学中应重视知识结构的系统构建和内在联系[1]。系统化了的知识结构不仅可以帮助我们从整体上把握各部分知识在知识系统中的地位、层次及相互间的联系，而且有利于牢固地掌握已有知识。

（一）教师需要具备结构化知识

要想实现学生的知识结构化，教师首先要具备结构化知识，并了解促进知识结构化的途径。

区域地理的学习主要涉及地理位置、自然环境、人文环境三方面内容。其中，地理位置又包括经纬度位置、海陆位置和半球位置；自然环境主要包括地形、气候、河流、资源、自然灾害等，这些自然要素之间是相互联系的，如地形影响气候，气候影响河流，地形也会影响河流，地形、气候、河流均可能带来自然灾害；人文环境主要包括生活和生产，生活主要包括衣、食、住、行，生产主要包括农业生产、工业生产等。在复习过程中，把握好图4-5所示知识结构，可事半功倍。

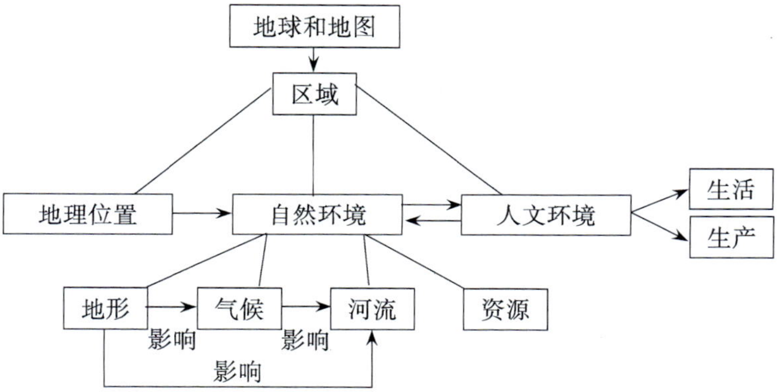

图4-5　区域地理知识结构

专题复习通常包括地球、地图、地理位置、地形、气候、河流、自然灾害、自然资源、农业、工业、交通、文化等。基于微课概念，也有教师提出微专题。不管是大专题还是小专题都需要一条清晰的主线，串起整个知识框架。比如气候专题复习（图4-6），其核心应该是气候的分布特征，围绕分布特征分析影响气候特征的因素，以及分布特征对生活和生产的影响。

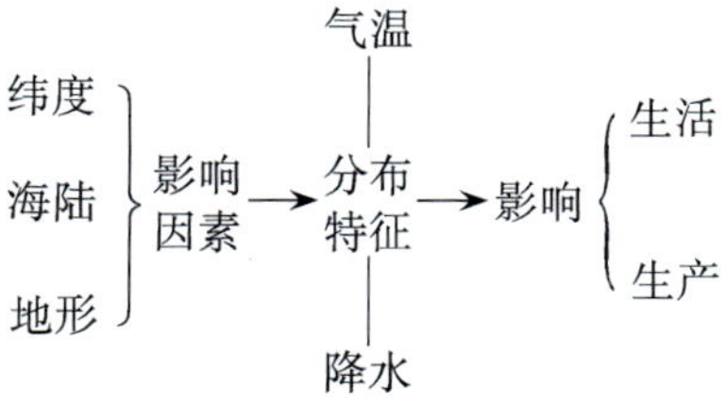

图4-6　气候专题知识结构

农业专题复习（图4-7），要围绕自然条件和社会条件分析农业特点，以及在发展农业过程中会出现的问题和对应的措施。其中，农业特点主要有农业部门的分布、农产品特点、农作物熟制等。出现的问题如土地荒漠化、水土流失、湿地锐减等。

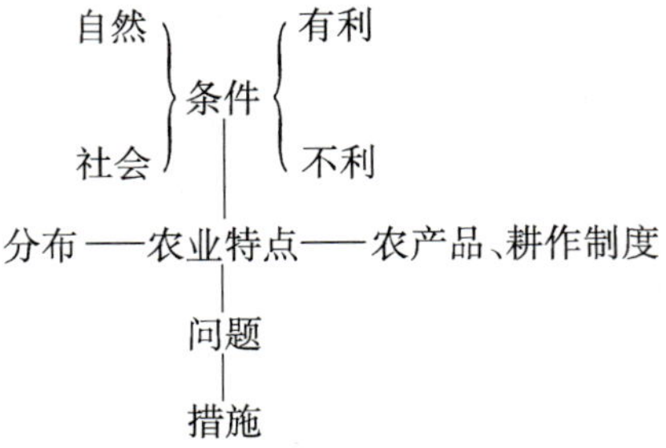

图4-7　农业专题知识结构

河流专题复习(图4-8),要把握流经地区的自然环境影响河流的水文特征,河流的水文特征影响河流的开发与利用这一主线建构知识结构,在此基础上分析流经地区的地形、气候、植被对河流水文特征的影响,以及水文特征如何进一步影响开发与治理。

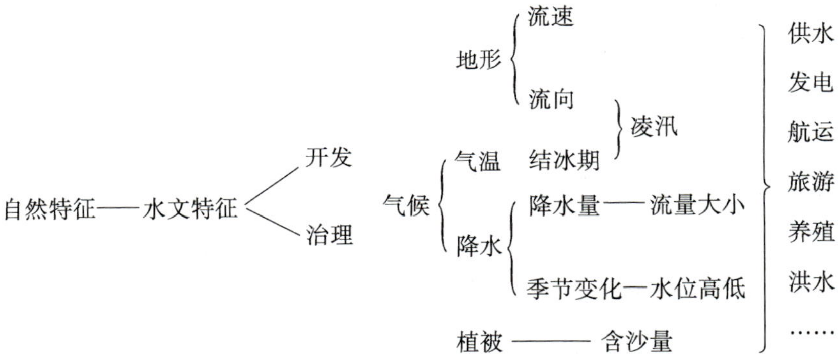

图4-8　河流专题知识结构

(二)知识结构化的教学策略

1.图文结合,创设情境

要想实现知识从接收到内化,接收信息是第一步。要想使知识被接收,采用图片比单纯文字效果要好。如果有一定的情境,则可以让学生更容易接收信息。例如,在复习"为什么长江三角洲地区成为鱼米之乡"这一问题时,有的教师呈现一段背诵材料让学生记忆:长江三角洲地区地形平坦,河湖广布,属亚热带季风气候,雨热同期。也有的教师呈现图片(图4-9)让学生进行分析。相比之下,第二种方式更容易激发学生的兴趣。

图4-9　长江三角洲地区某地景观及气候资料

2. 问题设计，理解记忆

问题如果是零散的，东一榔头西一棒槌，那么学生的思维会出现混乱，在知识的连接上也必然出现混乱。如果知识以问题链的形式呈现，环环相扣，逻辑清晰，那么学生的思维也会层层递进，知识的连接也能有序进行。

在复习《黄河的治理与开发》时，由于黄河的上、中、下游有不同的问题，容易混淆，教师需要给学生提供丰富的图文资料，并设置层层递进的问题链，帮助学生实现知识结构化。笔者依次设问：黄河上游的这一段流经什么干湿地区？（干旱地区）此处最容易发生的生态环境问题是什么？（草场退化、荒漠化）过了河口，进入中游，黄河流经土质疏松的黄土高原，中游的生态环境问题是什么？（水土流失）大量的泥沙进入平坦的华北平原不断堆积，容易带来什么忧患？（洪涝灾害）为了防止洪涝，人们不断加高大堤，在此段形成了地上河。黄河在流经宁夏、内蒙古、山东段时，都属于从低纬向高纬流的河段，在初冬和初春时容易出现什么忧患？（凌汛）

该片段的教学，从黄河的上游到下游，借助图像，通过问题链层层推进，学生对不同河段存在的问题能够知其然，并知其所以然，有利于知识结构化的形成。

3. 合作学习，相互提升

有教师时常抱怨，某个知识点讲解了很多遍，但是学生还是不会。之所以出现这种情况，有可能是因为教师一直采用一种方式讲解，难以兼顾学生的差异性；也有可能是因为教师采用变式讲解法，但是学生对难点内容已经产生排斥心理。有些教师放手让组内同学讲解，不仅学困生能够掌握，而且学优生掌握的效果更好。其原因在于通过讲解，学优生的知识结构在原有的基础上实现了重构，所以掌握更加牢固。一对一讲解，一方面方便学生相互询问、解释，另一方面能激发学困生的学习动力。

例如，复习《黄河的治理与开发》，师生互动能够解决学优生的问题，但是对于学困生来说，不一定能理解，也可能存在疏漏。一对一讲解的方式，学优生先指着图从上游到下游讲解一遍，然后再由学困生讲解一遍，不理解的地方可以询问，由学优生解释，实现理解记忆和知识结构化。

4. 构建思维导图与图式，厘清思路

在皮亚杰看来，"图式"是认知结构的起点和核心，或者说是人类认识事物的技术[2]。地理图式能够较好地体现学生将知识落实到地图上的准确度、丰富度和条理性。将头脑中的地理信息用图式的形式在地图上表达的过程，是知识的输出过程，在这个过程中，为了做到准确、有条理、内容丰富，也就必然存在知识的重建过程，从而实现知识结构化。

思维导图由核心词出发梳理知识，在知识梳理的过程中，思维导图作为一种思维的可视化工具，实现了知识的链接。构建思维导图的过程，是对原有认知结构的激活，也是学生对知识进行重新链接，或者巩固原有链接的过程，通过这一过程实现和巩固知识的结构化。

5. 变式练习，巩固提升

如果说上述四种途径是通过输入实现知识结构化，那么变式练习就是通过输出实现知识的迁移，巩固知识结构。变式练习既可以通过解答书面问题实现，也可以通过实践活动实现。

地理会考前，我们设计了涵盖地球、地图、世界地理、中国地理、山东地理等内容的学案，利用学校地理园，通过地理实践活动（图 4–10），进行知识的变式练习，促进学生知识结构化。例如，等高线部分，我们让学生利用模型识别不同的地形部位，并思考修路、修水库、漂流、攀岩、登山、宿营如何选址。在世界地理部分，分析亚洲、日本、东南亚、美国、澳大利亚的地形特点，描述其海陆位置，分析其优越性等。在复习过程中，每个主题安排一个学优生，由他们负责提问，其他同学指图回答，出现疑问，学优生负责讲解，最后学生独自完成学习任务单。地理知识在这个过程中从平面到立体，学生也实现了知识的结构化。

图 4-10　地理实践活动

6. 借助试题，构建认知结构

在中考备考中，学生会做大量习题，在讲解试题时，教师应尽可能借助题目将知识点串联起来，构建较为完整的认知结构。在借题构建认知结构的实践中存在着多重矛盾，如学生主体性与教师主导性的矛盾、构建尺度大与小的矛盾、求全与把握重难点的矛盾、说与写的矛盾。面对众多矛盾，如何在有限的时间内较好地构建认知结构呢？这是教师应该思考和解决的问题。

(1)学生主体性与教师主导性的矛盾。

“施教之法，重在启导。”在构建认知结构过程中，学生应是学习的主体，教师应重在引导。但在实际教学中，教师往往越俎代庖，从而导致学生主体地位丧失，教学效果也大打折扣。如何协调学生的主体性和教师的主导性，笔者结合 2013 年一道等高线试题予以说明。

1. 右图中①～④的地形部位名称依次是(　　)。

A. 山脊、山顶、陡崖、山谷

B. 山顶、山脊、山谷、陡崖

C. 山谷、陡崖、山顶、山脊

D. 陡崖、山谷、山脊、山顶

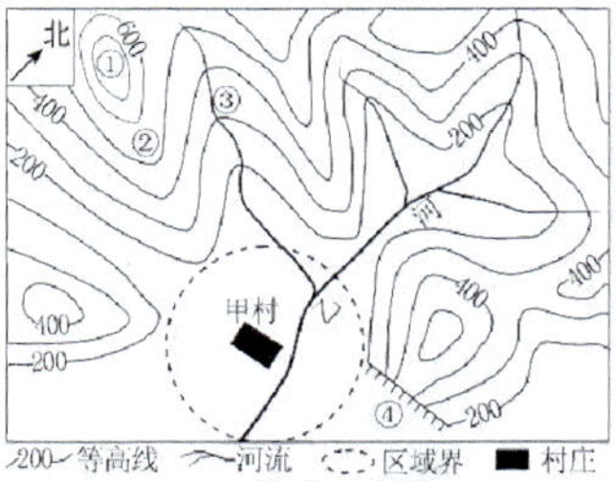

某地等高线地形图

2. 甲村所在虚线区域内的地形类型是(　　)。

A. 平地　B. 丘陵　C. 高原　D. 山地

该题考查了等高线的相关知识。在借该题构建认知结构时，笔者采用了两种不同的方式。

方式一：以教定学。

师：(呈现等高线图)从一幅等高线地图上可以读出以下三点，地形类型、地形部位、坡度陡缓。地形类型包括哪些？

生:平原、高原、山地、丘陵、盆地。

师:地形部位可以分为哪些?

生:山脊、山谷、鞍部、陡崖、山顶。

师:坡度的陡缓看什么判断?

生:等高线的疏密。等高线密集则坡度陡,等高线稀疏则坡度缓。

师:试题中一般从哪些方面考查山谷知识?

生:河流。

师:还有吗?

生:泥石流、修建水库等。

最后和学生一起分析鞍部、山顶、坡度陡缓及其考查方式。

方式二:以学定教。

笔者要求学生从两个方面构建认知结构:一是构建有关等高线的知识体系,二是呈现每个知识点的考查形式。从学生构建的知识体系来看,第一方面完成得较好,第二方面有待完善。从内容的表达形式来看,大多数学生以文字形式表达,部分学生则通过图像呈现。针对以上情况,笔者调整了教学行为:

笔者呈现两位同学的作品,其中一位同学是用五幅图呈现山体的五个部位,另一位同学是用一幅图呈现山体的五个部位,让学生对两幅图进行点评。学生普遍认为第二位同学的图综合性强,效果更好。笔者进一步引导学生回忆陡崖曾以什么形式考查过,学生提到了攀岩、瀑布等。然后笔者让学生根据这一思路和方法,思考山谷、鞍部、山顶、坡度陡缓的考查形式。学生思考后展示,如山谷会通过河流、泥石流、修水坝进行考查,山顶会通过求山顶的高度范围以及对应的气温的范围进行考查,鞍部会通过宿营地的选择进行考查,坡度通过线路选择、梯田修建等进行考查。

方式一属于以教材为中心,导致学生处于被动状态,基本上被教师“牵着走”。方式二属于以学定教,首先让学生构建知识,了解学生知识结构中存在的问题,依据学情确定教学方法和策略,使教师的教适应学生的学习需求。方式二不仅完成了等高线知识结构的构建,还把学生的发展作为一个终极目标,取得了较好的效果。

(2)构建尺度大与小的矛盾。

所谓构建尺度的大与小,指的是在构建认知结构时,是选择中观尺度还是微观尺度。中观尺度是指一章或专题性质的内容,微观尺度是指一节或某一个知识点相关的内容。尽管构建尺度有区别,但两者并不矛盾。微观尺度的构建,可以为中观尺度的构建打下基础;中观尺度的构建则是在微观尺度构建基础上的一种提升。

在构建认知结构时如何把握尺度的大小呢？笔者认为可以从三个角度思考:第一,内容量与所用时间的关系;第二,可操作性,即能否保证大部分学生参与进来;第三,知识的联系强度也是一种重要因素。微观尺度的构建比较适合于内容相对较少,知识联系相对较弱的内容,有利于大部分学生参与,适合初期复习过程中的认知结构构建。中观尺度的构建适合于内容较多,知识联系较强的内容,不足之处是用时较长,对大部分学生来说具有一定的难度,适合后期复习过程中的认知结构构建。下面以试题为例说明。

①微观角度的认知结构构建。

(2013年济南会考)关于世界气温分布规律的叙述,正确的是(　　)。

A.由两极向赤道递减　　　　B.同纬度地区冬季陆地气温高于海洋

C.北极地区比南极地区寒冷　　D.海拔每升高100米,气温下降0.6 ℃

(济宁模考)“冬季比较温和、夏季比较凉爽,年降水量比较多、季节分配较均匀。”这描述的是哪种气候类型的特征?(　　)

A.温带大陆性气候　　　　B.地中海气候

C.亚热带季风气候　　　　D.温带海洋性气候

两题均考查气候,其中,济南会考试题考查气温的分布,济宁模考试题考查气候特征。在构建认知结构时,两题均采用微观尺度。针对济南会考试题,笔者让学生梳理世界气温的分布规律和影响因素,但较多学生存在问题。其中,部分学生将海陆位置对气温的影响,写成了沿海地区降水多、内陆地区降水少。为了让学生更好地厘清气温及降水的分布规律及影响因素,笔者让学生进一步梳理世界降水的分布规律和影响因素。济宁模考试题涉及气候类型及其特征的知识,笔者让学生绘制11种主要气候类型的降水量柱状图和气温曲线图,并写出相应的特征。此外,笔者还给出空白世界地图,让学生将11种气候的分布在图中表达出来。经过以上练习,大部分学生能较好地掌握世界气候类型的分布及特征。

笔者在此处采用微观尺度的构建,主要是基于以下考虑:如果两题均从中观尺度构建,则需将涉及有关气候方面的知识涵盖在内,如气温与气温的分布,降水与降水的分布,世界的气候类型分布及特征。这三部分内容既相对独立,又相互联系,且涉及的内容量均比较大,用时较多,不利于大部分学生参与。因此,将内容分解,进行微观尺度的构建较为合适。

②中观尺度的认知结构构建。

农业专题是初中地理的重要部分,其内容在《地理(七年级 上册)》的《中国的农业》和《地理(七年级 下册)》的四大地理分区中都会涉及。鉴于其重要性及分散的特点,我们可以以专题的形式,从中观尺度构建认知结构。

笔者首先陈述中国农业的差异总体上可以分为东西差异,并设问:东西部农业的主要类型是什么?影响这一差异的因素是什么?然后让学生分别就东、西部农业知识进行体系构建。为让学生顺利构建该部分内容的知识结构,笔者进一步设问:西部农业主要有哪些类型?学生构建内容如图4-11所示。

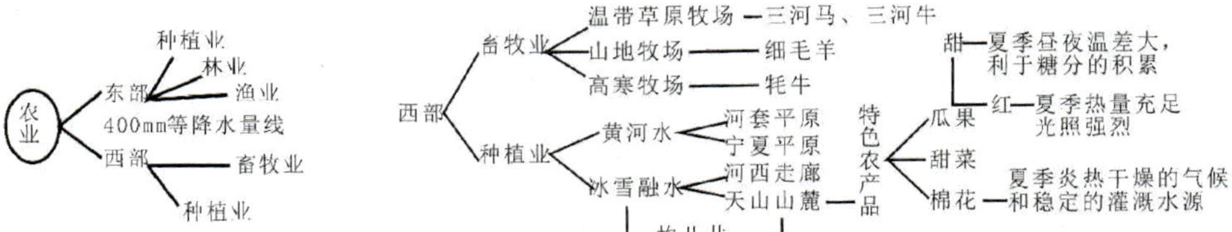

图4-11 学生构建的知识体系

(3)求全与把握重难点的矛盾。

奥苏伯尔说:“假如让我把全部教育心理学仅仅归纳为一条原理的话,那么,我将一言以蔽之:影响学习的唯一最重要的因素就是学习者已经知道了什么,要探明这一点,并应据此进行教学。”在构建认知结构时,我们应把握学情,处理好求全与把握重难点的矛盾。这似乎是个悖论,既然构建认知结构,无疑认知结构越全面越好,而根据学情有选择性地构建,可能会造成认知结构不完整。笔者认为,如果要有选择性地构建认知结构,需要把握好以下几点：时间的紧迫与否、内容的难易程度、学生的掌握程度。如果时间较为紧张，关于某方面内容的知识组块中，有些内容比较简单，且学生已经掌握，那么这部分内容可以暂时不理会，应把精力更多地放在重难点的认知结构构建上。

案例：（临沂会考）今天（6月15日），太阳运行在图中所示的（　　）。

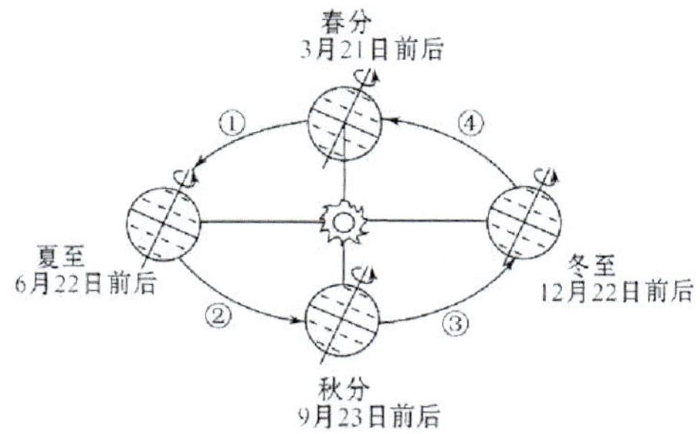

A.①段　　B.②段　　C.③段　　D.④段

笔者借该题让学生从以下几个方面构建认知结构：①写出地球公转产生的地理意义。②在图中标出淄博地区影子最长和最短的节气，白天时间最长和最短的节气。③笔者在黑板上勾勒出一个圆形，并在其中标出赤道和南、北回归线，让学生在此基础上画出夏至时的光照图。④给出变式练习：巴西于2014年6月12日举行世界杯足球赛，此时地球公转的位置最接近图中哪个位置。

在构建本题的认知结构时，由于地球公转的基本性质，如方向、周期、公转中心，以及与自转的对比等内容，比较简单，且学生已经掌握，所以不需要构建。而不同节气时不同地区的昼夜长短、影子长短以及光照图既是考试的重点，也是学生学习中的难点，在时间紧张的情况下，应对这部分内容进行有选择性的构建。

（4）说与写的矛盾。

“说知识体系”和“写知识体系”是两种构建认知结构的方式，两者各有优缺点。就“写知识体系”来说，学生可以借助文字、简图表达信息，记忆效果更好，但用时较多；“说知识体系”的优点在于节省时间，但记忆效果相对差一些。在课堂上时间较为有限的情况下，应如何协调这一矛盾呢？笔者认为，“写知识体系”可以放在课堂上，“说知识体系”可以放在课下。之所以把“说知识体系”放在课下，是因这一方式放在课堂上，较难操作。

复习之初，在课堂上可以选择内容和难度适中的内容，以学生能在5～7分钟完成为宜。复习后期，随着学生知识体系的完善和构建知识能力的提升，可以通过“写知识体系”，完成中观尺度的认知构建。

在课下，笔者一般会找学生“说知识体系”。部分学生说，其他学生听并点评。学生在说的时候可以相互补充。当出现普遍性的错误或大家都没有提到的内容时，点评的同学可以补充，而如果点评的同学出现错误，则由教师补充说明。笔者认为这种方式不仅节省时间，效率较高，而且能及时纠正认知结构中存在的问题，并能增进师生感情，激发学生的学习热情。

二、复习课教学

教师通常认为复习课比新授课难上。复习课与新授课有什么不同呢？从字面意思来看，一个在于“新”，一个在于“复”；一个是第一次，一个是再一次。复习是学过的内容再学一次，把遗忘的知识记起来，并使印象更加深刻。复习课难上，难在其与新授课的学情不同。新授课前，学生对于所学内容了解较少，学情差异小，所以教师的教学普适性强。但是复习课，学情差异较大，教师的教学就存在一定难度。如果教师仅将关注点放在上游学生身上，那么中游和下游学生消化不了；如果放在下游学生身上，那么上游和中游学生则难以提高。如何兼顾不同学情，是复习课的难点所在。

（一）复习课原则

复习课常常面临时间不够用的问题。为了完成进度，教师的讲解速度一般会比较快，导致部分学生跟不上。另外，教师不会像新授课那样设置一定的情境，所以学生普遍认为复习课枯燥无味。要兼顾学情，同时避免在时间紧的情况下把握不准，我们需要注意以下几个原则。

1. 及时巩固原则

复习的过程就是克服遗忘的过程。很多学生在第一遍学习时，能够听得懂，说得出，但是如果不及时识记、练习，就会遗忘。及时巩固原则是指在复习过程中，需要对复习过的内容进行及时识记与练习，从而克服遗忘。

2. 针对性原则

复习课要有针对性，要研究课程标准、考查形式考查角度和内容。这些均以课程标准为本，所以，先从研究课程标准出发，建立双向细目表，这样有利于教师把握考查动向及知识点的分布，从而做到有针对性地预测。

3. 综合性原则

复习课知识容量较大，内容较多，知识之间的联系强，综合性原则即要求教师在教学设计上，将知识点做前后延伸，加强知识间的联系，实现融会贯通。同时，在作业设计、题目选择上都要提高综合性。

4. 主体性原则

在复习课中，要兼顾不同层次的学生，这就要求教师的问题设计难度适宜，同时要将合作学习应用到复习中来，因为教师一个人讲解，很难满足不同学生的水平要求。通过互学，学优生和学困生都能得到发展。

5. 差异性原则

在复习过程中，需要兼顾大多数学生，课上培优可以通过四种途径：第一种是通过小组合作，实现生生互强。第二种是通过切块拼接，对学生进行不同分层，完成不同任务。第三种是在既有分组情况下，在题目设置上，多给学优生准备一些候选内容，有利于他们进一步提高。第四种是给学优生单独布置任务，如完成教师要求内容后，可以针对题目内容写解析，通过写解析的过程，重新梳理思路，深入思考。

6. 积极评价原则

在教学过程中，只要学生真正“动”起来，教学效果肯定差不了。而要想让学生“动”起来，评价就是指挥棒。学生为了获得较好的评价，自然会认真努力地学习。教师如果建立明确的评价制度，积极评价学生学习行为，就能够鼓舞学生士气，激发学生学习动力。

（二）专题复习课

地理专题是指经过归纳、整理并实现贯通与应用，具有相对独立的、内在联系的知识系统。地理专题复习是以某一地理要素、地理能力、地理热点或焦点问题等为线索或情境，对基础主干知识进行跨章节的迁移和整合，以培养提高综合能力为主要目标的复习形式[3]。

按照地理学科主干知识划分，常见的地理专题有地球、地图、地理位置、地形、气候、河流、自然资源、农业、工业、交通等。也有教师提出微专题的概念。微专题是以某个知识点或方法等作为一个主题，再通过一条清晰的主线串起相关的概念、规律等，循序渐进，逐步深入需要解决的问题[4]。相比微专题的小切口，我们把按照主干知识划分的专题称为大专题。大专题和微专题之间有时是包含与被包含的关系，例如河流专题可以分为河流的分布、水文特征、开发、治理等微专题。除了知识方面的划分方式，我们也可以设置计算类、描述分布特征类、错别字类等专题。无论是大专题还是微专题，在确定和落实专题内容的方法上会有较多相同的做法，下面以《地理位置》专题为例予以说明。

1. 研读课程标准，确定专题内容

2011年，义务教育课程标准正式发布，课程标准是教材编写、教学、评估和考试命题的纲领性文件，是国家管理和评价课程的基础[5]。基于课程标准的重要性，在确定专题时，我们需要对课程标准进行认真研读，以防遗漏。

课程标准对地理位置要求分为描述、分析、评价三个方面，具体见表4-4：

表4-4　初中地理新课程标准中“地理位置”的课程标准[6]

地球与地图	地球和地球仪	用经纬网确定任一点的位置
	地图	运用地图辨别方向
世界地理	海洋和陆地	描述海陆分布特点；运用世界地图说出七大洲、四大洋的地理分布和概况
	气候	举例分析纬度位置、海陆分布、地形等对气候的影响
	认识区域	运用地图说明某大洲的纬度位置、海陆位置；在地图上找出某地区的位置、范围、主要国家及其首都，读图说出该地区地理位置的特点；在地图上指出某国的地理位置、领土组成和首都
中国地理	疆域与人口	运用地图说出我国的地理位置及特点；在地图上指出我国的邻国和濒临的海洋；在我国政区图上准确找出34个省级行政区
	地理差异	运用地图指出北方地区、南方地区、西北地区、青藏地区的范围
	认识区域	运用地图说出某区域的位置、范围，并对区域的地理位置做出简要评价；举例说出影响区域农业或工业发展的地理因素；在地图上指出台湾省的位置和范围

2. 多种途径，落实专题内容

为落实专题内容，在确定专题内容后，通常会对专题内容再细化；在授课过程中，需要做好方法指导，并通过构建知识体系，完善学生的认知结构。

（1）细化专题内容。

专题内容确定后，需要将内容细化、分类。就地理位置来说，可以再分为描述地理位置和评价地理位置，也可以再分为绝对位置和相对位置。绝对位置主要指利用经纬度（网）定位（包括半球、纬度区、温度带、气候区、特定纬线等）描述该地区的位置[7]。相对位置是指可以通过海洋、行政单位、地形、河流、板块交界等辅助确认的位置。就相对位置来说，根据区域大小，又可以分为大尺度区域和小尺度区域。其中，小尺度区域如省级、跨省级和分区级，大尺度区域如国家级、区域级和大洲级。以鲁教版内容为例，省级区域如北京、香港、澳门、台湾等，跨省级的区域如黄土高原、东北地区、长江三角洲等，分区级的区域有北方地区、南方地区等，国家级区域如中国、澳大利亚等，区域级的区域有欧洲西部、东南亚等，大洲级的区域有亚洲、南极洲等。

（2）方法指导。

专题复习阶段重点在于突破重难点。为此，教师要注重方法指导，实现知识运用举一反三。在描述纬度位置时，把握三点即可：描述出区域的南北两条纬线，中间穿过的重要纬线，以及区域所属的温度带、纬度带。在描述相对位置时，把握好两点即可：方位和海陆位置。具体来说，如果描述大尺度区域的相对位置，一般要突出其整体特征；如果描述小尺度区域的相对位置则要相对具体。例如，中国的海陆位置是亚洲东部、东临太平洋；描述台湾省的海陆位置时则相对具体，是北临东海、南临南海，东临太平洋，西隔台湾海峡与福建省相望。

评价地理位置通常会分析地理位置的优越性，即分析地理位置对生活、生产的影响。由于纬度高低决定热量多少，热量多少对经济中的农业影响较大，所以，在描述纬度位置时，把握住“温度带—热量—农业”这一思路即可。例如，描述中国的位置优越性时，可以表述如下：南北跨纬度大（跨热带和北温带），热量差异大，有利于发展多种农业生产。在描述山东省的纬度优越性时，可以表述如下：山东位于中纬度、暖温带，热量条件优越，有利于农业生产。

在评价海陆位置时，如果陆上有邻国（省）或临海或有隔海相望的国家，通常从海陆位置有利于发展对外贸易的角度进行分析。当然沿海地区还有利于发展海洋事业，带来丰富的降水。如果处于河流下游，则有利于利用水运与中、上游联系。例如，在评价我国海陆位置优越性时，表述如下：濒临太平洋，降水丰富；沿海地区有利于发展海洋事业；通过便利的海运发展对外贸易；西部内陆地区可以通过陆上交通与中亚、西亚、欧国各国发展对外贸易。在评价长江三角洲位置优越性时，可以表述如下：位于长江的下游地区，濒临黄海和东海，地处江海交汇之地，沿江沿海港口众多；依托长江干支流发达的水运，可以联系广大内陆地区；同时这里是我国南北海上航运的中枢，并通过远洋航线到达世界主要港口。

（3）构建体系，完善认知结构。

由于专题内容较多，需要通过地理图示或者其他板书形式，高度概括知识，使知识体系条理清晰，重点突出，促进知识内化。图4-12为师生活动过程中构建的地理位置专题的知识体系。

- 位置
  - 描述位置
    - 半球位置
      - 东西半球
        - 东半球 → 从 20°W 向东到 160°E
        - 西半球 → 从 20°W 向西到 160°E
      - 南北半球
        - 北半球 → 从赤道向北
        - 南半球 → 从赤道向南
    - 纬度位置
      - 某地区所跨纬线
      - 特殊的纬线
      - 所跨的温度带、纬度带
    - 海陆位置
      - 某地区位于大洲或大陆或国家的方位
      - 某地区与周边海洋的关系
  - 评价位置
    - 纬度位置优越性
      - 低、中纬度 → 热量丰富，有利于农业生产
      - 纬度跨度大 → 气候差异大，有利于发展多种农业生产
    - 海陆位置优越性
      - 陆上邻国（省）或隔海相望国家 → 有利于发展对外贸易
      - 河流下游 → 便于利用水运与中上游联系
      - 交通枢纽 → 陆上交通和海上交通便利
      - 临海
        - 有利于利用海运发展对外贸易
        - 有利于发展海洋事业
        - 带来丰富的降水，有利于发展农业生产

图4-12 地理位置知识体系

(三)试卷讲评课

试卷讲评课是备考过程中最重要、最常见的课型,其对考试结果有举足轻重的作用。但是在讲评课中,教师往往存在诸多困惑:如需要讲评内容较多,平均用力,无法在一节课内完成任务;已掌握的学生,很多内容不需要教师讲解,没掌握的学生,却往往听不懂,效率低下。针对以上问题,笔者上过一节市级公开课,针对再次暴露出的问题,在后续的实践中进行了优化调整,下面就试卷讲评课的模式构建过程进行说明。

1.市级试卷讲评课

为避免平均用力,讲评前,笔者对错题进行统计分析,将出错率较高的9道题目归为“经纬网定位”“农业发展与自然环境的关系”“地形与河流的关系”“气候类型及其判断”四类共性问题重点讲解。课堂讲评环节依次是:考情分析、分组讨论共性问题、展示—指导—强化、组内交流个性问题、总结提升。

环节一:考情分析。教师首先简单介绍总体成绩及各分数段的分布情况,便于学生找准自己的位置,进行正确的自我评价,激发学生学习的欲望。对于成绩较好的同学,给予肯定;对于成绩不理想的同学,给予鼓励,提高其积极性。

环节二:分组讨论共性问题。新课程标准明确提出“倡导自主学习、合作学习和探究学习”,“学生为主体,教师为主导”。为落实这一理念,发挥学优生优势,针对共性问题进行分组讨论,具体如下:八组负责讲解第3题,七组负责改编第3题;六组借课本中的图说明第7~8题;五组负责第11题;四组负责第16(2)、17(4)、18(2)题;三组负责第16(3)、(4)题。剩余两个小组可以任选题目,随时补充。

在合作过程中,学优生的积极性被调动起来,其认知结构更为完善,知识与技能更加牢固。学困生在学优生的帮助下,注意力集中,学习效果更好。

环节三:展示—指导—强化。讨论后进入学生展示、教师指导、强化练习环节,现就“经纬网定位”部分进行说明。

据报道,2013年第12号台风“潭美”的中心8月20日17时位于23.1°N,127.5°E,该台风中心在图2中的大致位置是(　　)。

A.a点　　B.b点　　C.c点　　D.d点

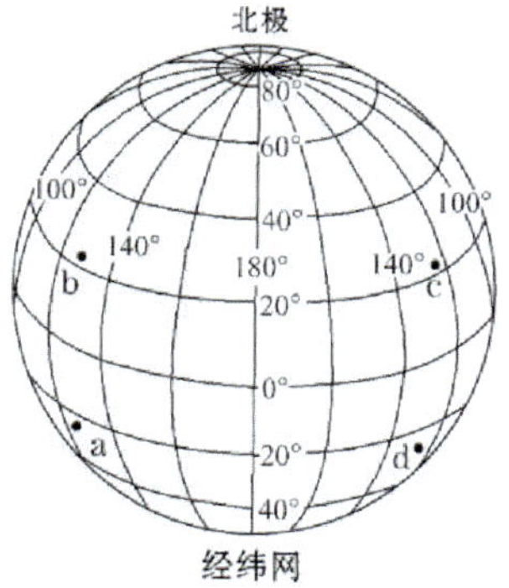

经纬网

展示同学为组内的C层同学，之所以选择这一层次同学，主要是考虑其成绩不够理想，通过组内互助，上台展示，一方面可以激励其自信心，另一方面可以考查其掌握情况及小组的合作情况。

在讲解过程中师生互动，完成方法指导。板书如图4-13所示：

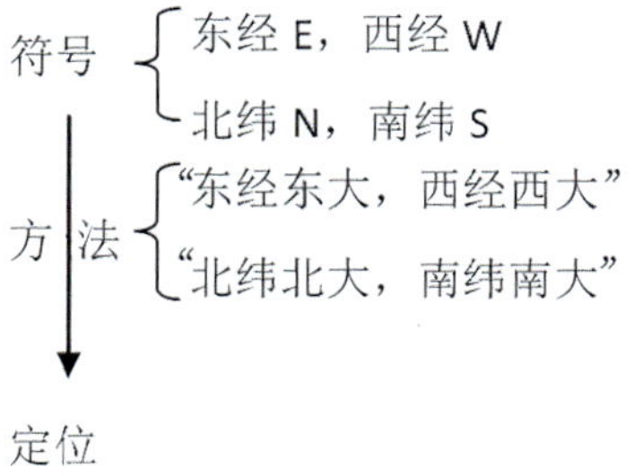

图4-13 板书

不同于其他题目的处理方式，在解决经纬网这道题时，笔者加入“改编试题”的环节。展示过程如下：

师：做十道题不如改编一道题，请七组同学展示你们改编的试题。

生：b点有太阳直射吗？

师：很好！请解答。

生：b点有太阳直射，因为它在南回归线与北回归线之间。

师：可是图中看不出有回归线。

生：点b位于23.1°N，所以有太阳直射。

师：好！还有没有改编的题目？

生：点b属于东西半球中的哪一个？

生：属于东半球。因为东半球的范围是从20°W向东到160°E，而点b位于127.5°E，在这个范围内，所以属于东半球。

师生互动，完善知识体系。板书如图4-14所示：

符号
- 东经 E，西经 W
- 北纬 N，南纬 S

方法
- “东经东大，西经西大”
- “北纬北大，南纬南大”

定位
- 坐标
- 温度带
- 东西半球
- 方向辨别

图4-14　板书

为巩固知识，在讲评完一组试题后，通过相关题目进行强化巩固，经纬网强化题目如下。

中国地震台网测定：北京时间2015年4月25日14时11分，尼泊尔发生8.1级地震，震中位置是(28.2°N，84.7°E)。据此完成1～2题。

1. 此次地震的震中大致位于图中的(　　)。

A. 甲　　B. 乙　　C. 丙　　D. 丁

2. 关于此次地震震中位置的叙述，正确的是(　　)。

A. 位于西半球、北半球　　B. 位于东半球、北半球

C. 化于西半球、南半球　　D. 位于东半球、南半球

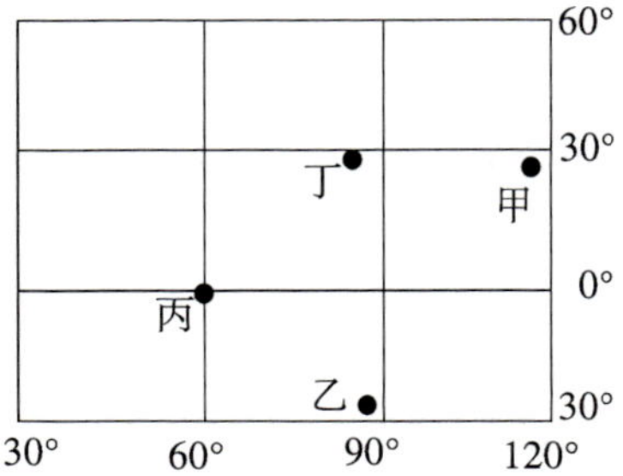

在展示—指导—强化环节，通过方法指导，达到举一反三、触类旁通的效

果。通过试题改编,以原题为基础加以引申,适当发挥,把可能涉及的考查点列出来,构建知识间的广泛联系,让学生将学到的知识用于学习新知识或解决新问题,提高学生触类旁通的能力。

环节四:组内交流个性问题。在处理完“经纬网定位”“农业发展与自然环境的关系”“地形与河流的关系”“气候类型及其判断”后,针对没有讲到的错题,通过兵教兵的形式在小组内交流。在交流过程中,笔者适时参与他们的讨论,对出现的知识性偏差,及时纠正,给予指导。

环节五:总结提升。结课环节,笔者进行如下总结:本次考试主要反映出方法类问题、知识性问题、审题性问题三类问题。方法类问题如经纬网部分,我们需要把握好方法,重点练习。知识性问题,如农业以及地形与河流的内容,我们需要重点理解、记忆。对于审题性问题,我们要仔细审题,不能放过每一个试题要素。

本节课通过课前考情分析,避免讲解“面面俱到”;通过组内兵教兵,解决了学优生积极性差,学困生听不懂的问题;通过学生展示、师生互动,构建了相对完整的知识结构。但这节课仍然存在如下问题:缺少教师讲解重难点的环节,即绝大多数同学都出错的题目,应该由教师来讲解;在解决共性问题时,每组主要解决一到两个问题,内容太少;在解决个性问题时,时间明显不够;此外,练习巩固时间较少。为弥补以上不足,笔者在两年后的校级试卷讲评课中对讲评环节进行了调整,教学效果有明显提升。

2.完善后的试卷讲评课授课思路

笔者在后期的教学中不断完善讲评模式,认为需要做好课前和课堂两个环节,其中,教师和学生课前需要做的准备工作如图4-15所示。

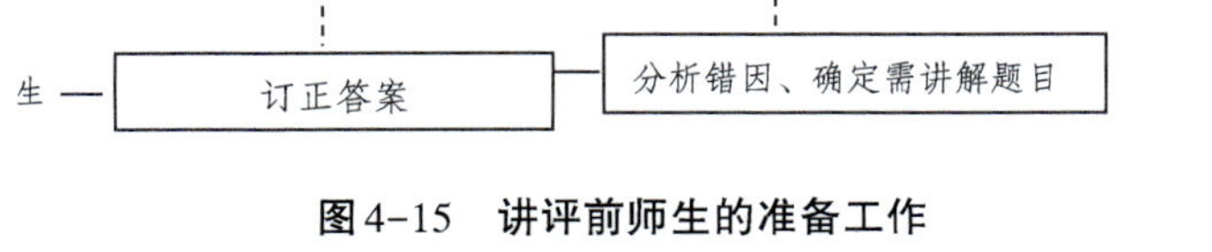

图4-15　讲评前师生的准备工作

课前,教师印制答案与解析发给学生,学生据此完成自查自纠。自查自纠内容包括题号、涉及的知识点、失分原因等,并标注需要教师讲解的题目。

学生上交自查自纠表后，教师需要重点关注各组地理小组长的自查自纠表中需要教师讲解的部分，以提高讲解效率。

上课流程概括为五个环节：考情分析、教师讲解共性问题、组内解决个性问题、组际互动检查反馈、强化练习。其中，强化练习可以放在共性问题讲解后，也可以放在最后一个环节。笔者着重从教师讲解共性问题、组内解决个性问题、组际互动检查反馈三个环节予以说明。

环节一：教师讲解共性问题。

这一环节讲“思路”“方法”“技巧”“误区”“拓展”“审题”“规范”。

在上述市级公开课中，笔者的讲解重点体现的是讲“思路”“方法”“拓展”，接下来笔者着重就“技巧”“误区”予以说明。

【讲技巧】这一类问题主要针对考试过程中学生如果能够掌握一些做题技巧就能轻松得分的地方。

例如：下列省区中，有长江流经的是(　　)。

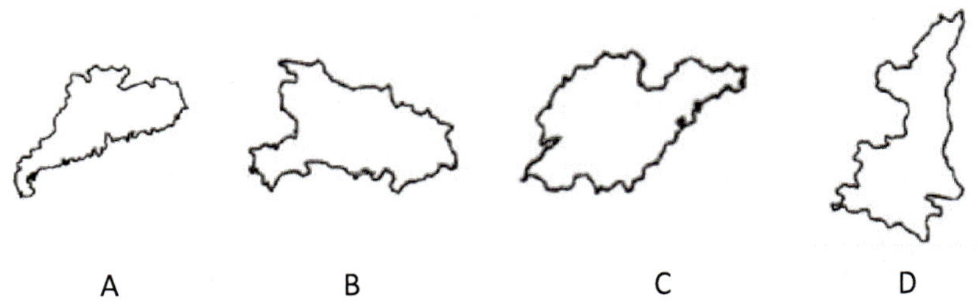

这一类题目属于基本定位的题目，考查的是学生区域认知素养。由于给出的区域尺度较小，所以，基础较好的学生可以通过推断得出答案，而一些学生的基础不扎实，就容易出现省区记忆混淆，从而出现张冠李戴的现象。恰好在后面的非选择题中，有一道大题，给出一个中国34个省级行政区的图，该地图上注有长江与黄河，学生完全可以借助这一地图，解答该题目。与此相似的是，在选择题部分，考查不同地区所属的温度带时，部分学生再次出现定位错误，而在后面的非选择题中给出了温度带的图像，学生借助温度带图即可轻松解决这一问题。

【讲误区】这一类问题主要针对考试过程中出错率较高的问题或者组长反映看过解析后仍不理解的问题。

对图示地区自然环境的叙述，正确的是（　　）。

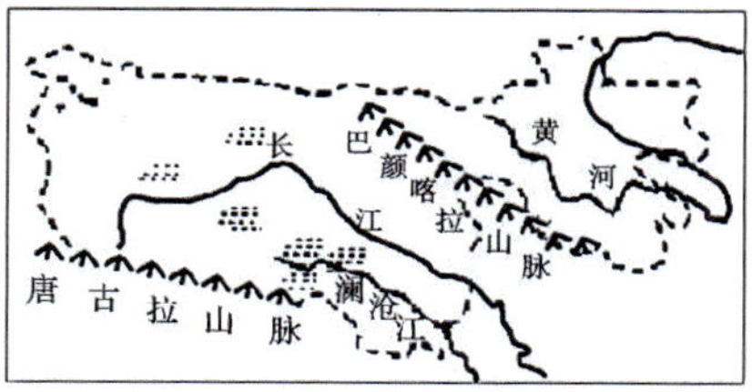

A. 北部与柴达木盆地以昆仑山为界

B. 冬季受寒潮影响大，气温低

C. 河湖密布，属于湿润区

D. 河流向南注入印度洋

该题难在给出的尺度较小，但是，考查的内容均需要放在较大尺度地图上确认。如三江源北部与柴达木盆地以昆仑山为界，需要放在我国的地形分布图上确认；冬季受寒潮影响大，气温低，需要放在气象灾害分布图上确认，青藏高原难以受到寒潮影响，位于青藏高原上的三江源自然也难以受到寒潮影响；河流向南注入印度洋需要放在我国河流的分布图上确认。在地图的尺度转化过程中，学生难以准确定位，从而出现错误。因此，教师需要提供多幅地图进行讲解，辨析误区。

环节二：组内解决个性问题。

这一环节主要解决共性问题外的其他个性问题，根据自查自纠表依次解决。具体组织形式是组内四人采用接力法进行，首先由C层同学提出问题，由B层同学解答，如果B层同学解答不了，则由A层同学解答，D层同学认真听，做好记录。在这一环节，要确保小组的讲解效果，特别需要注意的是，在讲解过程中需要借助地图。

这一环节遇到的最大问题是纪律问题和效率问题。为此教师需要制定相应的评价方案，使讨论有序进行。如学习环节能按照要求有序开展，声音适度，态度认真，并且记录发言结论，小组加3分；展示主观题目，言之有理加5分，展示客观题目，加3分。合作学习不参加，不记录，不倾听的小组扣2分。存在讨论偏题甚至扰乱正常合作讨论情况的小组扣5分。

环节三：组际互动检查反馈。

为了解学生的掌握情况，采用“一人走三人留”或者“组际评价”的方式进行检查。其中，“一人走三人留”即让每组的C层同学到相邻N+1组，随机提问该组的任意一名同学。C层同学根据回答情况进行积分评价。如果同学没有回答上来，则由该组的组长讲解。当然，该组的同学也可以提问C层同学相关问题，C层同学回答不上来，也由组长讲解，并进行积分评价。“组际评价”即教师提问一名学生，该生回答后，由该生再任意指定一名学生回答，并对回答情况进行评价，直到教师喊停为止。

相比市级公开课，后期完善的模式效果更好。从课前来说，通过学生提前准备进行自查自纠，能够对错误进行归因，这是认识自己的重要过程。通过自查自纠表，教师能够了解学生的问题，特别是学生在看过答案后，还有哪些需要讲解的地方，这样便于教师做到有的放矢地讲解。另外，学生通过查看解析，能够筛选出自己的问题，在组内解决个性问题时，能够做到重点提问，而不是就每个错题都进行提问和讲解。课前的工作做得到位，可以为课堂预留出更多的时间进行练习。此外，后期的讲评方式，强化了评价的作用。如在小组合作过程中和展示环节使用评价方式，均有利于解决合作学习中的效率和秩序问题。

参考文献：

[1]李传英.中观课堂的思考与实践[M].济南：山东教育出版社，2016:1.

[2]赵佳娜.思维导图在认知结构建构中应用模式研究——以大学基础英语实践课为例[J].中国电化教育，2014(6)：121-126.

[3]刘欣.新课程背景下高中地理二轮专题复习策略探究[D].上海：华东师范大学，2011:15.

[4]刘欣.巧设“微专题”助力高三地理复习[J].地理教学，2014(11)：49-51.

[5]熊芸.含英咀华研课标　精思深悟始知音——如何研读思想品德课程标准[J].教学月刊(中学版)，2013 (10)：16-19.

[6]范增博，杨德鉴.建构“地理位置”教学目标测评标准的探究——以初中阶段地理位置内容教学目标为例[J].中学地理教学参考，2016(4)：41-43.

[7]赵鹏飞.基于地理空间尺度的初中地理位置教学——以中图版教材为例[J].2016(6)：28-30.

第五章　多元地理

多元意味着不同视角。同一种现象，不同的人有不同的解读方式。地理教师的职业使命便是培养学生地理核心素养，从地理视角切入，观察、认识、分析地理现象，解决地理问题。为了拓宽学生视野，我们需要在教学中构建开放的地理课程，解析多元地理现象背后的地理原理、地理规律，从而培养学生学习生活中的地理，学习对终身发展有用的地理。

第一节　不同视角下的地理现象

从哲学视角认识地理现象源于笔者考研前的一段工作经历。笔者理科出身，高中时《思想政治》科目虽然在会考中得到了A等级，但是在考研时对大量的哲学内容却一头雾水。为了让自己更好地理解哲学的抽象内容，笔者尝试结合地理现象加以分析，研究生毕业后，当时思考的内容依然清晰如昨，于是有了《哲学视角下的地理现象》。《人文地理视角下的双核结构》，是笔者硕士研究生毕业论文的一部分。不管是哲学视角下的地理现象，还是人文地理视角下的双核结构，都是从不同的视角来看地理现象，都能够起到拓宽地理研究视野的作用。

一、哲学视角下的地理现象

哲学，是自然知识、社会知识、思维知识的概括和总结，是世界观和方法论的统一，是以确立哲学世界观和方法论为内容的社会科学[1]。从哲学的概念可以看出，哲学与具体学科的关系是一般与个别、普遍与特殊、指导与被指导的关系，下面从哲学的相关角度浅析地理现象。

（一）联系与地理现象

哲学认为联系具有多样性和普遍性，世界是普遍联系的整体。在地理学中，不管是大到在地球公转过程中太阳直射点做回归运动所带来的一系列影响，或是地球不同圈层间相互联系而形成的各种地质地貌，还是小到由于城市与郊区存在温差而引起的热岛效应，或是由于地形带来的降水变化，都表明地理事物间存在普遍的联系。

工业区位的分布除受原料、市场、动力、劳动力、技术等因素影响外，还受环境的影响，下面通过环境因素对工业区位选择的影响，进一步说明地理事物间存在普遍联系。如图5-1所示，污染空气的工厂，如水泥厂、酿造厂等，多分布在居民区常年盛行风下风向地带；对水源有污染的工厂如印染厂、造纸厂等，主要分布在远离水源地及河流下游的地方；有固体废弃物污染的工厂主要分布在远离居民和农田的地方。

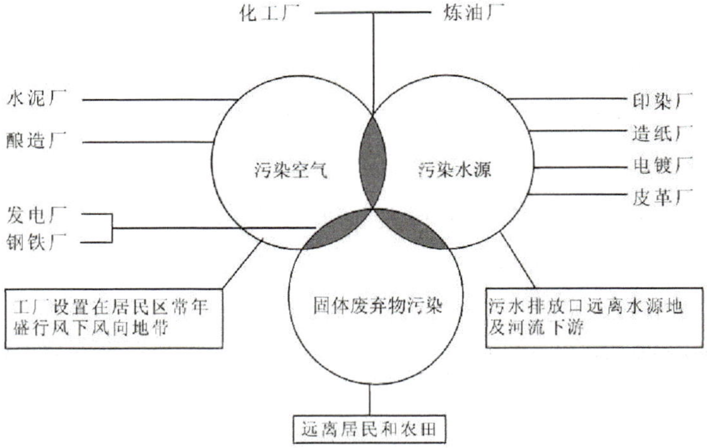

图5-1 环境因素对工业区位选择的影响

哲学认为，联系的普遍性造成了物质世界普遍的以系统的形式存在。系统的主要特征表现为整体性，即整体由部分组成；整体的功能大于各部分的功能之和，部分离开整体就不再具有部分的功能。部分和整体是一个相互依赖、不可分割的统一体[2]。

在地理现象中，整体与部分关系非常普遍。例如，温度带的划分，全球可以划分为一个热带、两个温带、两个寒带，我国境内分为寒温带、中温带、暖温带、亚热带、热带。干湿地区的划分，我国分为湿润地区、半湿润地区、半干旱地区、干旱地区。其中，湿润地区又可以进一步划分为降水量大于1600 mm和800 ~ 1600 mm的区域，干旱地区又可以进一步划分为降水量小于50 mm和50 ~ 200 mm的区域。

整体的功能大于各部分的功能之和。三圈环流由低纬环流圈、中纬环流圈、高纬环流圈组成，其中每个环流圈都是一个子系统，三个环流圈彼此依托，相互补给，实现了全球物质与热量的平衡。这充分说明整体功能的实现，需要整合其系统内部各子系统的功能，以实现功能最大化。若单提出任何一个环流圈，或者说如果三个环流圈彼此孤立，都将无法实现物质与能量在全球范围内的动态平衡。

（二）质变、量变与地理现象

哲学认为事物的发展是一个量变与质变相互转化的过程，一切事物的变化发展都是从量变开始，量变达到一定程度时，必然引发质变[1]。下面以黄土高原地貌的形成为例加以说明。

唐代以前的黄土高原地区，既有松柏等针叶树，也有多种阔叶树大乔木。如今的黄土高原呈现出的却是千沟万壑的地貌形态。其原因可归结为自然因素与人为因素。自然因素主要是黄土土质本身疏松且夏季暴雨集中，人为因素主要体现为对植被的破坏与不合理的土地利用方式。两大因素长期作用于该地区，致使该地区水土不断流失，并最终呈现为今天千沟万壑的形态。从本质上讲，这一过程是一个由量变到质变的过程。

（三）过程论与地理现象

过程论认为，一切事物都是不断运动、变化、发展的[1]，地理现象也不例外，例如城市化进程（图5-2）。

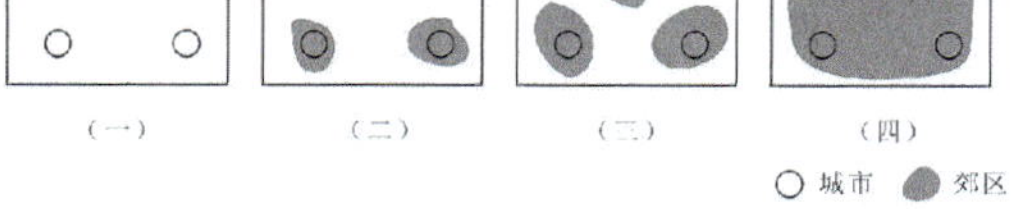

图5-2　城市化进程

作为经济发展到一定程度后的产物，城市犹如生物一样，在不断完善自身功能的同时，也在不断发展、成熟。图5-2所示的城市化进程，反映出城镇面积由小到大，数量由少到多，由孤立城镇发展到城市群。改革开放以来，我国的城市化进程大约经历了三个阶段。第一阶段为1978—1984年，以农村经济体制改革为主要动力推动城市化阶段。这个阶段的城市化带有恢复性质，“先进城后建城”的特征比较明显。第二阶段为1985—1991年，乡镇企业和城市改革双重推动城市化阶段。这个阶段以发展新城镇为主，沿海地区出现了大量新兴的小城镇。第三阶段为1992年至今，城市化全面推进阶段，以城市建设、小城镇发展和普遍建立经济开发区为主要动力。在今后一段时间内，我国城市化进程还将持续下去，城市化水平还将不断提高。

城市化进程充分体现出哲学中的过程论，即通过一个“小圈圈”的促动，进而带动一个“大圈圈”，“大圈圈”与“小圈圈”之间串连成片，从而带动整个区域的发展，充分体现出区域内部的整合、提升、嬗变过程。

（四）矛盾与地理现象

事物自身包含的既对立又统一的关系叫作矛盾。简言之，矛盾就是对立统一，下面主要论述矛盾的普遍性与特殊性、主要矛盾与次要矛盾、矛盾的同一性与斗争性所反映出的地理现象。

矛盾的普遍性寓于特殊性中，特殊性也离不开普遍性[1]。例如，一个城市的功能区应具备商业区、住宅区、工业区，但是不同的城市具有不同的空间布局，如东京为同心圆模式、烟台为扇形模式、重庆为多核心模式；鞍钢和宝钢同为钢铁企业，有所不同的是，鞍钢的区位选择为资源指向型，而宝钢则为市场指向型；同为大规模渔场，北海道渔场是因日本暖流与千岛寒流交汇形成，而秘鲁渔场则是由上升补偿流形成。

任何事物都是有诸多矛盾构成的系统，其中包括主要矛盾和次要矛盾。在事物发展过程中，主要矛盾处于支配地位，对事物发展起决定作用[1]。

气候、水文、地质地貌等自然地理现象的存在与变化，工农业的出现与发展，人口的分布与迁徙，城市空间结构的演化，文化的交流融合等人文地理现象，均能体现出矛盾在事物发展中的作用。

以人口数量的增长为例，人口增长有原始型、传统型、现代型三种模式，每一阶段的特点均由其主要矛盾即生产力水平决定。

原始社会生产力极其低下，原始人过着分散、闭塞的流动生活，靠采集、狩猎、捕鱼等为生，人类的饮食营养不良，抵抗力差，再加上疾病流行，从而使这一时期的人口增长模式体现出出生率高、死亡率高、自然增长率低的特点。

随着农业生产以及工业革命的相继出现，生产力水平大大提高，人类营养状况得到极大改善，从而使这一阶段的人口增长模式呈现出出生率高、死亡率下降、自然增长率升高的特点。

处于现代型人口增长模式阶段的国家主要是西北欧等发达国家，它们最早实行并完成了工业化，经济增长促使生活方式改变、生活质量提高，社会经济结构和功能也随之发生变化，并使出生率和死亡率自然、平稳、缓慢下降。

斗争性是指矛盾双方相互排斥的性质和趋势，同一性是指矛盾双方相互联系、相互吸引的趋势。矛盾的斗争性和同一性相互联系、相互制约。没有斗争性就没有同一性，同一性寓于斗争性之中[1]。

太阳系中存在八大行星，太阳与八大行星既相互吸引又相互排斥，正由于相互吸引与相互排斥达到了平衡，才使各大行星沿着各自的轨道运行，形成了一个稳定系统。

就城市空间结构来讲，其基本的功能区为商业区、住宅区、工业区，由于三者都属于城市系统不可或缺的部分，所以三者具有一定的联系，即存在同一性。在存在同一性的同时，三者又存在斗争性，这表现在三者在功能以及支付地租方面均存在差异。在同一性与斗争性并存的前提下，三者既相互吸引又相互排斥，最终形成了最基本的城市空间结构，即距市中心最近的是商业区，其次是住宅区，工业区处于距市中心相对较远的一个圈层上。

（五）唯物论与地理现象

唯物论中人与自然的关系即地理学中人地关系。唯物论认为，人类在改造自然、利用自然的同时，务必尊重自然、顺应自然、保护自然。而从地理学角度分析，人地关系的演变大致经历了三个阶段，即地理环境决定论、人类中心论、人地伙伴论。三种观点产生的背景不同，其中，地理环境决定论是在人类社会早期，认识、改造自然能力低，对环境依赖性强的背景下产生的；而人类中心论产生的背景是科技和生产力发展，人类利用、改造自然能力提高；人地伙伴论产生的背景是反思人类自身行为对环境的影响。其中，人地伙伴论与唯物论中的人与自然的关系比较吻合。

马克思主义唯物论认为物质决定意识，意识具有能动作用[1]。随着人地关系越来越紧张，一系列环境问题给人类带来了沉痛的灾难，人类的环境保护和可持续发展意识开始不断增强，其能动性也不断体现出来。为保护和改善环境，1972年6月5—16日在斯德哥尔摩举行联合国人类环境会议。近年来，又先后在哥本哈根、坎昆等地举行了气候会议。各国签订了《京都议定书》及相关条款，提出了诸如“只有一个地球”“地球在我们手中”的口号，以及一系列截污减排、调整产业结构和改善环境的措施。其中，以低能耗、低污染、低排放为基础的低碳经济模式，也逐渐得到了人们的重视。以上海世博会为例，我国提出了“绿色”“低碳”的目标，在选址、规划、设计、建设、运营、后续利用等全过程中，力争从源头上减少碳排放。此外，围绕“城市，让生活更美好”的主题，来自世界各地的参展方竞相展示各具特色的绿色环保理念和举措，在世博会的大舞台上，为应对全球气候变化，发展低碳经济做出积极贡献。

（六）认识过程与地理现象

由于客观事物本身的复杂性以及发展过程的无限性，人们对事物的认识要受到主观和客观条件的限制，特别是受到具体实践水平的限制，因此，认识的发展是一个循环往复以至无穷的过程[1]。

以人类对地球的认识为例：最初由于人们的活动范围有限，认为地球是方的，即天圆地方；后来随着人们视野的扩大，很多现象说明地球不是方的，于是人们臆想中的大地变成一个倒扣的盘子，天像一顶半圆的斗笠。1519—1522年麦哲伦环球航行，用实践证明了地球是圆的。20世纪，随着科技的发展，人类实践活动的范围进入了太空，并利用卫星观察地球，从而揭开了地球的神秘面纱。

二、人文地理视角下的双核结构

空间结构常指以资源、人群活动场所为载荷的，以产业区位（带）为中心问题的空间分异与组织关系[2]。就现在较为流行的空间结构观点来看，主要有陆大道提出的点轴结构[3]、陆玉麒提出的双核结构[4]、叶大年提出的对称分布模式[5]。下面就双核结构的相关理论进行阐述，并重点分析山东省济南-青岛双核结构的形成与变迁。

（一）双核结构的内涵及类型

双核结构是指在一定的地域范围内，由两个地域相邻、规模相近、等级相当、拥有较为密切经济社会联系的大城市或特大城市组成的空间系统[6]。此定义可从三个方面理解：（1）构成双核的两个城市在地域上距离较近，两者之间有某种形式的轴线。（2）构成双核的两个城市规模相近、等级相当，且为大城市或特大城市。（3）根据城市的职能、规模和区位等要素划分，双核结构的类型有以下几种：陆运—水运枢纽型、工业—旅游型、中心—门户型[7]。

1. 陆运—水运枢纽型

该类型的两个城市在运输功能上存在较大差异，但是两者结合可以实现互补。如济南为山东省主要的铁路、公路枢纽，青岛为山东省最大的沿海港口城市。两者结合，对于对外开放较为有利。

2. 工业—旅游型

该类型的两个城市的职能存在较大差异。旅游城市不宜发展污染较重的工业，但第三产业相对发达，因而与相邻的工业城市具有较强的职能互补性。如杭州为旅游城市，宁波为工业和港口城市；张家界为旅游城市，石门为新型的电力化工基地和铁路枢纽。

3. 中心—门户型

该类型多由区域中心城市和港口城市以及连接两地的交通线组成。区域中心城市多是集政治、文化、经济三位一体的省会城市，港口城市是区域对外交往的通道和窗口。在水运时代，干流是最有效的连接方式，其典型结构如图5-3所示。进入近现代，铁路、公路等运输方式，使原有以水运为主的轴线演变为综合性的运输型走廊。

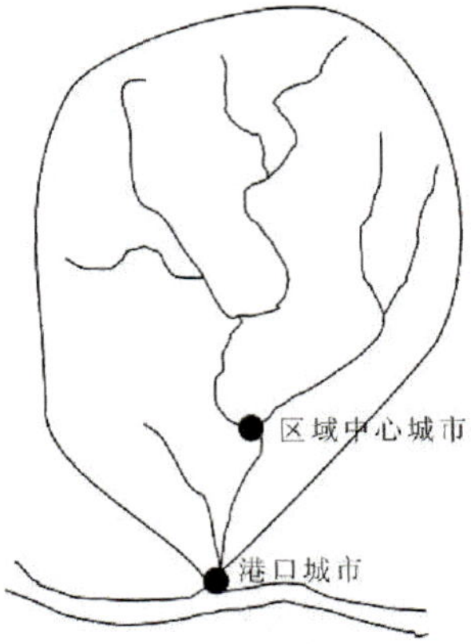

图5-3 双核结构的理想图示[4]

在我国,由区域中心城市和门户城市组成的双核结构较多,如北京—天津、济南—青岛、石家庄—黄骅、合肥—芜湖、杭州—苏州、无锡—上海、南昌—九江、长沙—岳阳、成都—重庆、南宁—北海、广州—深圳等。

下面以山东省济—青双核结构(中心—门户型双核结构)为例,分析其形成及变迁原因。

(二)山东省济南—青岛双核结构的形成与变迁

山东省济南—青岛双核结构的变迁大致经历了两个阶段:青岛开埠前和德占胶州湾、济南开埠。前一阶段,山东省的双核结构为济南—烟台,后一阶段直至现在,山东省的双核结构为济南—青岛。

1. 青岛开埠前

历史上,山东地区的城市体系规模结构的演变与中国的社会经济变化有直接关系。明朝时,济南被确定为山东省的行政中心,借助行政中心的影响力,济南人口数量超过20万。

1840年后,中国的沿海城市如上海、广州、福州等地相继开埠。山东省境内,烟台于1863年首先开埠。山东省新一阶段空间结构演变开始。

烟台开埠后,为集散商品,烟台与西部人口稠密区的交通要道上每天都有大量物资流动。其中,一些地理位置优越、经济条件好的城市或小港口逐渐形成了外贸物资的集散市场。

烟台的水路通道主要是经由大清河运至利津县并转至济南府、东昌府、曹县府、东平川，也可经由小清河直达济南[8]。在该通道上形成的集散市场主要有羊角沟、桓台、周村、济南。1863—1904年，烟台水陆市场的范围覆盖整个山东北部，因此烟台港作为山东省的第一通商口岸，与济南形成典型的双核结构。

2. 德占时期胶州湾、济南开埠

青岛古称胶州，据《胶澳志》记载：胶州湾"湾阔而水深，方向、位置举得其宜，外当黄海之门户，内通中原之奥区，固天然之商业地也，且黄海舟楫之利，秦汉已然"。自东晋以来，"商船已由胶澳与东洋、南洋相交通矣"。北宋时期，在板桥镇设市舶司，在塔埠头设抽解务，管理对外贸易[9]。德国占领胶州湾后，于1908年建成现代化的青岛港，1899年开始动工修建胶济铁路，1904年胶济铁路全线通车。

1905年，济南、潍县、周村等地自开商埠。胶济铁路的开通与济南等地的自开商埠，实现了济南—烟台双核结构向济南—青岛双核结构的变迁。这主要是因为济南—青岛的互补性与区域可达性优于济南—烟台。

（1）互补性。从城市功能看，作为政治、经济、社会中心，济南对区位最基本的要求是趋中性，即应当尽可能位于所在区域的几何中心，以便更好地辐射与拉动周边区域。从城市区位条件看，济南处于山东省中部偏西，能够满足中心城市的区位选择。与此同时，济南具有与区域外城市联系的需要，于是便产生了济南的城市区位向山东省边界推移的动力。为实现济南在对其他城市辐射的同时，与区外发生更广泛的联系，济南需要寻找与之对应的港口城市。

港口城市是所在区域对外交往的通道和窗口，山东省的港口城市如烟台、青岛等地大多位于区域边缘，特殊的区位条件决定了港口城市具有较强的边缘效应。尽管如此，港口城市的发展与中心城市存在着休戚相关的联系，如果与区域内的中心城市保持较好的经济联系，必将有利于门户城市的发展。

通过以上分析可知，济南与烟台、青岛存在功能与区位的互补。但相比之下，济南与青岛的互补性更强，主要原因是青岛港具有现代化的服务设施，且地理位置险要，港湾优越，有利于船舶和码头的设置。随着航运技术的发展和贸易量的增大，烟台港的一些先天不足逐渐凸显出来，如港湾水浅，难以停泊大型客轮，进出口货物都需小船驳运。这些因素成为制约其发展的瓶颈。

（2）区域可达性。区域可达性即区域之间进行商品、资金、人口、技术、信息等传输的可能性[10]。济南—青岛与济南—烟台的可达性比较，实际是贸易的空间距离及交通方式之争。

从空间距离来看，济南与青岛间的直线距离为340千米左右，而济南与烟台间的直线距离则为400多千米。相比之下，济南—青岛的空间距离更短，在运输不便的情况下，青岛的竞争优势强于烟台。

就交通方式而言，连接济南—青岛的胶济铁路，明显强于济南—烟台之间的水路、陆路交通。济南—烟台水路交通虽价格低廉，但与铁路相比，运输速度较慢。济南—烟台陆上交通只有烟潍商路，但路况较差，且“二百里路程大车运费每斤货物已高达20文，这个价格按目前外汇牌价合2.5美分，如此高昂的运费已使人无利可图”[11]。胶济铁路通车后，一方面，在运费上经济南运至青岛的物资所需费用“较之于烟台，远不足其半数”[12]；另一方面，济南—青岛两地间的交通便捷快速，致使原先经济南运至烟台的货物改由济南运至青岛。烟台的垄断贸易由于受到青岛的竞争，逐年衰退。图5-4为1900—1911年青岛和烟台的对外贸易量对比，从中可以看出，青岛港口城市的地位逐渐确立，济南—青岛双核结构逐渐形成。

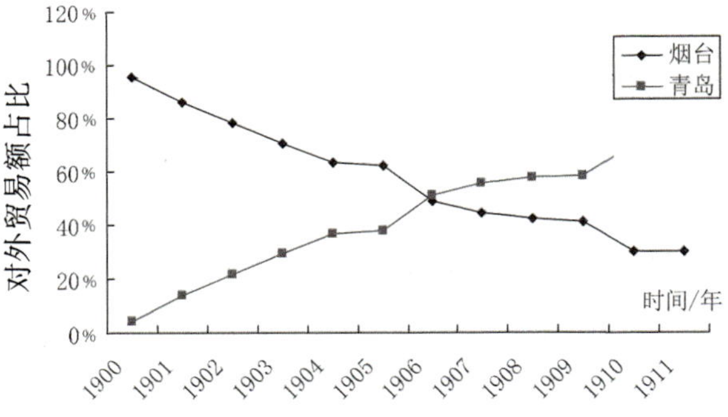

图5-4 青岛和烟台的贸易量对比

综上所述，济—青双核结构的形成条件可总结为济—青的互补性与区域可达性优于济—烟的互补性与区域可达性，是中心城市与门户城市双向互动的结果。

（三）其他地区双核结构的形成与变迁

其他地区双核结构包括广州—深圳、苏州—上海、北京—天津等。

在半殖民地半封建社会时期，广州是广东的区域中心城市。《南京条约》签订后，英国人占领香港，香港逐渐成为仅次于纽约、汉堡、安特卫普港口的世界第四大港口。特别是1911年广九铁路修通后，中国华南广大地区成为香港的腹地，广州—香港双核结构形成。改革开放后，对外交往扩大不断，处于沿海、沿边的深圳产生明显的边缘效应，地位日渐突出，从而形成了广州—深圳双核结构。

唐至清末，苏州一直是江南地区的中心城市。漕运盛行初期，扬州因具有漕粮中转站的区位优势，从而形成了由区域中心城市苏州与门户城市扬州组成的双核结构。后来由于吴淞江与黄浦江合流后，上海具备了江海河衔接的通道能力，从而使苏州与上海之间的联系增多，苏州—上海双核结构逐渐形成。

北京和天津很早就形成了双核结构。历史上，天津是京畿门户，同时是漕粮的重要中转站；近代，又以其海港优势发展成为华北地区经济中心和工商业大城市。而古都北京，作为政治、文化中心，一直是一个消费性城市，经济上两市长期相互依存，成为典型的双核结构。

第二节　情境作业中的多元地理

2014年3月，《教育部关于全面深化课程改革　落实立德树人根本任务的意见》印发，明确提出要研究制订学生发展核心素养体系，并倡导把核心素养落实到学科教学中[13]。落实核心素养培养，除了课堂教学外，课后作业也是一个重要途径。在以往的作业布置过程中，虽然笔者精心编制注重地理素养培养的习题，但是学生往往兴味索然。核心素养的培养需要有一定的情境，真实的情境蕴含多元的地理信息。挖掘情境中的地理元素，提出相关问题，让学生在情境中深入思考地理现象，从而提高地理核心素养。

一、作业设计

作业一：我的上海之行

临近期末，我被安排到上海参加名师培训，为期一周。对于这次学习，我既期待，又有些担心孩子们的学习。

教师办公室推荐我们选择铁路出行。从淄博到上海的航班票价约1250元，航程约2小时，长途汽车票价约240元，车程约10小时，火车票价约440元，车程约5小时。与航空运输相比，铁路运输的优点有哪些？________________。与公路运输相比，铁路运输的优点有哪些？________________。

通过中国铁路12306官网，我轻松买下车票。出发时间是2019年12月20日11:02，到站时间预计是当天16:20。进站时，我凭身份证通过认证，不用再出票验票，省去了不少时间。火车准时启程，先走胶济线到济南，再从济南走__________线到上海。

一路南行，感受着沿途景物的变化。不得不感叹，我们淄博所在的_____（地形区）确实平坦，其间会看到有些低山丘陵，为了防止出现_____等生态环境问题，政府在沿途的坡面上建设了护坡工程（图5-5）。

图5-5 护坡工程

越往南，特别是过了南北方的界线_________，南方的小河小湖多了起来，说明我国水资源的地区分布具有___________的特点。当然，这与我国的降水有直接的关系。你能结合我国降水的空间分布特点解释水资源的空间分布不均现象吗？

这些河湖虽小，人们的日常生活、生产却离不开它们。你知道河湖为我们的生活、生产做出了哪些贡献吗？__________________。此外，河湖还能通过其调蓄作用改变水资源的时间分布不均(图5-6)。这又是为什么？____________________。

图5-6　水库调节径流示意

跨过长江时，我发现江面上有很多的船只往来，“黄金水道”的美称果然名不虚传。你能结合地形、气候、长江的支流等说明长江成为“黄金水道”的原因吗？

进入江苏苏州地段，已经进入__________(地形区)，沿途开始呈现南方的典型特征。可以看出，这里的土地利用类型和北方不同，________(水田/旱地)多了起来。只是隆冬季节，田里只剩下稻茬(图5-7)。远远看到城区周围有大量的蔬菜大棚(图5-8)，生活条件改善了，在_______(社会经济因素)的影响下，有的地方已经不种水稻，改为蔬菜大棚，为城区提供日常必需品。

图5-7　稻茬

图5-8　城郊的蔬菜大棚

到了上海，与一众老师来到酒店安顿下来。闲时想外出，不巧一直下着小雨，听一位来自湖南的保安师傅说，这里冬季也经常下雨，不过多是毛毛雨，有时一下就是一周。看着酒店旁边花圃里还在盛开的花儿，再想想它们若是在北方应该早已凋落，不禁感叹南北方冬季气候差异之大。这里冬季__

____________________,北方却是____________________。

酒店旁边的门店很多,汇集了各地的特色,如巫山烤鱼、川管家、渔网(网吧)等,很有南方特色。巫山在中国是一座知名度很高的山,其分界意义有__________________________。(不少于两条)

快递小哥给店老板送来各种各样刚做好的年糕,我想要是在北方,送的可能就是面条之类了。一天晚上,我们来到附近的著名景点朱家角一游。朱家角是典型的小桥流水人家的南方景观(图5-9)。印象最深的是朱家角的桥多,最高的桥已有1000多年的历史,踩着脚下的石板,看着桥下宽阔的河,凉风习习,心旷神怡。听说这条河连着京杭大运河,古时的粮盐经由此地穿越______(温度带)______(干湿地区)运往北京。我仿佛看到高高的桅杆,听到船夫们嘈杂的吆喝声,也理解了桥高的原因。小巷很窄,悠长悠长,走在小巷里,可以感受到小镇人民悠闲的生活节奏。抬头看较陡的房顶,这是适应气候的结果,反映了人们适应自然、利用自然的本领。你能说明房屋的建筑形式与降水的关系吗?____________________________。

图5-9 朱家角夜景

培训后期到不同学校学习,我看到了满树的橘子和柚子。陪同的老师说,南方有代表性的水果是______,为了绿化,学校引进了观赏橘。返回酒店进电梯时,一个可爱的电梯机器人缓缓走了进来,让我们给它让位,还为我们表演隔空按电梯,萌萌的样子把我们逗乐了。上海依托江海联运的有利地理位置,成为我国____________(工业基地)的龙头城市,这样一个小机器人仅仅是管中窥豹而已。你能说明上海所在的长江三角洲地区的地理位置优越性吗?(图5-10)

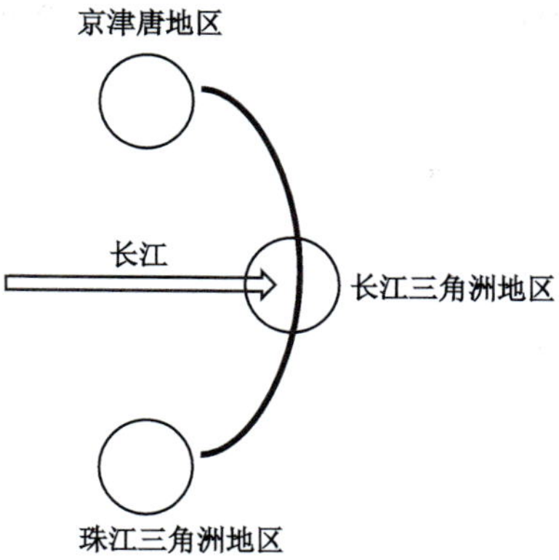

图5-10 长江三角洲地区的地理位置示意

这里的饮食我有些不适应，第一餐，酒店为我们提供了馒头，但是每人只有一个，米饭却充足供应。一个朋友建议服务员做点玉米粥，服务员笑着摇了摇头，说只能提供大米粥。请你说明南北方的粮食作物有什么不同？____________________________________

后来的早餐是自助餐，每餐的食物不变，有米饭、鱼、虾等。食物体现出这里的农业以______、______为主。你能结合图5-11，说明长江三角洲成为鱼米之乡的有利条件吗？______________________________

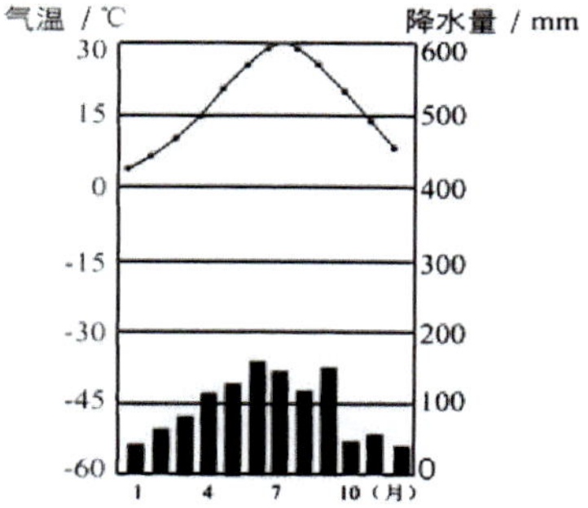

图5-11 上海市气温和降水量

在崧淀中学的就餐经历让我印象深刻。当时吃的是盒饭，最后扔垃圾时，相关老师一直很认真、很耐心地告诉大家，纸质包装袋与筷子放一起，塑料盒与塑料袋放一起，剩餐入桶。虽然有些麻烦，但是上海的垃圾分类做得确实好！垃圾分类不仅可以减少污染，还可以变废为宝，节约资源。例如，我们本次的纸质包装袋以及筷子就可以变废为宝，节约________资源。

六天的学习，匆匆而过，临走时，仍然是小雨，学校群里不时传来北方糟糕天气的温馨提醒，原来受冬季常见的__________灾害的影响，淄博市下了一场大雪。

别了，上海，期待明年春天能再来，希望沿途能看到在蓝天白云下盛开油菜花；河湖密布，水田连片，农民在田间插播着希望的秧苗……

作业二：行走在世界之巅的快递小哥

风吹着经幡，手拨动经筒，我们来到了海拔最高的省级行政区_____。走进拉萨邮政所，我们准备随邮递员曲巴一起体验行走在世界之巅的感觉。

恰逢“双十一”，邮递员曲巴正在忙着分拣货物。他的送货地点是普玛江塘，由于地处5000多米的高海拔地区，当地人民的生活必需品高度依赖外部提供。穿上棉衣开上车，我们开启了邮递之旅。虽然是夏季，但是此行必须穿上棉衣，原因是____________。

汽车快速行驶在群山之间，远处雪山巍峨，脚下却又平坦（图5-12）。这种典型的地形特征被形象地概括为______________________________。沿途不缺少河流作伴，远处的冰山似乎是一条条河流的母亲（图5-13）。你知道青藏地区为什么河流较多吗？______________________________。

图5-12 青藏地区自然景观

图5-13 三江源景观

沿途藏族牧民守着特有的畜种______悠然自得。我们谈到了畜牧业对当地生态的影响，由于____，出现了诸如_____________、_____________等生态环境问题。曲巴说：“‘像保护眼睛一样保护生态环境，像对待生命一样对待生态环境’的观念已经深入人心。现在青藏有近两万牧民‘放下牧鞭，端起生态碗’，青藏高原生态系统明显好转。”具体来说，当地政府采取的主要措施有__________、__________、____________、____________。沿途我们发现牧民的藏袍都是穿着左边的袖子。曲巴告诉我，这样的穿法和早晨不同，早晨时牧民会把自己裹得严严实实。你知道藏袍的穿法和当地自然环境有什么关系吗？____________。

对比发现，牦牛和我们华北平原的黄牛差异特别大，腿比较短，毛特别长（图5-14）。你知道为什么吗？______________________________。

图5-14　黄牛（左）和牦牛（右）

在和曲巴交谈中得知，如果不从事邮递员的工作，他可能会和大多数人一样去放羊。这里的人们主要从事畜牧业的原因是：________________。青藏地区种植业主要分布在____________，原因是：____________、______________________________。

到了邮政所，带上信件，改骑摩托车，我们来到了当地牧民的家，房屋是用一座座石头垒成的典型的藏族建筑______（图5-15）。这是当地牧民发挥智慧因地制宜改造自然的智慧体现。碉房与自然环境的关系是什么？__________。藏族老妈妈收到了在成都打工的儿子的来信，信中提到，妈妈给他的糌粑和酥油已经收到，请妈妈放心。糌粑由粮食作物______加工而成，酥油茶则有助于抵御高原的高寒天气。信中还提到，成都和拉萨的气温差异很大，具体体现在：____________。造成气候差异的原因是：______________。

图5-15　青藏地区的碉房

忙碌了大半天，曲巴的邮件终于送完了，“双十一”的物流潮让邮政所的工作人员压力倍增。部门领导提议到贡嘎学习一下当地的土豆配送模式。来到贡嘎，一位热心的大姐先端出一锅热腾腾的红皮土豆让我们品尝。大姐说：“借助电商平台，我们的红皮土豆热销全国。”贡嘎红皮土豆一直以果大、皮薄、产量高著称，这与青藏地区__________________等气候条件有关。其实，藏区的其他特产如虫草、牦牛肉、藏红花等在贡嘎的销售也非常好。

像曲巴这样的藏族邮递员还有很多，他们风餐露宿，跋山涉水，奔走在世界之巅，无论风霜雨雪，始终坚持在投递第一线，默默守护着人们的幸福生活。这是一份伟大的职业，因为正是由于他们的存在，人与人的温暖才能传递到雪域的每个角落。

作业三：台东之行

宝岛台湾是一个让人魂牵梦绕的地方。去年元宵节假期正值台湾省旅游淡季，我们选择此时出发。为了让孩子们了解台湾省的位置，按照惯例我让他们在中国地图面前指认一番。结合所学的地理知识，你能说出台湾省的纬度位置和海陆位置吗？台湾省的纬度位置：________________________

________________________；海陆位置：____________________。

为适应当地气候，我们行囊中放了春秋的衣服，外加雨伞。这主要是因为台湾省具有_____的气候特点。

飞机在台北降落，出站后我们直奔目的地宜兰县。宜兰是著名的温泉之乡，温泉较多的原因是：____________。板块交界的地方，除了有火山、地震，还容易带来其他次生灾害。夏季到宜兰旅游，需要注意 __________等自然灾害。

板块交界的地理位置塑造了台湾省______________________________的地形特征。我们所到的宜兰便是一个三面环山，一面临海的地方。当地以海产为傲，处处有果园。宜兰的释迦果非常甜，莲雾非常爽口，_______的美称名副其实。

此外，台湾省因为盛产甘蔗、稻米，被称为_____、_____。这些农作物主要分布在台湾省_____部，其原因是：____________________________。

听说太鲁阁公园一路峭壁、断崖、峡谷和溪流风光，美不胜收，所以这是我们的第二站。刚从东部游玩结束的友人也要参加我们的行程。我们沿着海岸线骑行到了太鲁阁公园。友人说西部的公路基本沿着海岸线建设，相对较窄，而东部的公路比较宽。这是因为：______________________________。

路上询问友人游太鲁阁公园和爬玉山有什么不同？友人说爬玉山需要穿羽绒服，你能结合台湾省的气温分布特点说明原因吗？________________。影响因素是什么？____________。台湾省东、西部的降水有较大差异，影响因素是什么？差异：____________。影响因素：____________。友人还提到台湾省东、西部差异大，东部繁华，西部人口较少，工业也少。宜兰的工业多是加工工业，如服装厂、玩具加工厂等。相比而言，东部的工业则先进得多，特别是高新技术产业。东部的高新技术产业之所以先进，源于东部具有四个方面的有利条件：____。

作业四：包头避暑之旅

向往沙漠、草原已久，恰逢暑假，随行物件中放了几件长衫，准备出发，目的地“鹿城”包头。我们先坐火车从淄博出发经济南沿着______线到北京，然后从北京转乘______线到包头。火车在第二天清晨到达包头。5点多钟，淄博早已天亮，但是包头天刚亮。包头天黑得也比淄博晚，要到晚上8点左右。你能结合两地的相对位置说明原因吗？__________________。

下车后顿感凉爽，虽然是7月，即使是中午，也远没有淄博炎热。你能从淄博和包头纬度和地形差异的角度说明原因吗？纬度：____________。地形：____________。一家人都觉得来包头避暑来对了，但春、冬季来旅游的话，容易遇到______、______等自然灾害。更让我们感觉做对了的一点是带了长衫，因为这里早晚气温比较低，昼夜温差比较大，这也是包头的______（气候类型）和淄博______（气候类型）的差异之一。

包头最有名的沙漠景点莫过于响沙湾。去响沙湾的路上，我们恰巧经过包头稀土研究院。稀土有“工业黄金”之称，属于______（可再生资源/不可再生资源）。实际上，包头的钢铁产业闻名全国，你能结合图5-16从资源和交通两个方面分析包头发展钢铁工业的有利条件吗？______。

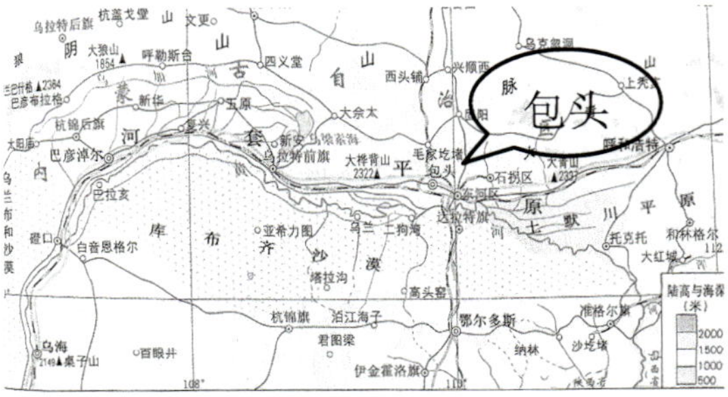

图5-16 河套平原

（底图来源:《中学地理图文详解指导地图册》,山东地图出版社2009年版,第163页）

来到响沙湾,我们被眼前一望无际的沙漠震撼了,因为家乡淄博没有这种景观。你能解释两地景观差异的自然原因吗？________。在沙漠里最刺激的游玩项目要数大漠冲浪,最渴望的莫过于汽水和西瓜。午餐时家人买了一个西瓜,一口咬下去,哇,太甜了！你能结合包头的气候条件,解释西瓜甜的原因吗？________。下午沙漠里起了大风,听说要下雨,我们只好匆匆往回赶。汽车沿途顺便带我们到途中的纺织厂参观。你能说明包头发展纺织产业的有利条件吗？________。

第二天,我们的目的地是亚洲唯一的城中草原——赛汗塔拉。赛汗塔拉水草肥美,鸟语花香,一眼望不到头的绿色与蓝天白云相接,大小不一的蒙古包,疏密聚散,装点其中。你知道蒙古包与游牧生活习惯的关系吗？________

________。

了解一个城市的过去,最好的去处是博物馆。透过一件件文物,我们感受到了西北风情、商贸文化,也了解到包头是一个移民城市。大灾之年,晋陕的人们为了生存,不得不冒死“走西口”,包头就是陕晋人们眼中的米粮川。历史学家翦伯赞有这样的描述:“秋天的阴山,像一座青铜屏风安放在它们(呼和浩特与包头)的北边,从阴山高处拖下来的深绿色的山坡,安闲地躺在黄河边上,沐着阳光,这是多么平静的一个原野。”你能根据翦伯赞的描述说明包头发展种植业的有利自然条件吗？________。包头种植业的发展,少不了阴山这座“青铜屏风”的庇护。______(走向)的阴山,将包头一分为二,阴山以北少草木,多风沙,南坡却草木葳蕤,良田纵横。阴山是如何庇护包头南坡农业发展的？________。由于包头位于第______

（阶梯），属于______（温度带），所以当地的人们一年能有______次收成。

由于地处西北，从干湿地区来看，包头属于______，生态很脆弱。清末及其以后大量人口迁入，大规模开垦草地导致草场退化，极大地破坏了传统______（农业部门），使沙漠化面积不断扩大，包头也被推到了库布齐沙漠的东缘。“九曲黄河万里沙，浪淘风簸自天涯。”包头春季少不了受______（自然灾害）影响。为了减少风沙危害，现在人们已经发明了气流微创植树法：一只手拿着沙柳枝，另一只手将铁头水管轻轻插进沙里。瞬间，水流就在沙地上冲出1米来深的小洞。将沙柳枝插入洞内，树就栽完了。前后用时不到10秒钟，成活率超过90%。现在库布齐已经成为全球沙漠生态经济示范区。

两天的避暑之旅匆匆而过，回家路上，明显感觉到沿途的植被景观在悄然变化。根据图5-17和图5-18，你能说出两地的植被类型差异吗？________________。产生这种景观差异的原因是：________________。

包头，忘不了你夏季的凉爽，忘不了你西北的风情，有机会再见！

图5-17　包头的植被

图5-18　华北地区的植被

二、设计思路

四篇作业均采用情境串联知识的方式，是培养学生地理核心素养的一种新途径。学生对作业比较认可，收到良好的效果。下面以《包头避暑之旅》为例对设计思路予以说明。

（一）培养地理核心素养

1. 培养区域认知素养

区域认知素养主要通过了解区域位置，归纳区域概况如自然环境、人文环境特征，比较区域差异，探讨区域间的联系，评价区域开发的条件与方式等维度进行渗透。这次作业有多处涉及对区域认知素养的培养。例如：利用经纬度定位，属于区域位置维度的素养培养；从淄博到包头的线路选择，属于区域间联系维度的区域认知素养；比较包头与淄博白昼时间长短、昼夜温差大小、气温高低、植被差异，属于比较区域差异维度的区域认知素养培养；等等。

2. 培养综合思维素养

综合思维素养主要通过让学生认识地理环境的整体性，认识地理要素之间的相互作用进行渗透。例如，通过从地形和纬度的角度分析两地的气温差异，体现地形、纬度对气温的影响；通过分析蒙古包与游牧生活的关系，体现生活活动与居住形式的联系；通过分析阴山对包头的“庇护”，体现地形与气候、灾害、农业等方面的联系；通过分析包头与淄博的植被差异原因，体现地理位置与气候、气候与景观的联系；通过西瓜的味道体现昼夜温差对农产品的影响，进而体现气候与农业的联系。

3. 培养人地协调观素养

人地协调观素养主要通过“地对人”“人对地”“人地和谐”三个维度进行渗透。包头农业、工业的发展均体现了人地之间的相互作用。包头的自然资源丰富，为发展钢铁工业提供了条件，体现的是“地对人”的影响。人们利用自然资源发展钢铁工业，体现了“人对地”的影响。阴山南面的包头地形平坦，靠近黄河，水源丰富，且夏季气温高、晴天多、日照充足、昼夜温差大，为农业生产提供了有利条件，体现了“地对人”的影响，而人们因地制宜地发展农业，又体现了“人对地”的影响。此外，包头的纺织业、蒙古包与游牧民族的生活习惯相适应等也体现了自然资源为人类活动提供了限制性条件，而人类能动地适应环境、改造自然的相互关系。当然“人对地”也有负面的影响，如人类大规模开垦草原，导致沙漠化面积增加，以及遭受沙尘暴的影响。正如恩格斯所说：“人类征服自然的每一次胜利，都遭受到大自然的报复。”为了实现人地和谐,人们发明了气流微创植树法,体现出为保护自然环境和恢复良好的生态环境所做的努力。

4.培养地理实践力素养

地理实践力主要培养四个方面的能力,即运用地理信息技术与地图获取和处理信息能力、地理科学方法(包括地理实验、地理调查与考察能力)、地理问题探究能力、地理表达和交流能力[13]。本次作业以到包头旅游为线索,真实地还原行程中所见所闻,重视生活体验,实现了从地理科学方法(包括地理实验、地理调查与考察能力)的维度培养学生的地理实践力。本次作业通过创设情境,设置学科问题,提供地图,让学生结合所学知识,感悟、分析、理解地理现象,从培养运用地图获取和处理信息能力、地理问题探究能力、地理表达和交流能力的维度培养学生的地理实践力。其中,阅读地图培养的是运用地图获取和处理信息能力;分析问题,理解地理现象培养的是地理问题探究能力;回答问题培养的则是学生的地理表达和交流能力。

(二)培养地理学习力

地理学习力主要包括学生学习地理的驱动力、阅读力、实践力、思维力。驱动力促进阅读力,阅读力促进思维力,思维力促进实践力(图5-19)。本次作业对这几方面的培养均有较好的体现。下面重点就驱动力、阅读力、思维力的培养进行说明。

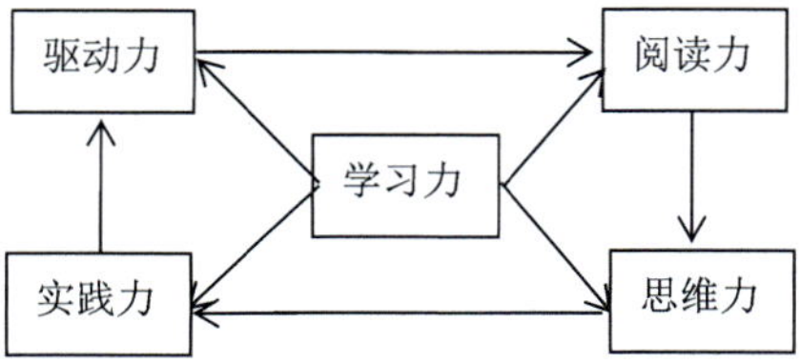

图5-19 地理学习力各要素之间关系

1.培养地理学习驱动力

知识是盐,情境是水,将知识融入情境中,犹如盐入水中。将作业以游记、故事情境形式呈现,学生思想融入情境,在"游"中学,更能激发学习兴趣。

本次作业在末尾还设计了一个问题:你对本次作业是否感兴趣?其中有学生是这么写的:希望老师以后多出些这样的作业,做起来既有趣,又能学到知识；可以多些这样的题型，很有趣；本次作业能够联系日常生活中的地理知识，很有趣；老师写得很好，生动有趣，有自己的亲身经历，仿佛整个过程我都在场。本次作业的完成率创下了新高，而且学生的字迹很工整，这在很大程度上说明这种类型的作业能够激发学生的学习驱动力。

2. 提高非连续文本的阅读力

阅读力是学习力之一[14]。阅读力主要通过阅读文本形成，而文本又分为连续性文本和非连续性文本。其中，连续性文本是指把句子作为其构成元素，依次由句子组成段，由段组成更大结构的片段、章节和书本[15]。非连续性文本一般以图画、表格、曲线图、柱状图等形式出现[16]，各类地图的阅读即非连续性阅读。所谓形式上的"非连续"指的是在外在于意义所呈现出来的形式上的图文混合体，既不是纯粹的文字文本，也非纯粹的图表文本[15]。

本次作业的行文即非连续性文本，学生完成作业，并非按照直线型阅读，而是需要在直线型阅读时出现短暂的停顿，通过思考文中的问题并结合图片获得答案。国际PISA项目评估组，把非连续性文本作为评价阅读力的内容之一[14]，并且PISA阅读测试中强调阅读的情境性[15]。本次作业的设计即通过情境把图、文、问题融合在一起，以非连续性文本的形式呈现，能够起到培养和评价学生阅读力的作用。

相比以往的习题性书面作业，非连续性文本情境作业阅读量明显增大。这一特点与现在的学业水平考试相对接。近年来，地理学科的学业水平考试增加了题干信息的阅读量。这对学生的阅读能力提出了更高的要求，势必要求教师加强学生的阅读能力。从完成时间来看，大部分学生的完成时间为15~20分钟，在作业时间方面控制得较好。

3. 培养思维力

"思维力是人脑对客观事物间接的、概括的反映能力。"[17]思维和智力的发展，取决于"重点"知识是否掌握牢固，这种"重点"知识，就是反映事物特性的重要结论、公式、规则、定律和规律。必须保持在记忆里的结论、规则等越多，学习过程的智力背景就应当越广阔[18]。这种智力背景需要通过阅读来实现。阅读能够加深对事实、现象和事物的认识，从而帮助记忆，进而为学生提供思维的智力背景，在此基础上促进思维的发展。

苏霍姆林斯基多次提及他的“第二个教学大纲”，实际上就是为学生提供与学习内容有关的阅读材料，为学生编制带有情境的应用题，从而较好地促进学生的思维发展，取得良好教学效果。在日常的地理教学中，笔者发现学生在一些重要的结论和规律上经常出错。在一定程度上，这与学生对材料已经形成了习惯性规避意识有关。当知识无法触及学生的思想，自然也就产生不了思维，进而出现教师徒做无用功的尴尬。为了改变这种现状，笔者试图按照苏霍姆林斯基的做法，给学生提供“第二个教学大纲”。为实现知识的重新“化妆”，笔者创设新的情境，通过喜闻乐见的故事和游记渗透多元地理知识，通过激发驱动力，提高阅读力，进而促进思维力的发展。

三、优化策略

在创设上述情境作业过程中，笔者采用了以下几种优化策略：问题设计与真实学情相结合、问题设计与情境创设相结合、真实情境与虚拟情境相结合、问题数量与趣味描述相结合。

（一）问题设计与真实学情相结合

学情是问题设计的出发点，如果脱离学情设计问题，不但不能起到激发学生兴趣的作用，还可能使学生无法作答，所以问题设计要与学情相结合。在设计“走西口”的问题时，由于最初资料有限，笔者设计的问题是“从陕晋来的移民到了包头后，为迁入地包头带来了哪些积极影响”。实际上，这一内容是高中地理人口迁移部分的内容，初中学生难以回答。如果非要设置这一问题，也应该给出一定数量的资料。通过翻阅《中国国家地理》杂志，笔者找到了《前套：土默川演绎双城记》，于是另辟蹊径设置了关于包头农业发展的相关问题，将其融入“走西口”的情境中。结合所学的西北地区农业发展的知识，学生能够完成这一内容，从而实现问题设计与学情相结合。

（二）问题设计与情境创设相结合

情境作业“一境到底”，问题设置源于情境。脱离情境，则如演员表演时出戏一般，所以在设计问题时应做到问题与情境相结合。通过知网文献检索，笔者获得包头市多年气候资料，了解到包头的气候内部差异很大。这其中有南北纬度差异导致的气温差异，也有阴山的地形因素导致的气温差异。这是设计问题的一个较好的角度，但是难点在于受旅游范围限制，无法体验包头市内的气候差异。如果强行加入，则有生硬“出戏”的感觉，最后选择舍去。

（三）真实情境与虚拟情境相结合

真实情境源于经历和见闻，虚拟情境源于想象。真实的情境，因为有具体的感受，学生能身临其境。但就个人的旅途见闻来说，涉及的知识有限，所以需要适当创设虚拟情境，从而为接下来的设问作好铺垫。就本次作业来说，笔者确实到过库布齐沙漠、赛汗塔拉以及包头博物馆，里面描述的内容绝大多数是真实的。我们也确实在小摊吃过当地的西瓜，但是如果将情境放到路边小摊，则又多出一条情境线索，意义不大。于是笔者将吃西瓜这一情境设在库布齐沙漠的午餐时间，从而实现了真实情境与虚拟情境相结合。

（四）问题数量与趣味描述相结合

问题数量与趣味描述是一对矛盾。从游记的角度来说，如果趣味描述过多，问题设置的数量就会减少。如果作业中大篇幅都是对问题的分析，缺乏旅行过程中的见闻及感受，则难以调动学生的兴趣，会使作业缺少趣味性。所以，作业设计需要在两者之间取得平衡。笔者在设计过程中加入了大漠冲浪、城中草原以及在包头博物馆的见闻，并配有图片，目的在于增加趣味性。同时，在文字的使用上，也尽可能地使用一定数量的文学语言，如使用历史学家翦伯赞对河套平原的描述，以及在结尾处使用“包头，忘不了你夏季的凉爽，忘不了你西北的风情，有机会再见”。这些文字在增加可读性的同时，也与作业内容紧密相关。在突出趣味描述的同时，笔者尽可能精简语言，设置学科问题。基本上保证每一段至少有一个大问题，有的段落设置了两个大问题、四个小问题。为了达到复习的目的，所选问题来源于日常教学中的重难点问题。为了培养学生的地理核心素养，让学生学习生活中的地理，情境中的知识考查没有限于某一节的内容，而是多章节内容的融合，如本次作业涉及经纬网、地形与气候、农业发展、植被类型变化、自然资源、工业区位选择等。将知识置于新的情境中，既达到了复习的目的，又达到了培养地理核心素养的目的。

第三节　原创试题中的多元地理

随着新课程改革的不断推进，地理命题从过去的“知识立意”到“能力立意”再到“素养立意”，侧重考查学生运用和调动基础知识在真实具体的情境中去综合分析问题、解决问题的能力[19]。新闻资料为试题创作提供了真实的情境，通过挖掘新闻素材设计试题，既是对地理核心素养的考查，也是对学生地理视角的一种深度培养。为了更好地命题，笔者遵循《地理教育国际宪章》中提出的“它在哪里？它是什么样的？它为什么在哪里？它是什么时候发生的？它产生了什么作用？怎样利用它有利于人类和自然环境？”[20]的地理研究思路，力图落实对地理核心素养的培养与考查。

试题组一：“墨脱”试题设计

2010年12月15日，西藏墨脱公路嘎隆拉隧道顺利贯通。嘎隆拉隧道是墨脱公路的控制性工程，施工隧道气象条件恶劣，穿越多条地质断裂带，岩体破碎，涌水量大，地质构造、水文地质条件极其复杂。

阅读图5-20，回答1～3题。

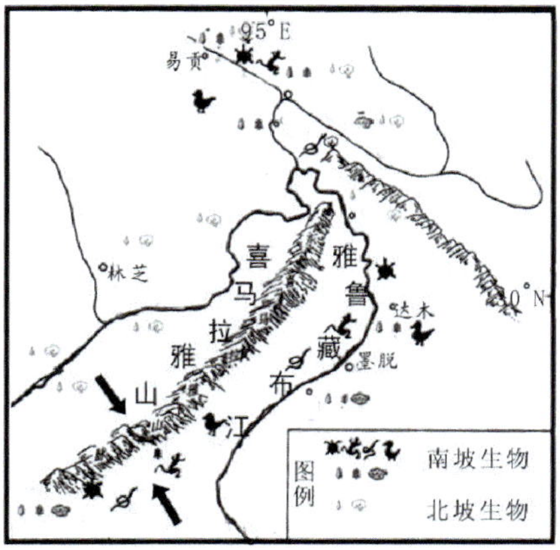

图5-20

1. 图中箭头对应的是两大板块的作用力，这两大板块分别是（　　）。

A. 亚欧板块、非洲板块　　B. 亚欧板块、印度洋板块

C. 非洲板块、印度洋板块　　D. 印度洋板块、非洲板块

2. 大峡谷拐弯处典型地质构造是(　　)。

A. 断裂构造　　B. 背斜　　C. 向斜　　D. 火山构造

3. 由图可知,东喜马拉雅山的南坡和北坡的生物数量存在较大差异,下列不属于形成这种差异的原因的是(　　)。

A. 南坡属于向阳坡　　B. 北坡的地势相对较高

C. 南坡降水多　　D. 北坡的水资源比较丰富

读图5-21,完成4～6题。

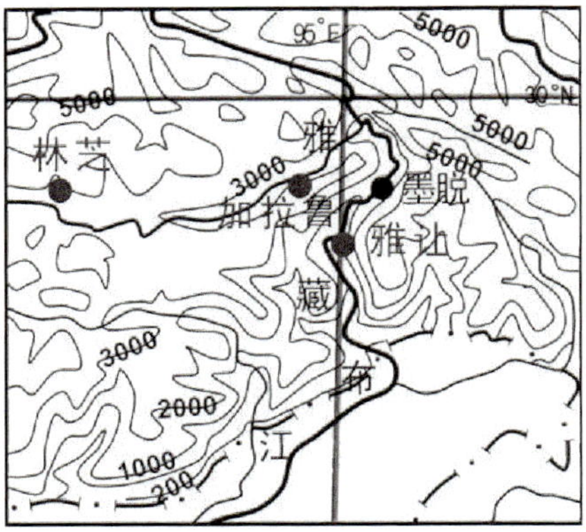

图5-21

4. 墨脱县的地势特点是(　　)。

A. 西高东低　　B. 东高西低　　C. 南高北低　　D. 北高南低

5. 墨脱四季如春,雨量充沛,年均温度16 ℃,年降水量在2358毫米以上,南部最大降水量可达5000毫米。墨脱之所以具有这样的降水特点,主要影响因素是(　　)。

A. 地形因素　　B. 纬度因素　　C. 海陆位置　　D. 洋流因素

6. 对于图中所示的县城分布特点及原因,说法正确的是(　　)。

A. 分布在河谷地区,因为地势低,农业发达

B. 分布在河流沿岸,因为靠近河流,取水方便

C. 分布在地势较低的地方,因为地势低,气温高

D. 分布在河谷地区,因为河谷地区降水较多

7. 在墨脱几千米内便可领略到从高山寒带到热带雨林那千姿百态、丰富多彩的自然景观,真是"一山显四季,十里不同天"。这充分体现出墨脱的气

候类型是(　　)。

A.热带雨林气候　B.高原山地气候　C.热带季风气候　D.极地气候

8.墨脱县有“植被类型天然博物馆”之称，是世界上植物的垂直带谱最齐全、最完整的地方。与图5-22中A、B、C相对应的自然带是______________。

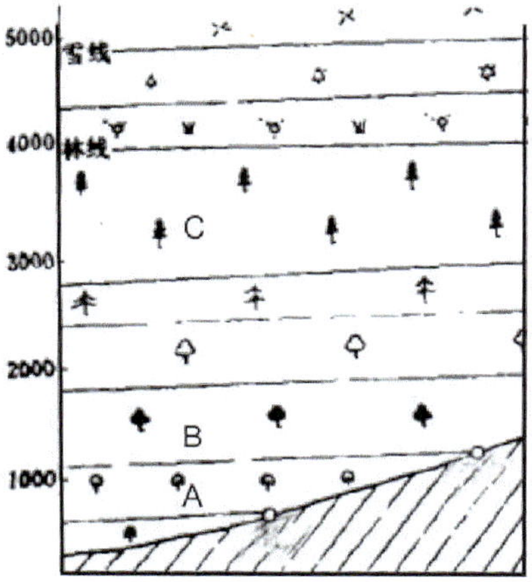

图5-22

9.制约墨脱公路修建的瓶颈是嘎隆拉隧道，因为施工隧道要穿越多条地质断裂带。下图中最适合建设嘎隆拉隧道的地质构造是(　　)。

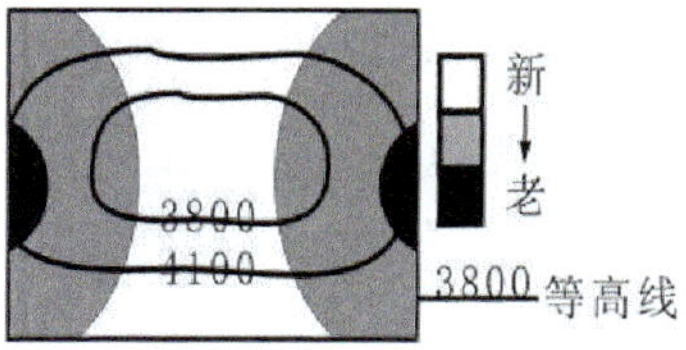

A

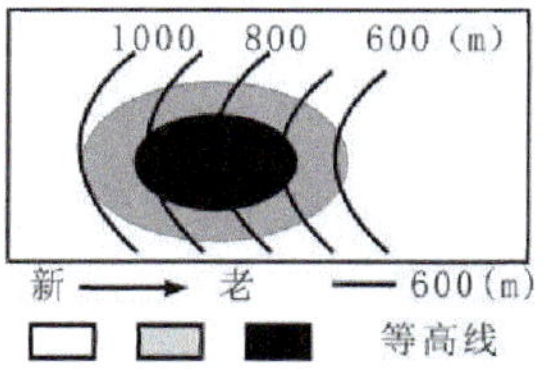

B

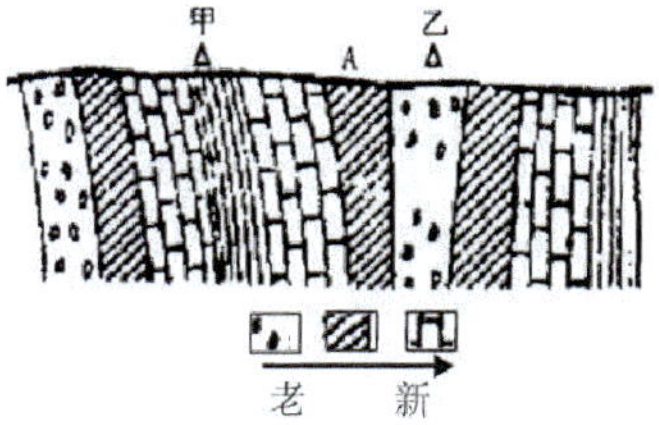

C

D

阅读材料，完成10～12题。

2010年12月15日 11:00(北京时间)，中国新闻网发布消息：“西藏墨脱公路嘎隆拉隧道贯通创公路建设奇迹。”

10. 以下四副光照图(阴影部分表示黑夜),与12月15日这一天比较接近的是(　　)。

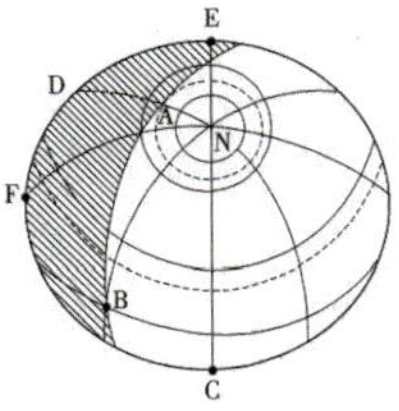

A

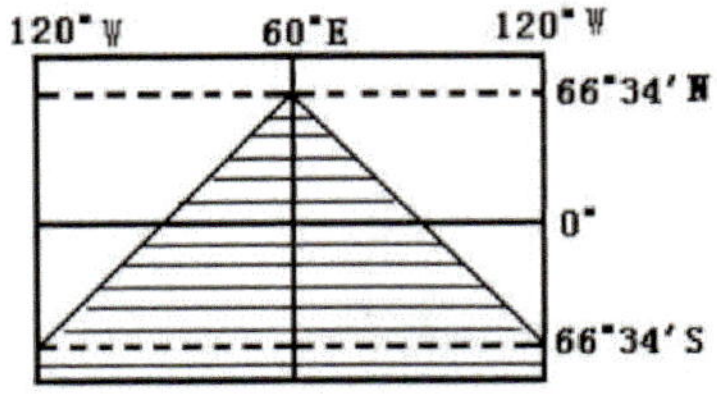

B

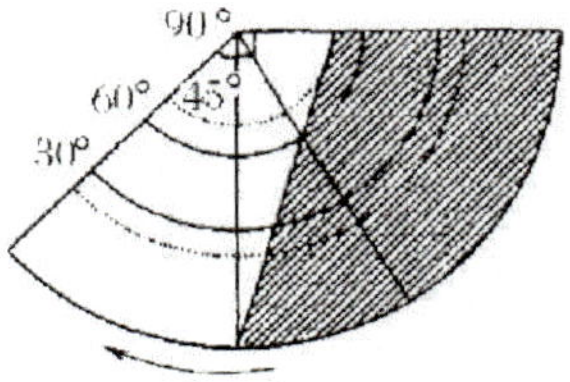

C

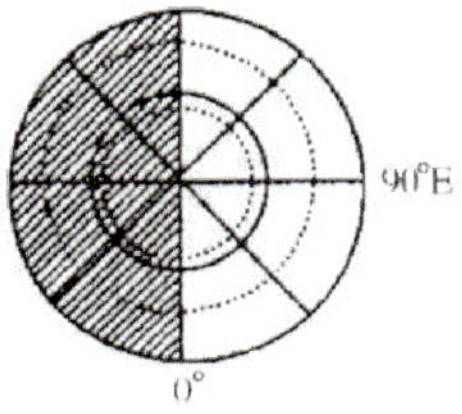

D

11. 在中国新闻网发布嘎隆拉隧道贯通的消息时,即北京时间11点,在赤道上属于东半球并与墨脱处于同一日期的白昼范围是(　　)。

A.45°E 向东到 160°E　　　　B.20°E 向东到 160°E

C.20°E 向东到 160°E　　　　D.45°E 向东到 160°E

12. 自2010年下半年到嘎隆拉隧道贯通这段时间,以下现象可信的是(　　)。

A. 澳大利亚日落西北　　　　B. 法国境内的勃朗峰雪线上升

C. 新疆山麓牧场牛羊满山坡　　D. 巴黎盆地的小麦正好成熟

13. 墨脱集雪峰、冰川、瀑布、原始森林等旅游资源于一身,旅游的最佳时间段是在每年的10月到第二年的6月初,请结合墨脱的环境说明理由。

14. 分析墨脱的自然环境对经济发展有哪些影响?

15. 墨脱公路修建的意义有哪些?

16. 小王在墨脱看到了很多瀑布,如素有“藏布奇观”之称的大拐弯瀑布,高达400米的汗密瀑布,从悬崖绝壁倒挂的老虎嘴瀑布,云崖飞泻的地东瀑布,云雾缭绕的背崩瀑布,银丝彩带飞舞的拉格瀑布……这些景观属于典型的_________地貌。

【参考答案】

1.B 2.A 3.D 4.D 5.A 6.A 7.B

8.常绿阔叶林带，落叶阔叶林带，苔原带

9.C 10.C 11.A 12.C

13.能够较好地避开墨脱的雨季。雨季期间，墨脱地区的道路较为难走，自然灾害如滑坡、泥石流等较多。

14.自然环境对经济发展带来的影响应该辩证。不利的方面，复杂的地形、气候，造成交通不畅，资金投入不足，工业生产难以开展。有利的方面，特殊的地理环境，使其旅游资源具有独特性和垄断性，进而带动旅游业发展。

15.加强了墨脱与外界的联系，尤其是对旅游业有较大的促进作用。此外，能够有力带动西藏的经济发展和维持社会稳定。

16.水蚀

试题组二："山火肆虐澳大利亚"试题设计

自2019年9月开始，澳大利亚的山火持续肆虐四个月。据外媒统计，截至2020年1月底，山火已造成几十人死亡、5亿只动物丧生。澳大利亚的山火牵动着全球的心。

材料一：在澳大利亚东部和西南部沿海，分布有大面积的森林，森林中90%是桉树。桉树树皮和树叶富含油脂，脱落后聚集在地面，遇到40 ℃以上的高温时容易自燃。

1.每年12月至次年1月，澳大利亚西南部出现森林火灾的风险最高。请结合材料一和图5-23分析原因。

2.2019年9月的火灾发生地点异于往常，首先出现在澳大利亚东部。请结合材料一和图5-24分析原因。

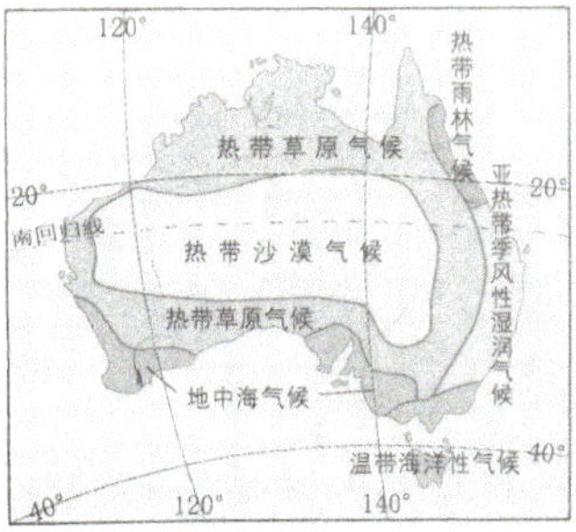

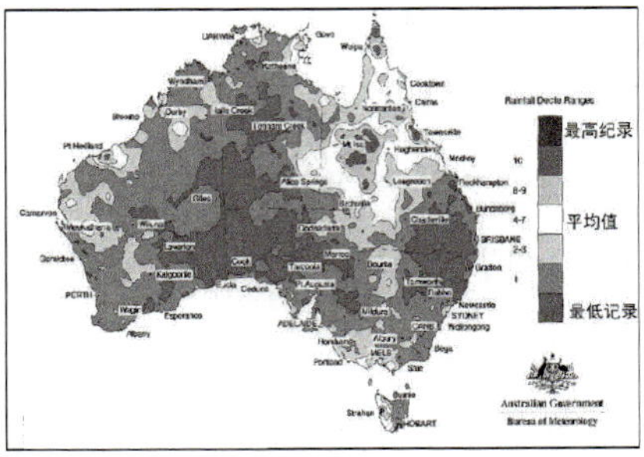

图 5–23 澳大利亚气候分布　　图 5–24 2019年澳大利亚较常年降水均值的统计情况

（图片来源：《中学地理图文详解指导地图册》，山东地图出版社2009年版，第129页）

请根据地图，完成3、4题。

3. 请归纳山火的分布特点。

4. 请结合图5–25、图5–26，解释澳大利亚中部火灾较少的原因。

图 5–25 澳大利亚的地形

（图片来源：《地理（七年级 下册）》，人民教育出版社2012年版，第69页）

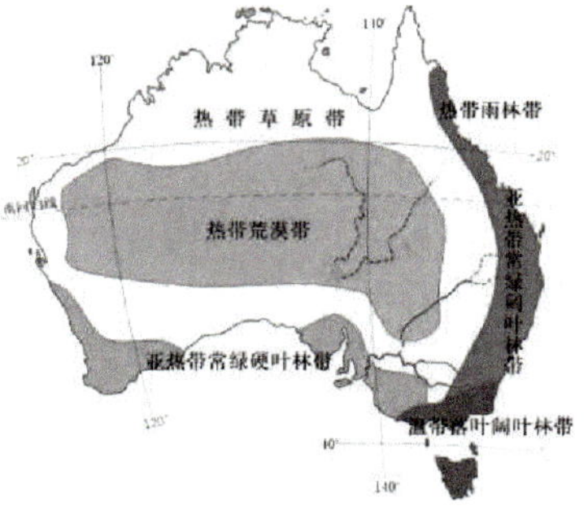

图 5–26 澳大利亚植被分布示意

5. 澳大利亚的火灾影响到了东南部一衣带水的邻国——新西兰，以致新西兰原本冰蓝透明的冰川被覆盖上一层烟尘，变成了焦糖色（图5-27）。请从两国的地理位置、风带影响范围两个方面分析原因。

图5-27　新西兰冰川

材料二：据报道，2020年1月10日晚，澳大利亚东岸吹起东南风，阵风风速超过100千米每小时，使部分火势上升至“紧急警告”等级，但11日气温降低，且有降水，野火火势趋于缓和。

6. 请根据材料二和澳大利亚地形特征，解释这场降水的成因。

7. 请分析此次澳大利亚的山火对我国防火救灾有哪些启示？

【参考答案】

1.（1）每年12月至次年1月属于澳大利亚的夏季。

（2）西南部属于地中海气候，夏季气温高，降水较少，气候干燥。

2.（1）2019年澳大利亚降水较常年平均值更低，气候较为干燥，尤其是东部沿海地区降水最少。

（2）东部属于热带亚热带气候，9月份气温较高。

（3）东部大分水岭地区植被茂盛，桉树分布广，容易发生火灾。

3. 主要分布在澳大利亚的东部沿海与西部沿海。

4.（1）澳大拉亚东部和西部地形相对较高，一定程度上能够阻止火势的蔓延。

（2）中部地区属于沙漠地区，可燃物少。

5.（1）新西兰位于澳大利亚东南部，距离较近。

（2）此时澳大利亚盛行西风，西风携带烟尘跨过海域，从而影响新西兰。

6. 东南风来自海洋，带来水汽，受大分水岭的抬升，气温降低，形成降水。

7.(1)加大防火救灾宣传,增强防火意识。

(2)加大在森林消防人员、装备和培训等方面的投入。

(3)加大环境污染治理力度,为全球气候变暖作出贡献。

参考文献:

[1] 袁贵仁.哲学[M].北京:中国青年出版社,1997.

[2] 陆玉麒.中国区域空间结构研究的回顾与展望[J].地理科学进展,2002,21(4):468-476.

[3] 陆大道.区域发展及其空间结构[M].北京:科学出版社,1995.

[4] 陆玉麒.区域双核结构模式的形成机理[J].地理学报,2002,57(1):85-95.

[5] 叶大年.地理与对称[M].上海:上海科技教育出版社,2000.

[6] 杜娟.成渝双核型空间结构及竞合关系研究[D].成都:西南交通大学,2007.

[7] 朱翔,贺清云.我国双星式城市研究[J].经济地理,2000,20(6):70-73.

[8] 陈为忠.近代山东经济格局变迁研究——以港口与腹地互动为视角[J].中国历史地理论丛,2005,20(3):25-33.

[9] 赵琪修.胶澳志[M].青岛:胶澳商埠局,1928.

[10] 李小建.经济地理学[M].北京:高等教育出版社,2002.

[11] 青岛市博物馆,中国第一历史档案馆,青岛市社会科学研究所.德国侵占胶州湾史料选编(1897—1898)[M].济南:山东人民出版社,1986.

[12] 殷梦霞,李强.胶济铁路经济调查报告分编[M].北京:文化印刷社,1943.

[13]周银锋.研学旅行中培育地理实践力素养的策略研究[J].地理教学,2019(2):40-43.

[14]李建华.让儿童习得"非连续性文本"的"阅读力"[J].江苏教育研究,2015(12):57-58.

[15]张年东.非连续性文本特征及其阅读策略研究[D].赣州:赣南师范学院,2014.

[16]国家教育考试评价研究院.专题一 PISA2009 阅读素养评价背景[EB/OL].(2011-06-20)[2020-08-26].http://www.neea.edu/html1/report/1106/6-1.htm.

[17]张奇.论数学教师数学思维力及其培养途径[J].数学学习与研究,2011(5):21.

[18]苏霍姆林斯基.给教师的建议[M].周蕖,王义高,刘启娴,等译.申强,校.武汉:长江文艺出版社,2014:33.

[19]张叶仙.基于"素养立意"的试题设计——东莞城镇人口增长与收缩及其影响机制[J].地理教学,2019(13):64,36.

[20]国际地理联合会地理教育委员会.地理教育国际宪章[J].地理学报,1993,48(4):289-296.

后　记

人生是一条波澜壮阔的大河，我在河里，或急或缓，有时能把握方向，有时会被裹挟着向前。好在我能时常反省自己，纠正方向。

三年的高中学习经历，现在想来似乎都是黑漆漆的夜。1997年的一个晚上，村里的几个孩子来问我高一的数学题，没想到自己的思路来得特别快，讲得特别好。那一次讲题竟成了黑夜中的那颗启明星，让我萌生了以后要做老师的梦想，好在事遂人愿。

2004—2007年，我的教学生涯注定要遇上那群艺术学校的学生。他们都有一个梦想：苦练画画，考上大学。那三年是激情澎湃的三年，我用初为人师的热情与他们结下不解之缘。同时那三年，我拼了命地努力，想通过考研改变工作中的窘境，好在功夫不负有心人。

读研前的假期，我在家中梳理了三年高中教学的经验，写了两篇论文。没承想，在几个月后的安徽师范大学图书馆中，我竟发现《中学地理教学参考》上的一篇论文与自己的论文案例和观点几乎一样。这让我找到了自信，也让我有了投稿意识。在安徽师范大学的三年读研经历让我终生难忘。我是那个每天到实验室非常早，走得非常晚的学生。其间，导师焦华富教授经常给予我论文写作上的指导，师兄李俊峰、韩玉刚在地图制作上给予我很多帮助。这三年，培养了我的科研意识和科研能力。虽然毕业时我犹豫着要不要再从事教师行业，不过，现在回看当时的选择，觉得自己没有选错。

参加工作后的近十年时间，我雷打不动坚持早起备课、读书、写作。日子一长，发表了不少文章。每一篇文章都像是自己的孩子，要经过思想的孕育。刚毕业那年，有一次到济南出差，晚上在宾馆中听新闻，无意中听到西藏墨脱公路开通的消息，我脑海中立马将其与以前高中教学时的很多内容联系起来，回校一周原创了《关于墨脱公路开通的一组试题》。如果说这是孕育时间最短的文章，那么思考最久的文章要数《浅析哲学视角下的地理现象》。考研前，我对哲学几乎是一无所知，只好把其中枯燥的语言与自己熟悉的地理教学联系起来，没想到很快发表在了《地理教学》上。从检索到的已有文献来看，自己竟成了第一个从这个角度写作的教师。此外，如绘图、Google Earth应用、微课教学，则是对自己研究生毕业初期的总结。随着对课例以及备考研究的增多，磨课、同课异构、课例研讨、备考复习成了我论文的主角。

论文终究只是论文，相比著作而言，最大的问题就是散乱。当我把这些文章整理成书的时候，却发现我的书稿竟是一篇篇文章堆砌而成的。于是，我试着把它们按照一定的体系归纳梳理。2019年的暑假特别有意义，每天早晨，我利用番茄工作法，定上一个个25分钟的番茄时钟快速写作。每一个"番茄"要被吃完的时候，也是效率最高、大脑最兴奋的时候，假期结束，书稿有了雏形。书中所涉及教学行为，无论是课堂教学研究，还是信息技术的应用研究，均体现了笔者在实际工作过程中发现问题，确定目标，设法突破，并不断反思调整，最后解决问题的过程。

就书稿来说，从"教学过程"开始，到"信息技术辅助地理教学"，再到"课例研究"，最后到"考试研究"为一个逻辑片段，将对生活中一些地理现象的思考作为"多元地理"一章。教学过程是复杂的过程，包括导入设计、情境创设、课堂提问、合作学习、地理核心素养培养等，但绝不仅仅是这些。信息技术日新月异，制图、课件制作、微视频应用等仅是其中较为常用的内容，且信息技术不能脱离传统媒体教学，而应与之相辅相成。课例研究的方式较多，书中所述仅为部分典型做法。对考试的研究不仅仅是为了考试，而应该更多地关注学生，注重学生的未来发展。如果说对教学过程的研究是一条大河，我仅从河里掬起了几朵"水花"。为了让这几朵"水花"也有光华，我精选了大量的教育教学案例。这些案例有自己的，也有参考省部级课例的教学片段，有鉴赏性的评析，也有建设性的理解。

本书能够付梓，非常感谢我的父母与妻子。我的母亲每天早晨三点多起床读书，几十年来如一日，成为我成长路上最好的榜样。感谢我的父亲以及我的妻子，是他们的宽容与理解，让我的时间没有流于柴米油盐。当然，我还要感谢在我专业成长路上给予帮助的领导和同事们。感谢山东省教育科学研究院甄鸿启主任为本书作序，并对前期书稿修改提出诸多宝贵建议。感谢淄博市教研室的贾素知科长，在课题以及课例打磨上，给了我很多的指导。感谢我从教以来的学校领导高玉振先生、耿玉强先生、李传英女士、杨长征先生、张晓女士，他们在专业上的引领，或浅或深地镌刻着我对教育的理解。感谢我在淄博高新区第一中学的同事，他们多是本书的第一读者，并给我提出中肯的建议。此外，还要感谢淄博高新区实验中学的那群兄弟姐妹，在那一起摸爬滚打的日子里，我的一些想法得以孕育、生长。

写到此处，天已拂晓，又是新的一天。现在看来，书中的个别部分仍有不满意的地方，也许十年后的今天再看本书，我会有更多批判性的想法，抑或再次修订，也请各位读者斧正。

杨修志

2020年12月12日